A FORÇA DA VOCAÇÃO
NO DESENVOLVIMENTO DAS PESSOAS E DOS POVOS

JOACI GÓES
da Academia de Letras da Bahia

A FORÇA DA VOCAÇÃO
NO DESENVOLVIMENTO DAS PESSOAS E DOS POVOS

TOPBOOKS

Copyright © 2009 Joaci Góes

Direitos de edição da obra em língua portuguesa no Brasil adquiridos pela TOPBOOKS EDITORA. Todos os direitos reservados. Nenhuma parte desta obra pode ser apropriada e estocada em sistema de banco de dados ou processo similar, em qualquer forma ou meio, seja eletrônico, de fotocópia, gravação etc., sem a permissão do detentor do copyright.

Editor
José Mario Pereira

Editora assistente
Christine Ajuz

Capa
Julio Moreira

Revisão
Ana Lúcia Gusmão Machado

Diagramação
Arte das Letras

TODOS OS DIREITOS RESERVADOS POR
Topbooks Editora e Distribuidora de Livros Ltda.
Rua Visconde de Inhaúma, 58 / gr. 203 – Centro
Rio de Janeiro – CEP: 20091-000
Telefax: (21) 2233-8718 e 2283-1039
E-mail: topbooks@topbooks.com.br

Visite o site da editora para mais informações
www.topbooks.com.br

DEDICATÓRIA

Este livro é dedicado aos queridos netos Maria Eduarda e Daniel, e a Gabriela e Joaci Filho, pelo primoroso trabalho que realizam como pais e educadores.

Estendo a dedicatória aos tios, avós, babás, professores e a todas as pessoas que de um modo ou de outro têm contribuído para a formação deles, Duda e Dan.

Como desejo que todos os jovens brasileiros tenham acesso ao mesmo padrão educacional dos meus netos, este livro é também dedicado aos professores, em geral, aos diretores de escola, aos prefeitos e secretários de educação dos três níveis de poder, bem como a todos os profissionais que lidam com a educação.

Se não processarmos as mudanças que urgem na educação brasileira, estaremos irremediavelmente condenados a ser, apenas, o país de um futuro que nunca chega.

É uma lástima que ainda estejamos longe de praticar o entendimento segundo o qual a educação é o caminho mais curto entre a pobreza e a prosperidade, entre o atraso e o desenvolvimento.

PREFÁCIO

Depois de *Anatomia do ódio* e *A inveja nossa de cada dia*, era justo esperar que o próximo livro de Joaci fosse sobre algum dos outros sete pecados capitais. Pessoalmente, vício de psicanalista, torcia para que fosse sobre a luxúria. O próprio autor havia me revelado que seu próximo empreendimento literário-científico trataria do hedonismo que, convenhamos, não nos afastaria muito do tema desejado.

A grata surpresa veio na forma do texto *A força da vocação* que trata, "supostamente", da educação. Jogo de engano que parece proposital. O subtítulo do livro, *no desenvolvimento das pessoas e dos povos*, parece indicar que nada que este autor realiza o distancia de duas preocupações que lhe são essenciais: as pessoas e suas civilizações, culturas, comunidades.

Aqui me permitam um rápido parêntese. Os textos de Joaci Góes têm o raro atributo de reunir talento literário e alta competência nas abordagens dos temas. Qualidade que encontramos muito espaçada na história da escrita ocidental. Citaria Freud, que ganhou o prêmio Goethe de literatura por sua obra científica, Euclides da Cunha, com *Os sertões*, e ainda o pernambucano Gilberto Freyre, com *Casa-grande e senzala*. Tudo aliado a uma capacidade enciclopédica, como bem destacou José Gaiarsa na apresentação de *Inveja*.

Nesta mais nova produção, Joaci não se deixa enganar. Separa o joio do trigo, no caso a pedagogia da educação. Como nos diz, citando Durkheim:

> O papel da pedagogia não é o de substituir a prática educacional, mas o de guiá-la, esclarecê-la e ajudá-la a preencher as lacunas e a corrigir as deficiências que surjam ao longo do processo.

A educação, forma humana de transmitir saberes entre gerações, segundo linhas de afetividade, interesses e distribuição de riquezas e poder, sempre existiu. Desde o tempo em que ainda habitávamos cavernas. É inerente aos povos, às comunidades, às civilizações. É prezada, principalmente pelas elites, que sabem da importância de formar seus filhos para a continuidade de seus destinos.

A pedagogia, forma técnico-profissional da educação, é uma espécie de irmã caçula. Inventaram-na quando o acúmulo de conhecimento exigiu mestres para complementar a educação nas civilizações clássicas. Usada de forma eficaz pela Igreja na formação de seus quadros, só após a Revolução Francesa alçou-se à utopia de direito universal.

Desempenhava papel importante, nesse momento, outra revolução, a industrial, que passou a requerer mão de obra mais instruída e especializada. Como afirma Joaci:

> O conceito moderno de pedagogia, como teoria do ensino, se fixou a partir do século XIX como a ciência da educação ou didática experimental, concentrando-se, atualmente, no estudo das condições favoráveis à recepção do conhecimento, seus conteúdos e sua avaliação, bem como nos papéis do educador e do aluno no processo educativo.

Joaci Góes é capaz de citar Durkheim, Maturana, Morin, Piaget, Varela, Pinker, Descartes, Aristóteles, Santo Agostinho, Platão, Santo Tomás de Aquino, Rabelais, Erasmo de Roterdã, Comenius, Rousseau, Condorcet, Pestalozzi, Fröbel, Herbart, os Stuart Mill, pai e filho, Kant, Fontenelle, Locke, Helvétius, Jacotot, Marx, Paulo Freire, Shakespeare, Galileu, Da Vinci, Michelangelo, Beethoven, Newton, Einstein, Freud... Pouparei o leitor de citar toda a longa série que encontrará no livro. Mas não posso deixar de afirmar que, para além da prova de erudição do autor, o valor do texto como obra de consulta bibliográfica é incontestável.

Nada com relação à formação é esquecido neste livro: o papel do educador e das técnicas pedagógicas, do educando, das teorias de sustentação da educação e das práticas pedagógicas; o papel dos pais, da escola e do poder público. Mais que um livro, estamos diante da formulação de um programa político para a educação.

Em determinados momentos a narrativa adota o caráter de manifesto. Como nesta passagem:

> Educar, portanto, num mundo de tanta diversidade, é orientar o educando a fazer escolhas conscientes e bem informadas, em harmonia com seus interesses e vocações. Boa é a escola que se orienta para a promoção do aluno considerado na plenitude de sua individualidade, em oposição ao velho e falido conceito da escola alimentada pelo sub-reptício sentimento da inveja que aconselha a perseguição de objetivos médios, promotores do rebaixamento dos grandes valores individuais ao ambiente morno da mediocridade. Nessa perspectiva dialética, a cega obediência ao cumprimento burocrático da grade escolar, sem a flexibilidade de ajustá-la aos interesses efetivos do aluno, constitui violência emocional e imperdoável desperdício de energia psíquica e de recursos materiais de que a sociedade necessita para avançar.

O ataque frontal à educação burocrática que mina, para além dos recursos financeiros, as potências humanas desperdiçadas durante os anos em que crianças e jovens são submetidos aos seus efeitos, marca a posição subjetiva e de cidadão do autor.

Joaci aborda o aparato da aprendizagem, trazendo-nos vasto levantamento sobre a memória, o cérebro e a percepção, sem esquecer o que chama "o espírito". Os papéis da criatividade e do prazer no aprender me levaram a lembrar o seu projeto, apenas adiado, espero, sobre o hedonismo.

Há, em minha opinião, uma questão filosófica de fundo nesta *Força da vocação* de Góes quando ele se argúi sobre a natureza do homem e seu destino. A parte em que trata da vocação, difusamente presente em toda a narrativa, é a que melhor exprime isso. O autor não só se pergunta sobre os potenciais desperdiçados e sobre o prejuízo decorrente para os homens e a sociedade. Vai em busca de técnicas e conhecimentos para, talvez, nos dar conta da inquietação que o move. Mostra-se, filosoficamente, um humanista radical. Diria que no fundo é um rousseauniano.

Os dez anexos mostram a força do propósito que move Joaci Góes. Cada um é rico de conteúdo suficiente para compor, isoladamente, um pequeno livreto útil a pais, educadores e escolas.

O autor clama por novas instituições capazes de valorizar o magistério, a partir da adoção de critérios meritocráticos. Faz um levantamento e uma sistematização do modo sinérgico de inventariar conhecimentos que poucos educadores já realizaram no decorrer de suas vidas. Como explicar isso? Um pequeno evento da vida cotidiana pode ajudar.

Há alguns poucos anos, gozava da hospitalidade generosa do autor na paradisíaca Porto Seguro quando, na piscina da casa, minha pequena filha enfrentava o medo. Joaci começou a ensinar-lhe como aprender a nadar. Notem que não se tratava de "ensinar a nadar", mas de "ensinar a aprender". Dedicou algumas horas àquela tarefa. Observava surpreso a cena quando minha mulher, sua sobrinha, me disse: "Ele ensinou a todos nós, seus filhos e sobrinhos, a nadar. Não conheço quem tenha mais gosto em ensinar do que ele".

A força da vocação é um pouco de tudo isso: a vontade de ensinar, a vontade de contribuir, o desejo de compreender. Que, além disso, o gênio literário exubere é um adicional, um a mais, com que o texto nos mimoseia. Uma dimensão extra desta obra múltipla.

EDUARDO SANDE SANTOSOUZA
PhD em educação pela UFBa

INTRODUÇÃO

> *Escolha bem a sua profissão, e você não terá que trabalhar um dia sequer em sua vida.*
> CONFÚCIO, século V a.C.
>
> *Não há nação grande se sua escola não é boa.*
> JOSÉ ORTEGA Y GASSET

Este livro é dedicado à exposição dos argumentos que consolidem a importância do encontro dos indivíduos com sua vocação, como o fator basilar de sua felicidade e prosperidade e, por via de consequência, dos povos a que pertencem.

É lugar-comum a afirmação que sustenta ser a felicidade o objetivo final do ser humano. Por isso, é um erro restringir o propósito de alcançar uma educação superior à conquista de dinheiro e fama. Justifica-se, mais amplamente ainda, essa conquista, pela possibilidade de proporcionar uma vida interessante, agradável, desafiadora, feliz, porque o conhecimento que não estiver a serviço da felicidade e da boa convivência não é digno desse nome. Como ensina Pestalozzi, o aprendizado não vale nada quando se perdem a coragem e a alegria ao longo do percurso.

A sabedoria mais valiosa, aquela que conduz a um sentimento de felicidade autêntica, é a que resulta de nossa mais profunda sensação e convicção de que estamos integrados harmonicamente com todo o universo. Este está de tal modo composto que nada pode acontecer isoladamente sem que o todo seja afetado. Por isso, quando atuamos para modificar o que quer que seja nele, pretendemos, na realidade, alterar em algum grau o próprio universo. Para designar esta integração holística, os físicos cunharam a expressão "efeito borboleta", segundo o qual, quando uma borboleta rufla as asas, e com isso desloca uma certa porção do ar, sua ação se irradia por todo o orbe e além dele.

Não obstante o reconhecimento prestigioso desse enunciado – a felicidade é o bem supremo – erigido à categoria de princípio universal, a tendência a condicionar, excessivamente, a felicidade a fatores exclusivamente materiais faz de sua prática letra quase morta. Basta ver o gritante divórcio entre as profissões exercidas pela maioria dos indivíduos e suas vocações, conforme o reiterado testemunho de sucessivas pesquisas de opinião, reveladoras da insatisfação da maioria com as atividades de que se ocupam. Os números, dentro e fora do Brasil, oscilam entre 70% e 80% de indivíduos, homens e mulheres, insatisfeitos com suas profissões ou atividades.

Em lugar de seguirem o curso de sua mais genuína vocação, os indivíduos, como regra, terminam por escolher suas profissões, por erro pessoal, por influência de terceiros ou por conveniências que não guardam sintonia com as aspirações mais profundas do seu espírito, num sinal evidente de desconcertante irracionalidade. No plano individual, esse desvio gera improdutividade e frustração, porque, apesar de não ser a única, a profissão é, para a maioria das pessoas, a mais importante dimensão de suas vidas, por dependerem dela para sobreviver materialmente e afirmar-se, construindo, elevando e mantendo a autoestima. Mesmo porque o desejo de realização profissional não impede a realização afetiva, em paralelo. Em todos os domínios, há líderes apaixonados pelo que fazem, que colocam os prazeres da convivência familiar acima das realizações profissionais.

No plano da coletividade, a resultante do acúmulo desses erros individuais são pobreza, violência, grandes desigualdades e desajustamentos.

Na maioria dos casos, os pais são os maiores responsáveis no direcionamento do interesse dos filhos. Algumas vezes, o papel paterno se esgota no tratar os jovens filhos como se adultos fossem. O depoimento do romancista americano Robertson Davies, no particular, merece ser conhecido:

> Meus pais foram muito generosos. Nunca negaram aos filhos o que quer que pudesse ajudá-los. No meu caso, ao perceberem minha vocação para o estudo, facilitaram tudo para que eu realizasse meus desejos nesse campo. Pelo seu exemplo e conselho, deram-me uma excelente base de conhecimento na música e literatura, ensejando-me, também, acesso aos lugares onde encontrar o que houvesse de melhor nessas áreas. A grande diferença de visão de certas questões não impediu a fluência de nosso relacionamento, sempre afetuoso.

Em lugar de pressionarem os filhos para anunciarem precocemente a profissão que gostariam de seguir, os pais e responsáveis pela educação dos infantes e adolescentes deveriam expô-los ao máximo de alternativas que a vida oferece, de modo a ensejar-lhes um nível mais alto de possibilidade de se encontrarem com sua vocação maior.

A percepção da importância do encontro do indivíduo com sua vocação vem de muito longe. Já no século V a.C. Confúcio ensinava: "Escolha bem a sua profissão, e você não terá que trabalhar um dia sequer em sua vida". Dante, por sua vez, advertia na *Divina comédia*:

> Se os mandatários do mundo indagassem de cada criatura qual a sua natural inclinação, encontrar-se-iam sempre artesãos afeitos ao seu ofício. Mas, absurdamente, usa-se coagir a tornar-se religioso aquele que nascera para guerreiro, ou fazem rei a quem teria sido excelente sacerdote. Eis por que, quase sempre, é fora de sua estrada que os homens vão caminhando.(*Paraíso*, Canto VIII, versos 149-157). Na mesma linha, aconselhou Miguel de Cervantes: "Deixe o seu filho seguir o caminho apontado por sua estrela", contrariando os behavioristas ou condutistas, segundo quem é dever dos pais exercer o poder de decidir o que os filhos devem fazer de suas vidas.

Não foi diferente a fonte que inspirou Helen Keller a vencer suas múltiplas limitações e afirmar-se como uma das personalidades marcantes do século XX, ao ensinar que "nunca se deve engatinhar quando o impulso é para voar".

Afortunados e raros são os indivíduos que sentem desde a mais tenra idade os apelos de sua vocação primeira. A regra aí dominante é que temos que beijar muitos sapos ou rãs, antes de nos encontrarmos com o príncipe ou a princesa de nossos sonhos. Por isso, quanto mais precoce e mais intensa for nossa exposição aos apelos de diferentes influências ou possibilidades, maiores as chances de virmos a realizar essa aliança com o melhor curso de ação que imprimiremos às nossas vidas.

OS FUNDAMENTOS DO ÊXITO

O gênio nada mais é do que o encontro de um grande talento com sua mais genuína vocação. O gênio é tão grande quanto o grau de universalidade de sua contribuição, medida pela aceitação por diferentes culturas e eras.

No plano da maioria absoluta do comum dos mortais, aqueles que alcançam mais êxito são os que se sentem como peixe dentro d'água nos afazeres de suas vidas. Por isso, aproveitam os dias de repouso e os períodos de férias para ainda mais mergulharem e se aperfeiçoarem no seu ofício, sem queixumes nem canseiras, e sem preocupação em defender interesses materiais acima de suas necessidades básicas. Esta é a realidade inspiradora dos grandes artistas, cientistas e criadores, em geral, diferentemente dos indivíduos insatisfeitos com o que fazem, razão pela qual anseiam pela chegada da sexta-feira, anunciadora do fim de semana redentor, que lhes proporcionará uma trégua no seu suplício funcional.

O que frequentemente embota essa percepção é o fato de indivíduos inteligentes e bem orientados poderem optar com êxito pelo exercício de uma dentre várias profissões, como observou o psicólogo norte-americano John Watson (1878-1958):

> Deem-me doze crianças saudáveis e bem desenvolvidas e eu lhes garanto que, com o meu método, farei de qualquer delas um profissional bem-sucedido, como médico, advogado, engenheiro, artista, comerciante ou ladrão, independentemente dos seus talentos, competências, características, tendências, vocações ou raça dos pais.

De fato é cada vez mais acentuada a percepção científica de que toda criança normal nasce bem equipada para aprender, a partir do excelente organismo de que é dotada, nada tendo a ver com a velha crença em sua confusão mental inata. O grande diferencial consiste no maior prazer que uma dessas profissões desperta, ensejando felicidade na sua prática, fator que conduz ao máximo desempenho ou excelência, já que o trabalho passa a ser encarado como o mais agradável dos lazeres.

Para ficar a cavaleiro de reparos, portanto, o pensamento de Watson deveria ser acrescido da observação de que serão ainda mais produtivos os profissionais que tiverem a ventura de ser empurrados para a profissão cujo exercício lhes ocasione a maior porção de prazer. Até mesmo porque a psicanálise ensina que a inteligência, que é um potencial de natureza biopsicológica, e seu consectário mais visível, o comportamento, são moldados em larga medida por causas inconscientes radicadas na emoção. Para muitos autores, dentre eles Freud, Adler e Jung, a capacidade de aprender está condicionada a processos emocionais e irracionais gestados no prazer. E nada mais distante do prazer do que a prática de uma atividade detestada, precisamente o contrário do que fazemos com gosto. Fazer o que nos desagrada pode conduzir a uma espécie de privação cultural, porque tende a reduzir e até mesmo esvaziar o nosso potencial realizador, violentado por uma prática indesejável, como tem sido demonstrado em inúmeras pesquisas de campo. A razão é simples. Nossa atenção seletiva distingue como relevantes os estímulos que nos dão prazer, processando-os, e como irrelevantes os tediosos e desagradáveis, descartando-os. Daí as invencíveis fragilidades de toda tentativa de equiparar o cérebro humano a um computador. Enquanto o computador é desprovido de sensibilidade, o cérebro é movido pelos sentidos e emoções. O mecanismo está para o computador, assim como o processo está para o cérebro. O mecanismo representa a descrição estática de um sistema; o processo, sua descrição dinâmica. Enquanto o mecanismo é geral, por aludir a todos os processos comportados pelo sistema, o processo é específico, por dizer respeito a uma situação particular.

Os títulos mais populares dos programas de investigação no campo da psicopedagogia, tais como "que ensinam a pensar", "treinamento cognitivo", "oficinas de raciocínio lógico", "pensamento lateral", "pensamento produtivo" etc. dão bem a ideia do valor atribuído ao desenvolvimento da inteligência e ao aprimoramento das competências cognitivas.

Platão e seu discípulo Aristóteles pensavam que a inteligência da criança era uma miniatura da adulta. Platão ensinava que só as crianças pertencentes às classes superiores eram dotadas de inteligência, enquanto Aristóteles apregoava estar a inteligência localizada no coração e não no cérebro.

Desse equívoco platônico nasceu a intolerância que ao longo dos séculos tão pesadamente vitimou os deficientes, a ponto de Lutero e Calvino sustentarem serem eles possuídos por Satanás. Só a partir do século XVII surgiram organizações religiosas que promoveram a mudança de atitude perante esses desafortunados, acolhendo a pregação de Confúcio, 2.200 anos antes, ao sustentar que a sociedade era responsável pelos que não podiam cuidar de si próprios.

Charles Darwin (1809-1882) foi um estudante destituído de brilho. Considerava inúteis e aborrecidas as lições que recebia na escola, a ponto de seu pai preocupar-se com o seu futuro, preocupação acentuada quando o jovem saía em longas caminhadas, para caçar, observar as paisagens ou conversar com pessoas a respeito de temas do seu interesse. Por muito tempo, Darwin conviveu com o conflito entre sua alegada inaptidão intelectual e seu desejo de contribuir para o progresso científico. Desenhava mal, não conseguia compreender a complexidade da estatística e aprendeu muito pouco de anatomia, deficiências que se revelaram prejudiciais aos seus trabalhos futuros, mas que foram compensadas com redobrado esforço. Não estranha que ouvisse com frequência a alusão à superioridade intelectual de Catherine, sua irmã mais nova, apesar do esforço de Caroline, sua irmã mais velha, em ajudá-lo nos estudos, cuidado maternal da boa irmã que Darwin considerava uma perseguição. Por isso, quando dela se aproximava, pensava: "O que será que ela vai aprontar agora?"

Em sintonia com a aversão às abordagens pedagógicas que sofria, Darwin reconheceu que

> nada poderia ter sido pior para o desenvolvimento de minha mente do que a escola do Dr. Butler... Para mim a escola como meio de educação era nula. Durante toda a minha vida, fui singularmente incapaz de aprender qualquer língua. Atribuía-se uma atenção especial à composição de versos, o que nunca consegui fazer direito. Com alguns amigos, juntei uma coleção de versos antigos, os quais, devidamente emendados, serviam para resolver qualquer tarefa escolar. Dava-se muita importância a que as lições da véspera fossem decoradas. Eu conseguia decorar quarenta ou cinquenta versos de Horácio ou Virgílio, enquanto assistia aos ofícios religiosos. Exercício inútil porque tudo seria esquecido nos dois dias seguintes. (...) Quando saí da escola, não estava nem adiantado nem atrasado para a minha idade; penso que era considerado pelos professores e por meu pai um menino nada excepcional, abaixo do padrão intelectual mediano. Fiquei mortificado certa vez quando meu pai me disse: 'Você só dá importância à caça, aos cães e à captura de ratos, e será uma vergonha para si mesmo e para toda a sua família'.

Compreensivo e livre de ressentimentos, porque já vitorioso e consagrado como um grande cientista, Darwin observou na autobiografia: "Deveria estar zangado ao usar essas palavras injustas. Meu pai foi o homem mais generoso que conheci em toda a minha vida, e prezo sua memória."

As únicas qualidades promissoras que admitia possuir eram suas preferências marcantes e diversificadas, muita dedicação ao que lhe interessava e um intenso prazer em compreender tudo que fosse complexo. Reputava os exercícios que realizou em laboratório com seu irmão a melhor porção de sua vida escolar. Por essa dedicação aos experimentos, foi repreendido pelo diretor da escola, por "estar desperdiçando seu tempo com assuntos inúteis", daí havê-lo denominado de *poco curante*, expressão cujo significado desconhecia, mas que supunha ser, por isso mesmo, altamente depreciativa.

Bülent Atalay, em seu interessante livro *A matemática e a Monalisa – A confluência da arte com a ciência*, conta que quando Einstein, já festejado como o maior cientista vivo, foi convidado para integrar o Centro de Estudos Avançados (Institute for Advanced Study), presidido por Abraham Flexner, um dos mais importantes inovadores da educação nos Estados Unidos, perguntado qual o salário anual que gostaria de receber, respondeu sem vacilar: "Três mil dólares." Flexner ponderou que aquele salário traria problemas, uma vez que todos os cientistas do Instituto ganhavam 16 mil dólares. Einstein, que ali não teria que dar aulas, atividade de que não gostava, sendo livre para dedicar-se, com exclusividade, à pesquisa, o que fazia com o maior gosto, insistiu em dizer que 3 mil dólares era o quanto lhe bastava. Temendo perder o concurso do disputadíssimo cientista, Flexner concordou. Logo depois, porém, a pragmática esposa do autor da Teoria da Relatividade renegociou a tímida pedida do marido pelo salário padrão, e a renda familiar cresceu instantaneamente mais de cinco vezes. Como se vê, o comércio não era parte da vocação do legendário homem de ciência.

O escultor francês Auguste Rodin (1840-1917), considerado por muitos como o Fídias da modernidade, fez as primeiras esculturas com massa de pão na cozinha de sua casa. Aos 17 anos, já havia sido reprovado em três exames para a escola de belas-artes. Para ganhar a vida, decidiu fazer trabalhos decorativos em pedras.

Aos 22 anos, traumatizado pela morte de Marie, irmã querida, pensou em abandonar o mundo material e entrar para a Igreja. Estava nesse estado de espírito quando conheceu Rose Beuret, que viria a ser a companheira de toda a sua vida, apesar dos ruidosos romances extraconjugais que marcaram a biografia do artista. O reconhecimento do seu valor só se deu a partir dos 40 anos, idade em que a maioria dos artistas já está consagrada. Assim mesmo, depois de ter sido alijado de vários concursos, entre os quais alguns realizados em Londres e Paris.

Edward Gibbon (1737-1794), autor do clássico *The History of the Decline and Fall of the Roman Empire (História do declínio e queda do Império Romano)*, que, por dificuldades logísticas, não recebeu, na infância e em parte da adolescência, escolaridade regular, ficando livre para se dedicar aos temas do seu interesse e escolha, aos 15 anos surpreendia os doutores pela amplitude de sua erudição enquanto dava vexame pela crassa ignorância em assuntos cediços para os meninos de sua faixa etária. Pela estreita bitola da avaliação escolar predominante, ele seria reprovado. Aos poucos, porém, Gibbon preencheu esses vazios e, seguindo a trilha apontada pelos seus interesses temáticos, tornou-se um dos maiores historiadores dos tempos modernos. De uma de suas escolas, apegada como as demais a um currículo nivelador, incapaz de levar em conta as inclinações de cada aluno, disse Gibbon em suas memórias: "Ali passei o mais ocioso e inútil tempo de toda a minha vida."

A experiência de Abraham Lincoln, com menos de trinta dias de frequência escolar efetiva, ao longo dos quatorze meses em que esteve matriculado, é exemplo notável do que se pode alcançar quando o autodidatismo segue a senda do interesse e da vocação.

EDUCAÇÃO E PEDAGOGIA

Toda organização humana se desdobra em duas vertentes: uma formal e outra informal. A formal, animada por objetivos materiais como a educação, é regida pela lógica da eficácia. A informal, como é o caso da pedagogia, alimentada pelas ideias, crenças e valores do grupo, é regida pela lógica dos sentimentos.

Educação e pedagogia são duas faces de uma mesma moeda, interpenetram-se, integram-se, completam-se, mas não são a mesma coisa.

Enquanto a educação é substantiva, material, definida pelo seu conteúdo, a pedagogia é adjetiva, formal, definida como um processo destinado a implementar o conteúdo educacional. O espírito do pedagogo volta-se para captar o processo ainda indefinido de mudanças em curso, porque o seu interesse repousa no devir, no futuro que, de certo modo, já aconteceu, ou futuro presente, o futuro que emerge, inexoravelmente, da atualidade. O compromisso do pedagogo é o de fazer a parturição do homem ou cidadão do amanhã iminente, consoante os anseios e valores da sociedade em que vive.

A educação é o meio pelo qual a sociedade avança, atualizando continuamente os instrumentos que renovam as condições de sua existência. A transformação de cada pessoa num ser social é o objetivo primeiro da educação. Como resultante da velocidade com que as mudanças se processam nos dias correntes, o objetivo central da escola não é mais o de preparar especialistas em diferentes áreas, mas o de formar espíritos através do estudo das várias disciplinas que compõem as grades curriculares, porque os recursos tecnológicos de que se valem os especialistas tendem a entrar em rápida obsolescência, enquanto os espíritos bem formados melhor se ajustam à dinâmica das mutações, como repetidamente ensina o pensador baiano José de Brito Alves.

Enquanto os fenômenos naturais obedecem a invariável determinismo, os culturais, mutáveis por excelência, se definem por se opor, corrigir, contornar ou acrescentar algo à natureza. Por isso os atos humanos são orientados e selecionados por paradigmas culturalmente formulados e absorvidos. Esse papel inconsciente, subliminar, subterrâneo e impositivo exercido pelos paradigmas irriga, orienta e controla o pensamento consciente na formulação de teorias, conceitos, doutrinas e ideologias.

Como bem distinguiu Durkheim:

> Há uma educação inconsciente que nunca para. Pelo nosso exemplo, pelas palavras que proferimos, pelos atos que praticamos, formamos de modo contínuo o espírito de nossas crianças. Com a pedagogia é completamente diferente. Esta consiste não em ações, mas em teorias.

Essas teorias são modos de conceber a educação, não modos de a praticar. Orientando-se para o futuro, seu propósito não é descrever o que é ou o que foi, mas o que deve ser. Por vezes, distinguem-se de tal sorte das práticas comuns que chegam a se lhe opor. A pedagogia não se confunde com a ciência da educação. As pedagogias de Rabelais, de Montaigne, de Rousseau e de Pestalozzi chocaram-se com a educação do seu tempo. A educação não é mais do que a matéria da pedagogia. A pedagogia consiste em refletir sobre os fatos da educação. (...) Há povos que não tiveram pedagogia. A pedagogia surgiu num momento relativamente avançado da história. Na Grécia, veio depois de Péricles, com Platão, Xenofonte e Aristóteles. Quase inexistiu em Roma. Nas sociedades cristãs, só no século XVI é que surgiram obras importantes, afrouxando no século XVII e ressurgindo com vigor no século XVIII. Isso ocorre porque não é sempre que o homem reflete. Sua disposição para refletir resulta da emergência de necessidades, além do que as condições que ensejam a reflexão não estão presentes em toda parte. (...) É possível a alguém ser um perfeito educador, embora incapaz de pensar pedagogicamente, do mesmo modo que a um bom pedagogo pode faltar o mínimo de habilidade magisterial. Não confiaríamos uma aula nem a Rousseau nem a Montaigne. Os repetidos insucessos do grande pedagogo Pestalozzi como educador provam a tese. (...) Um sistema escolar, qualquer que seja, é formado por dois tipos de elementos. Há, por um lado, todo um conjunto de disposições definidas e estáveis, de métodos estabelecidos. Numa palavra, de instituições; porque há instituições jurídicas, religiosas ou políticas. Mas, ao mesmo tempo, no interior da máquina assim constituída há ideias que a agitam, pedindo-lhe que mude. Salvo, talvez, raros momentos de apogeu e de acalmia, há sempre, mesmo no sistema mais conservador e mais bem definido, um movimento em direção a algo novo, uma tendência a perseguir um ideal mais ou menos entrevisto.

Não pensava de modo diferente Pestalozzi ao inquirir: "O que é educação senão a reverente união entre o passado e as dúvidas do futuro, mediante o uso competente do presente?"

Em harmonia com essas visões, Lev Semenovich Vygotsky sustenta que o desenvolvimento humano não se esgota na formação de associações ou sinapses. Sua origem social impõe uma interação e uma mediação dos elementos sociais, como pais-filhos, educadores-educandos, líderes-liderados, e outras tantas relações em que se processa uma recíproca influência transformadora.

Na atualidade, a suscetibilidade do ser humano a mudanças contínuas ganhou dimensões de doutrina com a teoria do psicólogo israelense Reuven Feuerstein – discípulo de Piaget, de Vygotsky e de Jerome Bruner –, cunhador da expressão *modificabilidade cognitiva estrutural* (MCE) para designar o caráter mutável, por excelência, dos homens. Segundo ele, todo o processo educacional giraria em torno da plasticidade existencial dos humanos, conduzindo à sua universal predisposição a serem modificados, inexistindo, portanto, quem não possa ser educado, como tem sido patenteado através dos resultados alcançados com deficientes mentais, disléxicos, agráficos, e desfavorecidos sociais e culturais de toda ordem, inclusive os incapazes de realizar o mais simples cálculo.

CONCEITO E ORIGENS DA PEDAGOGIA

A pedagogia nada mais é que a reflexão metódica aplicada às questões educacionais, com o sentido de regular o seu desenvolvimento. Como é próprio da pedagogia propor iniciativas em áreas ainda pouco conhecidas, devemos fazê-lo com o máximo de consciência e responsabilidade, usando todo o conhecimento disponível, por menor que seja, se não para eliminar, ao menos para reduzir ao mínimo as margens de erro, tendo em mente que o poder coercitivo da opinião pública é diferente, mas não é inferior ao da força física.

No entanto, nos dias que correm, tamanha é a intercomplementaridade dessas disciplinas geminadas que uma não pode ter boa existência sem que a outra não lhe esteja apensa, inerindo-a. Por isso, ao longo deste trabalho, muita vez estaremos usando uma e outra expressão como se fossem perfeitamente sinônimas, como é, aliás, a compreensão comum.

O conceito moderno de pedagogia, como teoria do ensino, se fixou a partir do século XIX como a ciência da educação ou didática experimental, concentrando-se, atualmente, no estudo das condições favoráveis à recepção do conhecimento, seus conteúdos e sua avaliação, bem como nos papéis do educador e do aluno no processo educativo, abrangendo, também, de modo mais amplo, os objetivos da aprendizagem, em sintonia com o conjunto das normas culturais e sociais.

O fenômeno cognitivo, em sua rica complexidade, ontem como hoje, dependeu e depende de fatores biológicos, pedagógicos, psicológicos e sociais.

É o fator biológico que, ao determinar os limites da capacidade de aprender, condiciona as diferentes ações dos homens e dos animais sobre o meio. O fator pedagógico, como salientou Émile Durkheim, define os métodos e os conteúdos do aprendizado, com apoio na psicologia e na sociologia, respectivamente. Por isso, o papel dos fatores psicológicos e sociais no fenômeno da cognição é abordado de modo recorrente ao longo de todo o presente trabalho, porque é a partir da interação desses diferentes fatores que o homem, ontem como hoje, tenta explicar o mundo.

Enriquecendo o debate, Humberto Maturana, pensador chileno, autor da teoria da autopoiese (do grego auto=próprio e poiesis=criação, para designar a capacidade dos seres vivos de, continuamente, se autorreproduzirem), com o conterrâneo Francisco Varela, sustenta que todo comportamento é produzido por uma emoção, enquanto para Jean Piaget, cognição e emoção são faces de uma mesma moeda, não podendo haver uma sem a outra. Steven Pinker, por sua vez, diz que não somos animais racionais, mas passionais, e Edgar Morin propõe o "penso e sinto, logo, existo", em lugar do "penso, logo existo" (*Cogito ergo sum*), de Descartes.

Na Antiguidade, a educação se voltava, essencialmente, para a formação do homem e do cidadão, consoante à Paideia, ficando a técnica de transmissão do conteúdo do conhecimento em plano secundário. Foi nesse cenário ideológico que floresceram a dialética e a maiêutica socrática como as técnicas fundamentais para o desenvolvimento do conhecimento e do pensamento racional. Sem divergências substanciais, Platão e Aristóteles também advogaram que a pedagogia deveria pôr-se a serviço da promoção da ética e da política.

Mais tarde, na Idade Média, sobretudo com Santo Agostinho e muito depois com Tomás de Aquino, o Doutor Angélico, a pedagogia foi assimilada pelo catecismo escolástico, sendo a comunicação professor-aluno substituída pela transmissão da fé, com forte apoio na linguística. Esse método, que se baseava na memorização e na imitação, predominou no sistema escolar até o século XVII, apesar das duras críticas que recebeu, principalmente na famosa sátira de 1534, *Gargântua*, de François Rabelais, que se considerava discípulo de Erasmo de Roterdã.

De fato, Erasmo, ao romper com a prática pedagógica subordinada à escolástica, adensando as críticas que a julgavam repetitiva e estéril, inaugurou a crença na afetividade e no ludismo como mecanismos eficazes na promoção da aprendizagem e do conhecimento. Foi daí que partiu o checo Juan Amos Komensky, conhecido como Comenius (1592-1670), para propor uma nova metodologia da educação, resultante da fusão da pedagogia com a didática, a que denominou de "didática magna" ou "instrução universal", a pansofia, inspirada em princípios religiosos e humanistas. Ministrado em ciclos de exigência gradual e crescente, o método de Comenius ordenava o crescimento moral e intelectual do alunado.

Coube a Jean-Jacques Rousseau, cem anos depois de Comenius, retomar as reflexões sobre a pedagogia, fazendo-o através da publicação do seu *Emílio ou sobre a educação*, em 1762. Em sua nova teoria educacional, ensinava ele que, para ser equilibrada e bem pensante, a criança deveria ser estimulada a expressar-se em vez de ser reprimida. Sua teoria da educação, não obstante o caráter polêmico que o isolou de governos e de pessoas, exerceu influência decisiva na liberalização dos métodos de ensino infantil, bem como numa mais acentuada orientação psicológica. A criança – ensinava Rousseau, antecipando-se a Piaget – não é um adulto pequeno, mas um ser com necessidades e prazeres específicos, incumbindo ao pedagogo observá-la em suas peculiaridades e tendências, de modo a habilitar-se a uma adequada promoção do seu avanço, "deixando-a crescer" a partir de suas potencialidades.

A influência de Rousseau se desdobrou em duas vertentes: a política, que, preconizando a formação da cidadania, inspirou os projetos de reforma da educação propostos por Condorcet, durante a Revolução Francesa, e a metodológica, que, ao ensejar os estudos de Pestalozzi, veio conferir ao aluno um papel central no processo de aprendizagem.

Na esteira de Pestalozzi, Friedrich Fröbel (1782-1852), que, como panteísta, identificava Deus com a natureza, criou os primeiros jardins de infância, os *kindergarten*, concebidos para abrigar crianças dos 3 aos 7 anos, e formulou as diretrizes de uma pedagogia que conferia lugar de relevo à espontaneidade e ao ludismo, compreendidos como os componentes básicos de uma consciência em formação. Em paralelo, Johann Friedrich Herbart introduziu a experimentação em pedagogia, contribuindo, desse modo, para a fundação da psicologia infantil.

Uma vez que os sistemas de ensino foram incorporados, com grande solidez, à temática educacional dos países desenvolvidos, o papel da pedagogia ganhou caráter crescentemente polêmico, ensejando a emergência de diferentes reflexões e teses, não raro, antípodas.

Em sentido estrito, educação é a influência que os adultos exercem sobre os mais jovens.

John Stuart Mill sustentou que educação

> é tudo aquilo que nós mesmos fazemos e tudo o que os outros fazem por nós com o intuito de nos aproximar da perfeição de nossa natureza. Na sua acepção mais ampla, abrange até os efeitos indiretos produzidos sobre o caráter e sobre as faculdades do homem por coisas tão distintas como as leis, as formas de governo, as técnicas industriais e até fenômenos físicos, independentes da vontade humana, como o clima, o solo e a posição geográfica.

Para Kant, "o objetivo da educação é desenvolver em cada indivíduo toda a perfeição de que for capaz", ideal tornado utópico pelas vicissitudes que frequentemente nos impõem cuidar de tarefas específicas e restritas, alheias à nossa busca de aperfeiçoamento.

James Mill, pai de John Stuart Mill, diz que o objeto da educação "é fazer do indivíduo um instrumento de felicidade pessoal e dos seus semelhantes".

Enquanto para Fontenelle "nem a boa educação faz o bom caráter, nem a má o destrói", para Locke e Helvétius a educação pode tudo. Segundo Helvétius, "todos os homens nascem iguais e com iguais aptidões; só a educação os diferencia". Jacotot acompanhava mais ou menos essa linha de pensamento, ao sustentar que a solução que se dá ao problema depende da ideia que se faz da importância e da natureza das predisposições inatas, por um lado, e, por outro, da capacidade dos meios de ação de que dispõe o educador.

Para Émile Durkheim, o papel da pedagogia não é o de substituir a prática educacional, mas o de guiá-la, esclarecê-la e ajudá-la a preencher as lacunas e a corrigir as deficiências que surjam ao longo do processo, sendo a moralidade a força que alimenta a vontade que, por sua vez, controla os impulsos do desejo. Por outro lado, não é verdade que se possa encontrar o ser social na estrutura primitiva do homem. Os valores sociais, presentes na linguagem, nas religiões, na moralidade, nas ciências, são a forja do homem social que se mescla ao homem animal. É como se o indivíduo fosse uma página de duas faces: o verso, que já vem preenchido com os recursos naturais, hereditários, e o anverso, posteriormente preenchido pela experiência social, existencial. Por isso, pode-se dizer que enquanto a página do verso preserva o mesmo conteúdo instintivo e egoísta, característico de nossa condição animal, o anverso incorpora os valores da convivência comunitária, consoante as exigências do tempo e do espaço. Como exemplos, recorde-se o confronto histórico entre Esparta e Atenas. Enquanto a primeira preparava atletas e guerreiros, a segunda, ao mesmo tempo, forjava pensadores, artistas e promovia a beleza do corpo. Enquanto na Idade Média a educação era essencialmente religiosa e predominantemente cristã, no Renascimento assumiu caráter laico e literário.

Hoje, o interesse pelas ciências prepondera sobre o interesse pelas artes. E o que dizer da diferença de conteúdo entre os sistemas educacionais da Índia, baseado em castas, e o dos países democráticos do Ocidente, inspirado em valores promotores da redução das desigualdades? A educação nos Estados Unidos, por exemplo, prioriza os valores da família, da liberdade, da propriedade, da ética e da democracia.

A todo esse conteúdo da página do anverso denomina-se educação. Enquanto o sociólogo constata o tipo de educação existente, sem emitir juízo de valor, o educador, refletindo o desejo dos pais e a pressão da opinião pública, faz escolhas, propõe reformas e cobra eficácia do magistério, no sentido de formar pessoas de acordo com o modelo eleito como ideal, do ponto de vista intelectual, moral e físico. O caráter criador, exclusivo da educação, possibilita mantermos o equilíbrio dinâmico entre o ser individual que seremos sempre e o ser social que somos, em contínua mutação, respeitado o arcabouço dos valores dominantes na sociedade. Seguindo essa linha de pensamento, a Unicef estabelece que toda criança tem direito a uma educação que leve em conta a sua cultura.

Se, para Émile Durkheim, a pedagogia é o resultado de um determinado momento da história, com a atribuição de construir um projeto destinado a preparar a criança para evoluir na sociedade em que vive, para o marxismo essa preparação deveria habilitar o indivíduo a romper com o status quo do capitalismo milenarmente dominante.

Entre os vários seguidores de Marx inclui-se o brasileiro Paulo Freire, com sua pedagogia da libertação dos oprimidos.

Como elemento comum a todas essas diversificadas correntes, observa-se a predominância da crença no valor pedagógico da espontaneidade.

Partindo da criança, a nova educação ganha contornos de cientificidade cada vez maior.

OBJETIVO MAIOR DA PEDAGOGIA

O primeiro e fundamental trabalho da pedagogia, no plano de todas as relações humanas – na família, na escola, no trabalho e na sociedade em geral –, consiste em criar e promover as condições favoráveis a essa tão necessária, frutuosa, desejável e promissora parceria do indivíduo com sua vocação. O que teriam sido gênios como Homero, Sócrates, Euclides, Da Vinci, Michelangelo, Descartes, Shakespeare, Galileu, Newton, Mozart, Beethoven, Darwin, Einstein, Castro Alves, Rui Barbosa e Freud, entre tantos outros, se não tivessem tido a fortuna de enveredar pelos caminhos que percorreram com tanta alegria e sem fadiga, permitindo-lhes crescer e ampliar os horizontes do mundo?

Os testes vocacionais e os de inteligência, que alcançaram grande popularidade na segunda metade do século XX, apesar de terem representado importante contribuição ao esforço de inventariar as habilidades, aptidões e dons dos indivíduos, revelaram-se insuficientes para lançá-los no leito de suas mais adequadas vocações, até pelo alcance de sua eficácia quase se limitar à identificação de um número de inteligências bem menor do que as existentes, como posteriormente se reconheceu.

Por absoluta falta de conhecimento e treinamento, os próprios jovens, seus pais, educadores e amigos deixam passar despercebidos sinais profundamente reveladores de estilos de inteligência e tendências vocacionais, como maior ou menor gosto pelo convívio com as pessoas ou com a natureza, pelas atividades físicas, espirituais, musicais ou intelectuais, pela organização pessoal refletida no modo de comer, vestir e organizar seus espaços e objetos, na natureza das relações com membros da família, da escola e da sociedade em geral. Além disso, a identificação das preferências sensoriais e de outros marcantes traços individuais de aprendizagem é de grande valor para ajudar as pessoas a se desenvolverem e a encontrarem sua vocação e seus estilos de aprendizagem.

A tarefa de identificar as coisas de que gostamos ou não gostamos, para efeito de orientar o rumo de nossas vidas, é demasiadamente importante para deixar de ser feita, com disciplina e empenho. O hábito de anotar sistematicamente tudo que nos agrada e desagrada, com os respectivos graus de intensidade, fornece roteiro seguro para aumentar o autoconhecimento. É interessante anotar o quanto as pessoas podem negligenciar este mister, distanciadas do conselho socrático: conhece-te a ti mesmo, como o primeiro e decisivo passo para se situar no mundo.

De referência a pessoas próximas, esse descuido ou indiferença, de tão evidente, inspirou conhecido programa de auditório, levado ao ar por televisões de todo o mundo, protagonizado por vários casais, sendo ganhador aquele que fizesse o maior número de pontos ao responder sobre as preferências e aversões do cônjuge. Em todos os países causou espanto o nível de ignorância que as pessoas revelaram sobre o gosto de parceiros com quem viviam há muitos anos. E os temas em discussão eram os mais comezinhos, como cor, estética, culinária, perfume.

A questão pedagógica poderia ser resumida com a conclusão de que não há um meio único de ensinar o que quer que seja. O que deve ser observado, acima de tudo, é a adequação dos ensinamentos ao conjunto das peculiaridades do aprendiz, sendo a pedagogia mais produtiva aquela que promover e estimular o aprendizado a partir dos modos que melhor se ajustem ao estilo de aprender do discente. Além disso, esse método assegura a continuidade dos estudos, ao fim do período escolar, via autodidatismo. E é a partir da educação autonômica que o discente define o propósito que quer alcançar:

educação para ampliar o nível das incertezas;
educação para a convivência social;
educação para conhecer a história e a cultura;
educação para aperfeiçoar o nível de expressão;
educação para vencer e gozar a vida.

O papel central da escola é o de identificar e implementar as inteligências predominantes em cada aluno como meio de promover suas vocações, em sintonia com seus potenciais. Quem for alcançado por essa ação benfazeja tende a ser mais feliz e socialmente útil. É por isso que as pessoas têm interesses e modos de aprender diferentes. Seria um erro e enorme desperdício deixar de canalizar as atenções do alunado para as áreas do seu maior interesse, num mundo em que o conhecimento se expande em escala abissal.

Diferentemente do passado, cujo ideal foi alcançado no período renascentista, hoje é incogitável conhecer tudo que nos é oferecido para ser aprendido. Para que se tenha uma ideia de como cresceu o domínio científico nos dois últimos séculos, basta dizer que a obra em quatro volumes que Alexander von Humboldt escreveu sobre biologia, em meados do século XIX, encerrava a totalidade do conhecimento existente naquele campo. Hoje, essas dimensões mal comportariam o índice desse campo do conhecimento.

Educar, portanto, num mundo de tanta diversidade, é orientar o educando a fazer escolhas conscientes e bem informadas, em harmonia com seus interesses e vocações. Boa é a escola que se orienta para a promoção do aluno considerado na plenitude de sua individualidade, em oposição ao velho e falido conceito da escola alimentada pelo sub-reptício sentimento da inveja, que aconselha a perseguição de objetivos médios, promotores do rebaixamento dos grandes valores individuais ao ambiente morno da mediocridade. Nessa perspectiva dialética, a cega obediência ao cumprimento burocrático da grade escolar, sem a flexibilidade de ajustá-la aos interesses efetivos do aluno, constitui violência emocional e imperdoável desperdício de energia psíquica e de recursos materiais de que a sociedade necessita para avançar. Recorrendo à linguagem da moda, o *prêt-à-porter* que domina e convém à dinâmica do mundo moderno não se recomenda ao desenvolvimento das potencialidades humanas.

Como na prática não se deve esperar que cada professor tenha essa habilidade de identificar as inclinações e os potenciais específicos de cada aluno, sugere-se o recurso a pessoal habilitado para a realização desse trabalho de significação transcendental ao mero propósito de transmitir conhecimento.

Nunca é demais enfatizar a vigilância que deve ser posta sobre a habitual tendência, consoante a experiência tradicional, de se processar essa avaliação a partir dos estreitos parâmetros oferecidos pelas inteligências lógico-matemática e linguístico-verbal, atentos ao reconhecimento da existência e do valor dos demais tipos de inteligência sobre as quais falaremos adiante. Do mesmo modo, é importante advertir contra o risco de um diagnóstico precipitado, precoce, errado que resultará desastroso ao recipiendário. Desnecessário enfatizar o papel ancilar que os familiares mais experientes podem desempenhar nesta crucial anamnese vocacional.

Estamos certos de que dias virão quando teremos algo parecido com o que poderíamos denominar "corretores de talento", que nada mais serão que especialistas em avaliação dos tipos de inteligência e vocações dos jovens estudantes, aptos a apontar as escolas mais bem equipadas e adequadas para o aproveitamento das possibilidades de cada aluno, atividade que não se confunde com a dos "caçadores de talento" ou *talent hunters*, hoje tão em voga, que cuidam de identificar jovens profissionais já formados com potencial para o desenvolvimento de atividades específicas. Se o poder público se sensibilizasse para a importância de dotar o ensino desses instrumentos, teríamos uma verdadeira revolução em favor do progresso e da felicidade dos indivíduos a operar em benefício de toda a sociedade.

Observe-se que os grandes beneficiários de uma tal iniciativa seriam os indivíduos medianamente dotados, que representam a maioria, porque passariam a dispor de um mecanismo destinado a potencializar seus talentos e possibilidades. Os indivíduos considerados superdotados, ainda que tendo muito a ganhar com o recurso a esse instrumento, terminam quase sempre por encontrar caminhos que lhe sejam profissional e tecnicamente satisfatórios, mercê dos seus variados dotes cerebrinos.

Howard Gardner sustenta que hoje

> dispomos dos recursos humanos e tecnológicos para operar escolas centradas no indivíduo. Realizá-lo é uma questão que depende de querer, inclusive da disposição de resistir às enormes pressões em favor da manutenção da uniformidade e dos critérios convencionais de avaliação intelectual.

Vejamos o que disse a esse respeito o infectologista Jonas Salk, descobridor da vacina antipólio que leva o seu nome, o mesmo que afirmou que as ideias estão para a evolução metabiológica assim como os genes estão para a evolução biológica:

> Quando criança, eu queria estudar Direito, ser eleito para o Congresso e fazer leis justas. Isso quando eu tinha entre oito e dez anos. Foi quando decidi estudar Medicina, porque minha mãe concluiu que eu não seria um bom advogado, uma vez que nunca conseguia vencer uma discussão com ela.

No último quartel do século XX, avançou muito significativamente o esforço no sentido de qualificar os diferentes tipos de inteligência, avultando nessa área os trabalhos do psicólogo norte-americano Howard Gardner, que têm trazido novas e promissoras luzes na busca da identificação das vocações, a partir, inicialmente, de sete tipos de inteligência, acrescidos, posteriormente, de mais dois. Aos nove tipos de inteligência propostos por Gardner, Lawrence Sherman acresceu dois, subindo a onze, portanto, o número dos tipos de inteligência até o momento inventariados, como analisaremos adiante.

APRENDER E COMPREENDER

A razão maior da cognição consiste em equipar os indivíduos para interpretar e resolver problemas, mediante, sobretudo, a capacitação para que possam formular as perguntas certas nos diferentes contextos que a realidade lhes apresenta.

A complexidade de um problema pode ser medida pelo número de etapas exigidas para a sua solução. Quanto maior for o número mínimo de etapas, maior a complexidade.

O raciocínio pode ser dedutivo ou indutivo. Pelo raciocínio dedutivo, uma conclusão será verdadeira se as premissas forem verdadeiras. Pelo indutivo, se as premissas forem verdadeiras é provável que as conclusões também o sejam.

Consectário natural do encontro do indivíduo com sua vocação, todo processo pedagógico deve ter como objetivo nuclear a habilitação dos discentes para compreender o objeto do seu estudo, em lugar de simplesmente aprender, entendido o aprendizado como o armazenamento, apenas, de informações, como tem sido a prática corrente ao longo de séculos. No particular, cabe uma advertência dura, mas que não pode deixar de ser feita: o professor deve ter a sublime coragem de formular-se, *in pectore*, a seguinte pergunta: "Em que extensão eu compreendo o objeto do meu magistério?" Advogados e juízes, até bem-sucedidos, há que conhecem a lei, mas ignoram o Direito; médicos que dominam satisfatoriamente a prática da medicina, mas não compreendem a dialética da saúde; biólogos com precária noção da engrenagem da vida; religiosos que discorrem com brilho sobre os livros sagrados e a teologia, enquanto ignoram o verdadeiro significado da fé.

Para alcançar esse desiderato, alterações profundas têm que ser feitas no modo de transmissão do conhecimento, sobretudo como as aulas são ministradas, o professor expondo e os alunos ouvindo. Nada é mais improdutivo do que o tempo dedicado a entretenimentos passivos. Por isso essas aulas meramente discursivas são um grande desperdício de energia e produtividade. Esse tipo de ensino, que vigora há mil anos, desde quando iniciado na Universidade de Bolonha no século XI, precisa ser proscrito, como concluem as mais atuais pesquisas destinadas a apurar o rendimento escolar, se quisermos trazer a prática pedagógica para as alturas que a consciência científica recomenda.

O aprendizado requerido pela sociedade do conhecimento não pode ficar restrito à sala de aula, onde o professor expõe e os discentes escutam. Urge um modelo educacional que priorize o desenvolvimento e o aproveitamento de todas as potencialidades do indivíduo para o acesso às mais variadas formas de cultura e às novas técnicas de abordagem tecnológica do trabalho. Afinal de contas, o domínio da escrita, contemporâneo dos passos iniciais da tecnologia e da especulação aritmética, constitui, sem dúvida, a primeira e mais poderosa fonte de orgulho da humanidade. Sua antiguidade só é antecedida pela descoberta do fogo, pela arte pictórica, a dança, a música e o canto. Sem a escrita, a acumulação de conhecimentos se processaria de modo extremamente elementar, na dependência exclusiva da retentiva popular e de poucos iluminados treinados e valorizados para cumprir o papel de arquivos vivos, repassados de uma geração a outra. Sem ela, estaríamos ainda no estágio em que nos encontrávamos há 6 ou 7 mil anos. Como há milênios ultrapassamos as limitações daquele alvorecer, não há como fugir à conclusão de que a educabilidade cognitiva é a pedra de toque do cidadão integrado aos novos tempos.

No mundo da práxis, as pessoas lidam com situações exigentes de conhecimentos variados, a exemplo dos indispensáveis ao pessoal médico, em relação a seus pacientes: conhecimentos de química, para dosar medicamentos; de higiene, para orientar as práticas assépticas; psicologia, para promover bons estados emocionais nos pacientes; matemática, para contar o tempo e as dosagens; e assim por diante. O mesmo ocorre em praticamente todas as profissões e dimensões da vida real. A velha palavra holismo ou holística ganhou recente amplitude e intensidade de uso, graças à crescente percepção de que cada coisa ou realidade, por mais autônoma que seja, é parte de um todo maior. O irrompimento do termo e do conceito de globalização decorre da percepção unitária dos elementos que integram o mundo em suas múltiplas dimensões. Na escola, porém, cada uma dessas ordens de conhecimentos é parte integrante de uma disciplina autônoma. Para que o aluno seja motivado a aprender mais e melhor, é indispensável que seja instruído a respeito do significado daquele conhecimento para a gestão de sua vida imediata e futura. Quanto mais imediata for a utilização do conhecimento, melhor para o incremento do interesse do alunado. A ausência dessa compreensão utilitária é, talvez, a principal fonte do desinteresse escolar, experimentado, inclusive, por crianças ou adultos com excelente desempenho diante dos naturais desafios da vida. A ampla, intensa, precoce e prejudicial incompatibilidade de grande parte do alunado com a matemática decorre da incapacidade dos professores de apresentarem a disciplina dos números, excepcionalmente dotada de instigante poder de atração, como um instrumento operacional e prático para a condução de suas vidas no plano material.

Só teremos a ganhar na medida em que formos capazes de encarar essas questões, teimosa e sistematicamente, conferindo-lhes elevada prioridade, em todas as fases de nossa existência.

A vocação tem voz. É preciso atenção para escutá-la e, muitas vezes, coragem e sensibilidade para atender ao seu chamado. Por isso, John Stuart Mill observou que "um espírito culto prefere a morte a ter que renunciar aos prazeres intelectuais".

PEDAGOGIA BUROCRÁTICA

A pedagogia burocrática concentra seu empenho em habilitar os indivíduos a encontrarem a resposta correta, enquanto a pedagogia para a vida, encarada como meio de promover o desenvolvimento das pessoas e dos povos, busca prepará-los para compreenderem o meio em que se encontram e o que estão fazendo.

Ao tempo em que a pedagogia burocrática julga o mérito das pessoas pela correção com que cantam o hino nacional brasileiro, a pedagogia para a vida pede a interpretação do texto do hino. Isso explica porque só uma pequena parte dos alunos que enunciam corretamente a fórmula para medir um retângulo – a área é igual à base multiplicada pela altura (S=b x h) – sabe medir uma sala de sete metros de comprimento por seis de largura. É da mesma natureza distintiva a situação do aluno que é capaz de medir o tamanho de qualquer espaço retangular num edifício, mas se sente inteiramente incapacitado para medir o tamanho de uma propriedade rural.

Transpondo para a literatura os efeitos distintos entre aprender a dar a resposta certa e compreender o que está fazendo ou estudando, mencione-se o exemplo do aluno que conhece todas as regras gramaticais, mas escreve mal, ferindo essas mesmas regras que sabe tão bem papaguear. Piaget explorou a questão em seu trabalho de 1974, *Réussir e Comprendre*. Nesse mesmo diapasão, Howard Gardner, em sua obra de 1991, *The Unschooled Mind*, menciona o surpreendente e decepcionante achado de pesquisadores de instituições de ensino do maior prestígio, como a Universidade Johns Hopkins e o M.I.T. (Instituto de Tecnologia de Massachusetts), dentre outras, ao documentarem a frequente incapacidade de graduados nos cursos de física para resolverem problemas simples quando apresentados de uma forma diferente daquela como lhes fora ensinada. Solicitados a mencionar as forças atuantes sobre uma moeda lançada para o alto, no momento em que alcançasse metade de sua trajetória ascendente, 70% dos concluintes de um curso de mecânica responderam erradamente, acompanhando o senso comum e leigo, dizendo que duas são as forças atuantes: a que lançou a moeda e a força da gravidade, quando, em verdade, a partir do momento em que foi projetada para cima, a única atuante era a força gravitacional. Equivalente atuação tiveram graduados solicitados a explicar temas de sua área de estudos, como as fases da lua, as estações do ano, o movimento dos corpos celestes ou dos seus próprios corpos. Não revelaram, como seria de esperar, uma compreensão científica satisfatória dos fenômenos sob exame.

Segundo Gardner, em dezenas de testes semelhantes, a maioria dos jovens cientistas, os mesmos que na infância encantaram os pais com o rápido aprendizado de tantas outras habilidades, revelou as mesmas deficiências cognitivas de quando frequentavam a escola secundária. Em matemática, simples questões algébricas não foram respondidas quando formuladas de um modo diferente do exposto pelo professor ou nos textos escolares. Em biologia, os princípios fundamentais da teoria do processo evolutivo foram explicados como direcionados à perfeição. Graduados em economia explicaram as forças que atuam sobre o mercado do mesmo modo simplório de quem nunca estudou essa disciplina. A mesma inaptidão foi observada no domínio das ciências humanas. Graduados capazes de discorrer com apreciável acerto e desenvoltura sobre temas palpitantes da história, como as guerras napoleônicas ou as duas guerras mundiais, perderam-se quando chamados a comentar temas da atualidade, ao recorrerem a equivocados chavões da espetaculosa prática hollywoodiana. Graduados em literatura, capazes de produzir invejável análise literária dos melhores autores, revelaram-se incapazes de distinguir entre textos de boa e de má qualidade quando a autoria não fosse, previamente, revelada ou conhecida.

Se isso sucede em universidades reputadas como das melhores do mundo, não é difícil prever os resultados a que chegaríamos se pesquisa semelhante fosse efetuada com graduados brasileiros. Um professor de contabilidade de custos, submetido a uma entrevista com os coordenadores de cursos de uma instituição de ensino sob nossa direção, não soube responder que utilidade teria o curso para alunos de publicidade. Ficou sem graça ao ser informado de que nenhuma proposta de anúncio ou campanha publicitária seria aprovada sem que o indispensável orçamento estivesse financeiramente compatibilizado com os objetivos a serem alcançados.

A qualidade do ensino reflete o que a sociedade espera dele, raciocínio válido para qualquer lugar ou época, como salientou Émile Durkheim. Do ensino voltado para a produção de certificados não se pode esperar que persiga a compreensão efetiva do que é estudado ou ensinado. Nesse ambiente, pouco importa onde e o que se estude. Qualquer escola habilitada a fornecer o diploma serve. A equivocada suposição de que o conhecimento, encarado como uma commodity, está implícito no diploma perpetua o erro.

Howard Gardner conclui que a generalizada ocorrência desse fenômeno provém dos estereótipos, concepções, scripts e preconceitos, de difícil reformulação ou superação, com que o alunado, ainda jungido ao espírito infantil do seu espontâneo aprendizado original, chega à universidade, desejoso de voltar a expressar-se livremente. Essa marcante influência das experiências infantis sobre a vida adulta, sustentada desde o início do século XX por Freud e outros psicanalistas, tem sido confirmada em estudos mais recentes, como na análise transacional de Eric Berne.

Em grande medida, portanto, a ineficiência da educação é ocasionada principalmente pela ignorância da existência de fatores que seria imperativo contornar ou vencer. Como fazemos vista grossa a essa questão de magna importância para uma maior produtividade do aprendizado, culminamos por homologar a substituição do entendimento verdadeiro por precárias demonstrações de aprendizado, como instrumento de aferição de desempenho acadêmico, de que o exemplo mais gritante é o sistema de escolha múltipla. Adotado inicialmente no vestibular por questões de ordem prático-operacionais, espraiou-se para outros níveis de ensino, contaminando de ineficácia todo o organismo educacional brasileiro, com raras exceções. O alunado foi levado a aderir à maléfica crença em que o importante é estudar para passar de ano.

É curioso e importante notar que, na intimidade das conversas informais, os professores revelam a compreensão de que se pratica um magistério convencional, anacrônico, improdutivo. Misoneístas (resistentes a inovações), furtam-se à iniciativa de mudar, por temor de serem rejeitados pela pressão dos alunos que dizem desejar avançar desde que não tenham que se mover, consoante a lição do *Gattopardo*, de Giuseppe Tomasi di Lampedusa: "Vamos mudar radicalmente as coisas de modo que permaneçam exatamente como estão".

Ao optarem por um conservadorismo nefasto, enquadram-se no anátema definido por John Stuart Mill em palavras candentes: "Não é verdade que todo conservador seja burro. Verdade é, porém, que todo burro é conservador".

Em artigo publicado em *Veja*, Stephen Kanitz narra a reação que sofreu dos seus alunos da USP quando intentou praticar o sistema avançado de ensino, aprendido ao cursar o mestrado na Universidade de Harvard, baseado no aprimoramento da capacidade de compreender, de analisar e levantar perguntas. Ou seja: um ensino apoiado no mais genuíno entendimento das diferentes situações concretas que a vida exubera em nos oferecer, para que aprendamos a interagir com elas de modo consistente. A reação dos alunos se apoiou no argumento de que eles ali estavam para serem arguidos e não para formular questões, consoante a prática do ensino a que desde sempre se acostumaram, revelando, assim, que continuavam a ignorar que o aperfeiçoamento da capacidade de formular as questões certas constitui o propósito nuclear do processo de aprendizagem, como nos ensinou Sócrates em sua maiêutica. Essa incômoda realidade, raramente admitida, mas frequentemente omitida ou negada, é mais bem aceita, com maior frequência, pelos alunos de mais alto desempenho acadêmico, durante e após o curso de graduação, quando já no exercício de suas atividades profissionais. Nesse período se agudiza a percepção das deficiências do ensino que valoriza mais o aprendizado para a escola do que para a vida (*Non vitae, sed scholae discimus*), na contramão do já citado brocardo romano que ensina: *Non scholae, sed vitae discimus* (aprendemos para a vida e não para a escola).

OS MODOS DE APRENDIZAGEM

Aprende-se, isto é, constrói-se o conhecimento de dois modos:

1 – O simbólico, ou aprendizagem por instrução, a partir do relato de terceiros (leitura, conferência, filmes etc.), compondo o simples "saber";

2 – O prático, baseado na experiência pessoal, ou conhecimento por descoberta, consubstanciando o "saber fazer".

O que o aluno retém da exposição do professor constitui o simples "saber". Quando é convocado a resolver uma questão concreta, a partir dos conhecimentos adquiridos, ele começa "a saber fazer". Observe-se, de pronto, que o conhecimento das regras não se confunde com o "saber fazer" nem com o "aprender a aprender".

A aprendizagem só se verifica, segundo Piaget, quando, por abstração reflexiva, evoluímos do "saber fazer" para um "saber" pleno, isto é, quando nos capacitamos a pensar o processo que já sabemos executar e, a partir daí, construímos a teoria explicativa dos resultados alcançados. Com essa compreensão, Piaget concluiu que conhecer é criar.

O "aprender a aprender" ocorre quando o processo de abstração reflexiva, conducente ao pensar o próprio pensamento, se automatiza, como consequência da prática sistemática de observarmos nosso mundo interior.

Como não é possível construir o conhecimento no vazio ou a partir do nada, os cognitivistas acentuam a importância do acervo anterior de conhecimentos, ao contrário dos behavioristas, que atestam que a aprendizagem, apesar de ser um processo cumulativo que soma o passado ao presente, não implica interação entre os dois momentos, não havendo dependência nem questionamento de qualquer dos lados.

O sistema burocrático que rege o aprendizado pode fazer do professor uma fonte de alienação, de bloqueio e de castração intelectual do alunado, que teme ser punido se ousar formular questões fora da bitola estreita do procedimento padrão. Ao invés de um caldo de cultura propiciador da aproximação do aluno do seu potencial, a sala de aula operaria à guisa de curral para o amestramento do alunado para a cega obediência de regras preestabelecidas.

O PAPEL DA MEMÓRIA NA APRENDIZAGEM

A grande importância da memória no processo de aprendizagem tem produzido muitas teorias que buscam explicá-la. Essas teorias se vinculam a duas vertentes opostas: uma baseia-se no idealismo e a outra, no materialismo científico. Segundo as teorias idealistas, o sistema cognitivo é de natureza espiritual, enquanto para os materialistas resulta da relação estímulo-resposta.

A corrente idealista nasceu com Platão, que, ao aplicar a maiêutica socrática conhecida como o parto das ideias, segundo a qual o conhecimento se processa num crescendo em que uma resposta levanta nova pergunta, que gera uma resposta, que produz mais uma pergunta, e assim sucessivamente, concluiu que o conhecimento já está dentro de nós. Basta desencavá-lo. Entre os seguidores de Platão destacam-se Leibniz, Kant, Hegel e Piaget.

A corrente materialista entende que nada há no intelecto que antes não tenha passado pelos sentidos (*Nihil est in intellectu quod prius non fuerit in sensu*), como afirmavam os empíricos desde Aristóteles até David Hume, passando por Santo Tomás de Aquino, Francis Bacon, Thomas Hobbes, John Locke e George Berkeley. Para eles, a mente ou espírito humano em estado original é como uma tela vazia que se vai preenchendo com as marcas das experiências sensoriais contraídas no contato com o mundo exterior.

Segundo David Hume, o corpo e os sentidos humanos, essencialmente passivos, seriam mobilizados pelo espírito, essencialmente ativo. A diversidade das reações humanas, diante de uma mesma provocação, seria explicada pelo caráter ativo do espírito, em contradição com o comportamento animal, sempre sujeito ao determinismo comportamental que independe de sua vontade. Henri Bergson observou que quanto mais descemos na escala zoológica, mais intensamente observamos a validade do princípio determinista.

Na visão construtivista o conhecimento é invariavelmente situacional, porque dependente do olho do observador. Por mais parecidas que sejam as percepções dos indivíduos diante de um mesmo objeto, cada uma delas guarda traços da mais profunda originalidade. Pode-se concluir, portanto, a exemplo do que ocorre com os elementos da natureza, que não é possível a ocorrência de duas percepções iguais diante de um mesmo fato ou objeto. Alude-se, com frequência, a coisas ou percepções iguais, por razões de praticidade operacional, quando o correto seria qualificá-las como semelhantes ou afins.

O cerne das concepções construtivistas consiste no entendimento de que não se pode adquirir conhecimento passivamente, mas a partir de uma atitude ativa de construção do conhecimento pelo sujeito cognoscitivo diante do objeto que quer conhecer. O sistema cognitivo consistiria na assimilação, organização e acomodação das diferentes experiências sensoriais. Toda experiência ou conhecimento novo provocaria uma espécie de desequilíbrio dinâmico do sistema cognitivo, exigindo nova acomodação. Como na visão construtivista o conhecimento é sempre contextual, porque condicionado às características do sujeito cognoscitivo, que o decodifica e lhe empresta significado, resulta evidente que há tantas percepções quanto sejam os indivíduos. Mais ainda, o normal é que o mesmo indivíduo perceba de modos diferentes um mesmo fenômeno nas diferentes fases de sua vida. Daí Francisco Fialho concluir que "o processo pedagógico se sustenta na articulação dos três fundamentos do construtivismo: o histórico, o afetivo e o estético".

Pierre Lévy observa com propriedade que "praticamente todo o acervo cultural das sociedades orais está armazenado na memória das pessoas". Essa é a causa pela qual nessas sociedades a memória constitui o recurso intelectual mais valioso, mais apoiada na intuição e na compreensão do que na explicação, por ser esta exigente de múltiplas associações entre o sistema cognitivo e diferentes modos de memorização e comunicação.

Nas sociedades ágrafas a palavra possuía um significado diferente e mais expressivo do que o que lhe foi atribuído depois do aparecimento da escrita. Sem a concorrência da escrita, o caráter primário e único da palavra no processo de comunicação confere-lhe a responsabilidade de gerir a memória social. Aí todo o saber acumulado auditivamente se transmite pela fala entre as pessoas e as gerações. Nessa fase, inteligência e memória relacionavam-se com a máxima intimidade. Desse período advém a crença na sabedoria dos mais velhos por serem detentores de maior conhecimento tradicional acumulado. A figura do mestre, então, desfrutava de prestígio incomparável. O pensamento mágico, de mescla com motivações teo-mitológicas, desempenhava função mnemônica relevante, quando as pessoas se motivavam para reter as experiências dos seus ancestrais, deuses e heróis. Segundo Lévy,

> as representações que têm mais chances de sobreviver em um ambiente composto quase que unicamente por memórias humanas são aquelas que estão codificadas em narrativas dramáticas, agradáveis de serem ouvidas, trazendo uma forte carga emotiva e acompanhadas de músicas e rituais diversos.

A memória humana é afetada nos seus processos construtivos por fatores emocionais e existenciais que dificultam sobremodo a distinção do fato original das formulações a ele associadas. É por isso que os fatos normalmente susceptíveis de serem mais lembrados são os mais próximos de nossa realidade existencial, porque carregados de maior emotividade e conexões e por isso mesmo muitas vezes escutados, observados, imitados e repetidos.

Os antropólogos registram que as diferentes manifestações culturais das sociedades ágrafas sobrevivem à posteridade pela carga emocional e existencial de que são revestidas, princípio que é igualmente válido para as sociedades que dominam a escrita. Sem o decisivo concurso da tradição oral, obras como a *Ilíada* e a *Odisseia* não teriam alcançado a posteridade. Entre nós, o caso mais expressivo do legado que nos deixou a oralidade está nas poesias de Gregório de Matos Guerra, reproduzidas no seu livro obituário pelos amigos e admiradores que acorreram para pranteá-lo.

ESTUDOS DO CÉREBRO

No período compreendido nos 10 mil anos da história, os humanos intervieram mais no meio ambiente do que todos os outros animais juntos, ao longo dos 3 bilhões de anos em que há vida em nosso planeta. Essa interferência, hoje largamente preocupante, deve-se ao notável desenvolvimento do cérebro humano, que foi crescendo desde sua mais remota origem, passando mais recentemente pelos estágios do *homo habilis* e do *homo erectus* até alcançar o *homo sapiens*, com os 1.350 gramas atuais de peso.

A fase moderna dos estudos dedicados ao cérebro inicia-se em 1875 com a descoberta, pelo médico italiano Camillo Golgi, de um processo que possibilitou a análise microscópica de alguns neurônios. Na esteira de Golgi, o espanhol Santiago Ramón y Cajal escreveu, em 1904, a ainda hoje famosa *Histologia do sistema nervoso do homem e dos vertebrados*, um marco no campo da Neurobiologia, na qual criou o conceito de rede nervosa, constituída pela comunicação dos neurônios entre si, no fenômeno conhecido como sinapse. Cajal demonstrou que as inumeráveis comunicações interneuroniais, não obstante sua espantosa complexidade, não se processavam aleatoriamente, mas de um modo bem estruturado e definido. Golgi e Cajal partilharam o Nobel de Medicina – Fisiologia – em 1906.

A partir de meados da década de 1980, os estudos sobre o cérebro e sua atuação experimentaram novo avanço, ensejando-nos conhecer mais sobre a influência de cada um dos hemisférios cerebrais, respondendo o direito pela intuição e a vocação artística, como o senso de perspectiva, de espaço e de musicalidade, e o esquerdo pela matemática, a memória imediata, a linguagem, a comunicação verbal e o raciocínio lógico, ficando a parte frontal do cérebro responsável por certas funções superiores, como a iniciativa e a vontade.

De acordo com a teoria do cérebro trino, que define a influência das divisões horizontais do cérebro, a glândula hipófise e o cerebelo controlam os impulsos e as reações básicas; o sistema límbico ou telencéfalo controla as emoções e sua ligação com o subconsciente; e o neocórtex, conectado ao consciente, controla o intelecto propriamente dito. A cientificidade dessa teoria ainda está pendente de avanços nos estudos neurológicos que possibilitem sua comprovação.

Sabe-se, também, que o cérebro é um tecido cujas células, não obstante seu elevado nível de especialização, funcionam de acordo com as mesmas leis que regulam todas as demais células do corpo.

Por dois aspectos fundamentais caracteriza-se a inteligência humana. Primeiro, pela capacidade de associar dois ou mais desses mecanismos ou sistemas para realizar uma atividade nova, como caminhar, sorrir, falar e acenar para alguém, ao mesmo tempo. Essa capacidade associativa é considerada relativamente recente, podendo não ter mais de 50 ou 100 mil anos. Em segundo lugar, pela consciência que tem dessa capacidade associativa e de poder utilizá-la para fins múltiplos. Ou seja, pela possibilidade de acesso ao sistema processador de informações.

O desenvolvimento da inteligência humana depende do aumento da frequência e da intensidade do acesso aos elementos do repertório cognitivo. A esses recursos, quando utilizados de modo superior, denomina-se criatividade. Como partilhamos 98% de nossos genes com os chimpanzés, os 2% que nos distinguem na escala animal respondem pela linguagem, valores, manifestações artísticas e desenvolvimento tecnológico e científico. Ou seja: pela cultura, tudo que o *homo faber* agrega à natureza.

Ainda que sua base inicial seja de natureza biológica, as inteligências se exprimem como o produto da interação de fatores genéticos e ambientais. Só como exceção, os diferentes tipos de inteligência operam isoladamente, a exemplo dos autistas. Isso explica por que o conceito de inteligência sofre variações, em função das características culturais predominantes numa determinada época ou contexto. Há tarefas, como as operações matemáticas, cuja qualidade depende do conhecimento e da inteligência de um indivíduo operando isoladamente, não importando se seja ou não associativo. Outras, como a organização de um evento festivo, dependem da colaboração de várias pessoas, quando a associatividade é de valor fundamental.

Estima-se que as células nervosas ou neurônios atinjam o espantoso número de 100 bilhões por pessoa, havendo 10 mil interconexões por neurônio, fato que eleva o número das conexões existentes no cérebro – esta poderosa central de controle formada pela medula espinhal, o conjunto do tronco cerebral e o cerebelo, o diencéfalo e os hemisférios cerebrais – a dezenas de trilhões, equivalentes a dez elevado à décima terceira potência (10^{13}). Em harmonia com essa mesma ordem de grandeza, estima-se que o número de combinações possíveis para se formular uma ideia seja superior ao número de partículas atômicas existentes no universo. Matematicamente esse número é expresso por um google, cem elevado à centésima potência (100^{100})! Nessa parafernália, aparentemente caótica, cada neurônio tem uma função. Como perdemos cerca de 18 milhões de neurônios a cada ano, a perda acumulada, ao completarmos 70 anos, será de apenas 1 bilhão 260 milhões de neurônios, equivalentes a magros 1,26% do total inicial. Pode-se concluir, portanto, que a ação do envelhecimento sobre o cérebro nem de longe pode ser comparada à ação sobre o corpo, salvo os casos de doenças neurológicas.

OS VÍCIOS DA PERCEPÇÃO

O organismo humano é dotado de aproximadamente 1 bilhão de receptores. Milhões de condutos nervosos canalizam os impulsos que os diferentes órgãos dos sentidos remetem ao sistema nervoso central. A capacidade transmissora de cada um desses condutos nervosos oscila entre 10 e 100 milhões de bits por segundo, sendo que desse potencial gigantesco apenas 25 bits por segundo atingem a consciência, tida como responsável pelas atividades mentais de mais alto nível, como o raciocínio, a compreensão e resolução de problemas. Não obstante prodigioso como é, este colosso tem grandes dificuldades para chegar ao conhecimento verdadeiro ou apreender a realidade objetivamente, de tal sorte está sujeito ao erro e à ilusão provocados pelos sentimentos, emoções ou paixões, não raro vestidos com a elegante, mas enganosa, roupagem das ideologias racionalizadoras. Isso significa que todo processo perceptivo reflete, traduz e reconstrói, simultaneamente, os sinais ou estímulos emitidos pelos sentidos. Diferentemente dos outros animais, o homem interpreta incessantemente tudo que lhe ocorre, impregnando de subjetividade suas vivências, expondo-se, portanto, a cada passo, às injunções do erro e da ilusão. Esta, aliás, seria a causa maior ou matéria-prima básica disso a que denominamos cultura, representada conjuntamente por práticas nascidas da fraternidade ou afetividade e do desentendimento humano, como registram, à saciedade, os fastos da história e da vida diária, impregnada, ao mesmo tempo, de preconceito e de sabedoria. Por isso, Edgar Morin (1921) sustenta que o maior erro é subestimar a questão do erro, como a maior ilusão consiste em subestimar o problema da ilusão, advertindo que o primeiro dever da educação do futuro é demonstrar que não há conhecimento que não esteja, de algum modo, ameaçado pela face dupla do erro e da ilusão. Acrescenta Morin que a dificuldade maior na identificação do erro e da ilusão decorre do fato de que ambos não se reconhecem como tais, figurando como parasitas da mente humana "desde o aparecimento do *homo sapiens*".

Apesar de Marx e Engels haverem reconhecido na *Ideologia alemã* que os homens sempre elaboraram viciadas interpretações de si mesmos, do que fazem, do que deveriam fazer e do modo como vivem, não conseguiram escapar desses mesmos erros.

É a ação conjunta desses dois vilões da percepção, o erro e a ilusão, que responde pelos longos convívios do homem com preconceitos erigidos ao elevado posto de dogmas, cânones e postulados científicos, cujos exemplos abundam e pululam em todos os domínios da experiência humana, numa demonstração inequívoca de que até mesmo o denominado conhecimento científico, ontem como hoje, está sujeito a erros que o comprometem, de tal maneira podem se confundir o real e o imaginário, o sonho e a vigília, a alucinação e a racionalidade, como já observaram, dentre outros, Dostoievski, Vilfredo Pareto e Octavio Paz, inspirados no filósofo grego Epiteto, que viveu entre os séculos I e II de nossa era, ao dizer que "o que perturba os homens não são as coisas em si mesmas, mas as ideias que formam delas". Antes de todos eles, já ensinava Sidarta Gautama, o Buda, no sexto século antes de Cristo: "Tudo o que somos resulta de nossos pensamentos".

Nessa mesma conexão, o já mencionado histólogo espanhol Santiago Ramón y Cajal sentenciou: "Enquanto nosso cérebro for um mistério, o universo, reflexo da estrutura do cérebro, será também um mistério."

Paradoxalmente, é da ação conjunta dessas mesmas complexas matrizes que resulta a afetividade, sem a qual não haveria motivação para a inteligência aprimorar-se e produzir o incomparável acervo da cultura acumulada ao longo de nossa trajetória.

Todo obrar humano é produto da ação conjunta do afeto e da inteligência, do que se conclui que nem a hipotética e impossível erradicação da afetividade seria viável sem que se destruísse nosso formidável aparelho cerebral. A estrutura do cérebro explica essa subjugação da percepção da realidade externa ao nosso mundo interior, dominado pela imaginação, ideias, desejos, imagens e fantasias. Basta ver que apenas 2% do sistema neurocerebral medeiam o contato do organismo com o mundo exterior, respondendo 98% pelo funcionamento do nosso mundo interior ou psíquico. A narcisística ou egocêntrica necessidade de estarmos em harmonia com esses diferentes eus leva-nos, facilmente, ao erro e à ilusão. Nem a memória escapa dessa sujeição aos apetites e caprichos humanos, na medida em que tende a salvar em arquivos as lembranças que nos afagam os sentidos e as emoções, e a recalcar ou deletar as desagradáveis. Não raro, ao acudirmos a afagante fantasia, lembramo-nos do que não sucedeu, do mesmo modo que esquecemos ou recalcamos, no inconsciente profundo, experiências que machucaram nosso espírito.

Ao tempo em que as construções intelectuais, sob a forma de teorias, doutrinas e ideias, estão sujeitas ao erro, paradoxalmente blindam-se contra a correção desses mesmos erros. É o status quo intelectual autoprotegendo-se contra a ameaça de mudanças, como o fazem os status quo de qualquer natureza, emocional, social, cultural, religiosa, política ou física. Segundo a lógica dessa impositiva e ditatorial continuidade, toda e qualquer formulação que não seja assimilável é encarada como inimiga, sendo o campo estritamente científico, aquele limitado às ciências exatas, menos resistente à proposta de mudanças, proporcionalmente à possibilidade de aferição do grau de acerto da nova proposição. No campo das ideias e dos interesses, em que predomina o subjetivismo, a intolerância maniqueísta tende a alcançar intensidade paroxística, de que são a prova maior os desentendimentos humanos, sobretudo quando se exprimem através das guerras religiosas, ideológicas e econômicas, superlativamente genocidas.

Passou muito tempo até que chegássemos a compreender que as atividades mentais integram as atividades cognitivas, indo além das sensações e das experiências existenciais, ecológicas e culturais, mas precedendo o conjunto dos fatores que fomentam a ação. As atividades mentais antecipam a produção de ações externas e internas. As externas correspondem ao comportamento e respondem por tudo aquilo a que denominamos cultura; as internas são introvertidas e se encerram no plano da memória ou da reflexão.

A MATÉRIA E O ESPÍRITO NO PENSAR FILOSÓFICO

A reflexão filosófica pré-socrática se concentrava nos elementos que constituíam o mundo exterior, notadamente o fogo, a água, a terra e o ar. A partir de Sócrates, como se lê nos *Diálogos* de Platão, o interesse sobre esses elementos tangíveis foi substituído por outros, abstratos, como a definição da virtude, a natureza do conhecimento, o fim da educação, a conquista da felicidade. Foi só a partir do Renascimento, quase vinte séculos mais tarde, que novas questões epistemológicas vieram enriquecer o pensamento filosófico. (Epistemologia é a parte da filosofia que define o objeto ou campo de estudo das ciências e da própria filosofia.)

O apogeu da racionalidade foi alcançado a partir de Descartes (1596-1650), ao elaborar o grande paradigma do Ocidente, que manda separar a mente do corpo, o sujeito do objeto de estudo, a filosofia e a pesquisa reflexiva da ciência e da pesquisa objetiva.

Concentrou-se ele, sem rodeios, na natureza e no funcionamento da mente humana. Segundo pensava, a mente, que já vinha equipada com considerável porção de conhecimento inato e poder de raciocínio matemático, tinha existência autônoma relativamente ao corpo.

Por esse paradigma, questões como as atinentes à existência, liberdade, sentimentos, finalidade, qualidade, espírito, alma e subjetivismo passaram a ser objeto de estudo exclusivo da filosofia, ficando as questões ligadas à substância, razão, quantidade, causa, efeito, matéria, corpo e todo o mundo físico no domínio das ciências. O paradigma cartesiano, se não elide o problema da ilusão e do erro, é fora de dúvida que reduz a possibilidade de sua ocorrência.

A preferência dos chimpanzés pelas mesmas cores que mais agradam os humanos seria uma prova de que essa predisposição seletiva vem embutida na neurofisiologia do sistema visual.

Os sucessores de Descartes, na linha da tradição empírica britânica, particularmente John Locke e David Hume, questionaram a ideia do conhecimento nato, a independência entre corpo e espírito e o primado da razão, para concluírem, consoante o pensamento aristotélico, que não há nada no espírito que antes não haja passado pelos sentidos. (*Nihil est in intellectu quod prius non fuerit in sensu*), pensamento matriz da Sociologia do Conhecimento. Segundo Aristóteles, as pessoas agem predominantemente influenciadas pelos sentidos e não pela razão. A razão, dizia, é a grande força de que os sentidos se valem para se realizar. Deve ter sido de inspiração aristotélica o cáustico aforismo segundo o qual "dizer que o homem é racional só porque de quando em vez age sensatamente, equivale a dizer que o cachorro é peixe porque sabe nadar".

Sentimento e pensamento são duas forças em permanente interação em todos os atos humanos. O que varia é a predominância de um sobre o outro, sendo mais frequente a prevalência dos sentidos ou das emoções sobre o pensamento ou razão. A filosofia do ceticismo, uma das mais antigas correntes do pensamento filosófico, nega a possibilidade do conhecimento, precisamente pela subjugação da razão à esfera dos sentidos. Os amigos que selecionamos, as atividades que preferimos, lúdicas ou profissionais, as parcerias que empreendemos, afetivas ou negociais, em tudo se observa o predomínio dos sentidos sobre a razão, ainda que nossas humanas pretensões defendam o contrário. Afinal de contas, não fomos criados à semelhança e imagem de Deus?

A disputa entre racionalistas e empiristas, incluindo os que não conhecem a velha discussão, persiste em nossos dias, com grande interesse para a ação pedagógica, sobretudo da criança em seus primeiros anos escolares.

Apesar de todas essas limitações à nossa capacidade de perceber sem vícios condicionantes, a racionalidade é o único mecanismo de que dispomos para minorar a ocorrência do erro, da ilusão e dos seus males. Quando sujeita, exclusivamente, ao rigor lógico de suas formulações, e sem a imperativa subordinação a valores éticos universalmente consagrados, a racionalidade tende a degenerar em racionalização, servindo, apenas, para aumentar a eficácia da intolerância, amparada nos preconceitos, insensibilidade e egocentrismo exacerbado, como aprendemos com os ditadores de todos os tempos. Nessa linha de raciocínio, Pestalozzi concluiu que "conhecimento sem habilitação é, talvez, o dom mais perverso que um gênio do mal poderia introjetar em nosso tempo".

A lógica que orienta a racionalidade é generosa, empática, aberta, ética, inclusiva, humilde, humana, sinérgica, reconhece o caráter relativo dos seus achados, e é permanentemente motivada pela busca da verdade. A lógica da racionalização é intolerante, mecanicista, ensimesmada, maniqueísta, excludente, obcecada pela conquista do poder e do mando. Como no filme de Costa-Gavras, *O estado de sítio*, em que um implacável torturador mostra-se, ao mesmo tempo, chefe de família exemplar, a vida real oferece inúmeros exemplos de indivíduos extremamente racionais em certos domínios enquanto simultaneamente grosseiros racionalizadores em outros.

Nenhum país, continente ou civilização, em qualquer estágio, demonstrou possuir o monopólio quer da racionalidade, quer da racionalização. Enquanto, para afirmar-se, a racionalidade tem que ser, antes de tudo, autocrítica, a racionalização recorre sempre à intolerância da força e da violência.

OS ESTÁGIOS DO CONHECIMENTO

Ensina Abraham Maslow que nos quatro sucessivos estágios do conhecimento o homem:

1 – Não sabe que não sabe;
2 – Sabe que não sabe;
3 – Sabe que sabe;
4 – Não sabe que sabe.

No caso 1, quando ignora que ignora, ou não sabe que não sabe, o homem pode ser completamente feliz desde que nasça burro, viva ignorante e morra de repente.

No caso 2, o homem tende a se sentir marginalizado, infeliz, fora do mundo, porque autoconsciente de suas limitações.

No caso 3, o homem está com a mente dominada pelo esforço de realizar o seu saber. Não é necessariamente feliz, mas tende a sê-lo, porque mobilizado pela insatisfação racional de conhecer mais.

No caso 4, a excelência é o resultado de um domínio natural e espontâneo do conhecimento, como andar, falar o idioma nativo, dirigir um automóvel, esquiar no gelo ou na água, saltar como Daiane dos Santos, cantar como Pavarotti ou compor como Mozart. É o estado de metacompetência, que se confunde com o estado de flow; quando as ações são automatizadas, sua eficácia depende do conhecimento de procedimentos específicos já armazenados na memória.

OS CAMINHOS DA CRIATIVIDADE

O exercício da criatividade, tomada a palavra no sentido de realização de algo transformador do meio cultural, corresponde ao modo mais agradável, pleno e intenso de viver, comparável às emoções do sexo, do êxtase religioso, da prática esportiva e da música. Nesses momentos, reduzimos a autopercepção de nossa individualidade e restauramos o sentimento de que somos parcela importante de algo maior.

Não há nada que mais promova nossa autoestima do que o sentimento de realização de um trabalho bem feito. Para o bem ou para o mal, consoante nossos desígnios.

É por isso que a manutenção do interesse de uma criança sobre um assunto qualquer se processa na proporção direta do prazer que extrai ao lidar com ele. Quando o professor, por despreparo didático ou psicológico, torna o assunto difícil e penoso, em lugar de satisfação, a experiência do discente é de frustração e sofrimento. Quando é muito fácil, o resultado é tédio e desinteresse. A capacidade superior do mestre consiste precisamente em ministrar a dosagem certa, dando ao discente a indizível sensação de prazer por estar superando limites. A didática correta é a mesma requerida para se aprender a esquiar na água, no gelo, na neve, tocar piano ou violão; a jogar tênis, vôlei ou basquete; a pilotar seja lá que veículo for; a correr maratonas ou escalar montanhas; a falar idiomas, proferir ou escrever discursos. Nada como a sensação de avanços mensuráveis para elevar nossa autoestima. E como são muitos alunos numa só sala, a principal responsabilidade do mestre é não deixar que se percam os talentos que passam pelo seu magistério.

PRAZER DO CORPO E DO ESPÍRITO

É indispensável ter sempre em mente que o processo educacional se depara com o conflito existente entre o prazer antropológico, primitivo, tradicional, ligado à sobrevivência – como caçar, pescar, comer e procriar – e o prazer que deriva do cultivo de atividades novas, como a manipulação e domínio da linguagem simbólica, o culto das ciências e das artes, como a literatura, a música, a pintura. Ajudar a criança a fazer a transição entre esses dois estágios é tarefa que exige dos preceptores engenho e arte, como observou Pestalozzi: "Acima das artes e dos livros está a arte como a verdadeira base do ensino e da educação."

Importa não perder de vista que, sem que dediquemos atenção, o aprendizado não é possível. E atenção longe de ser abundante é um recurso escasso por excelência. Basta ver que não é possível aprendermos duas coisas ao mesmo tempo. Nossa capacidade de fazer duas coisas ao mesmo tempo é limitada a atividades rotineiras. Quando deduzimos de nosso tempo vital disponível o que consumimos com atividades vinculadas ao esforço de sobrevivência, como comer, dormir, conversar com as pessoas, desempenhar nossos encargos, verificamos que é muito pouco o tempo que sobra para aprendermos um domínio qualquer, seja nas artes, nos esportes ou nas ciências.

A intensidade e a qualidade da aprendizagem dependem do nível do encadeamento entre a memória, a atenção, a concentração, a percepção e a compreensão, desembocando esse rico amálgama na cognição.

Ganha relevância, portanto, a questão prioritária de definirmos a que campos do conhecimento devemos dedicar nossa escassa atenção, se não quisermos correr o risco de vaguear sem rumo, no padrão típico de quem não sabe aonde ir. Só quando se penetra fundo no conhecimento da mente da criança é que se pode conhecer a fenda abissal que a separa dos programas escolares. Coerente com esse entendimento, Émile Durkheim ensinou que

> a criança só pode conhecer o dever através dos pais e dos professores, identificando-o pelo modo como lho revelaram, pela linguagem e pela conduta. Pais e mestres devem simbolizar para a criança a encarnação e personificação do dever. Daí ser a autoridade moral a qualidade mestra do educador.

E mais adiante, em aparente discordância de uma pedagogia lúdica, sentenciou:

> Só podemos elevar-nos acima de nós mesmos através de um esforço mais ou menos penoso. Nada é mais falso e enganador do que a concepção epicurista da educação, como a de um Montaigne, por exemplo, segundo a qual o homem pode formar-se brincando e sem outro estímulo além da atração do prazer. Se a vida não tem nada de obscuro, e é criminoso escurecê-la artificialmente aos olhos da criança, é todavia séria e importante, e a educação que prepara a vida deve participar dessa importância. Para aprender a conter o seu egoísmo natural, a subordinar-se a fins mais elevados, a submeter seus desejos ao domínio de sua vontade, a contê-los dentro de limites justos, é preciso que a criança exerça sobre si mesma uma forte contenção.

Sem verbalizar explicitamente, Durkheim enfatizava o valor da disciplina. Sem minimizar o significado do prazer como motivação para o aprendizado, ele advertiu para a inevitabilidade de algum tédio ou sofrimento em seja qual for o encargo da vida. E, mais adiante,:

> Há uma educação inconsciente que nunca para. Pelo nosso exemplo, pelas palavras que proferimos, pelos atos que praticamos, formamos de modo contínuo o espírito de nossas crianças.

Nesse mesmo diapasão, observou Johann Friedrich Herbart (1776-1841):

> Não é admoestando a criança com veemência, de tempos em tempos, que se pode agir fortemente sobre ela, mas quando a educação é paciente e contínua, quando não procura resultados imediatos e aparentes, e prossegue lentamente num sentido bem determinado, sem se deixar desviar por incidentes exteriores e circunstâncias estranhas, e dispõe de todos os meios necessários para marcar profundamente as pessoas.

Para o educador suíço Adolphe Ferrière (1879-1960), o ideal da escola ativa seria a prática da

> atividade espontânea, pessoal e produtiva, consistindo o ato didático em mobilizar as energias interiores do discente, em resposta a suas predisposições e interesses, em um ambiente produtivo, de respeito e de liberdade.

A visão pedagógica de Ferrière resultou da fusão do pragmatismo com o pensamento de Henry Bergson e a concepção da "escola do trabalho".

O CHAMADO DA VOCAÇÃO

No século IV a.C., Platão já pregava que a mais importante missão da sociedade consiste em ensinar os jovens a sentir prazer com as coisas certas. Os pais e as escolas só como exceção cumprem esse papel. Em muitos casos, pais e mestres andam na contramão de uma conduta inspiradora, seja pela fragilidade ética ou despreparo intelectual, seja pela baixa disciplina ou conflito entre o discurso e a prática existencial. A equivocada ação pedagógica de pais e mestres faz com que os temas mais palpitantes do conhecimento científico e artístico, em suas mais variadas formas, pareçam difíceis, tediosos e destituídos de interesse prático. A partir daí, a natural curiosidade da criança é atraída para temas menores e banais. No plano meramente escolar, fica-se na rotina sensaborona e atrófica das grandes aventuras da inteligência, como as ciências, as artes, a filosofia. Perde-se, em consequência, a oportunidade de desenvolver nas mentes jovens o gosto superior capaz de torná-las produtivas, eficazes, criativas e plenamente felizes.

    Os afortunados indivíduos que se consagram ao exercício de suas vocações cumprem bem o mandamento platônico, sem qualquer esforço, porque a autenticidade de sua conduta é fonte de inspiração para os que acompanham as suas vidas. A confiança que despertam emana da perfeita sintonia entre os seus mais íntimos apelos ou preferências e sua prática existencial. Tom Watson, fundador da IBM, disse que o sucesso do administrador consiste em ter a empresa no coração e o coração na empresa. Essa integração da existência com a vocação foi a fonte inspiradora do título que o psicanalista Roberto Freire deu a um dos seus livros mais conhecidos: *Sem tesão não há solução*. Não fora o papel desempenhado por uma vocação inquebrantável, Louis Pasteur não teria resistido e vencido o intenso criticismo que se ergueu contra sua proposta de aplicar a vacina antirrábica; nem o jovem médico húngaro Ignaz Semmelweis teria resistido até à morte por infecção a oposição dos seus pares à sua proposta higiência que viria salvar as mães que sucumbiam febricitantes ao pós-parto.

    A grande porcentagem dos que brilham nos domínios científicos e que destacaram um ou mais professores que desempenharam relevante papel no despertar de suas profissões contrasta com o baixo número de lembranças dos que se dedicam às artes em geral e às ciências sociais. A razão dessa disparidade numérica provavelmente resulta da maior facilidade de se perceber um talento nascido para as ciências exatas do que para os demais campos do conhecimento.

    Praticamente todos os indivíduos que alcançam destaque notável em suas atividades, os chamados criativos, porque transformadores de suas áreas de atuação, escolheram suas profissões em obediência a um apelo interior que os impelia a fazer o que fazem tendo o prazer como a motivação principal, acima de todas as outras, a exemplo de prestígio, dinheiro ou poder. É por isso que, quando se dedicam às áreas de seu interesse, um sentimento de bem-aventurança toma o lugar de seus queixumes e inquietações, como é o caso do bem-sucedido advogado mineiro José Anchieta da Silva que, ao fim de um dia reputado extenuante pelos seus clientes e colegas de trabalho, exibe o humor e a disposição mental e física de quem acaba de chegar de férias. O clínico baiano George Nogueira Carvalhal encontra em sua prática médica um prazer superior ao usufruído em qualquer outro tipo de lazer. O engenheiro Paulo Mendes de Carvalho, uma das maiores autoridades brasileiras em energia, não revela o menor sinal de cansaço quando se dedica à pesquisa ou à implantação de um projeto inovador na área de sua especialidade. Ao mesmo tempo, os indivíduos criativos são ambiciosos, autoconfiantes, ligeiramente neuróticos e audazes. Não raro, são reivindicantes, egoístas e de difícil relacionamento.

Muitos indivíduos, quase sempre cedendo a pressões bem intencionadas, mas equivocadas, são vítimas da escolha de profissões que nada têm a ver com o chamado do seu espírito. Os mais afortunados, entre essas vítimas, só na idade adulta ou mesmo na plenitude da maturidade encontram-se com sua vocação verdadeira.

Em matéria de mudar de profissão ou atividade, para ir ao encontro da vocação que chama com uma força maior do que os interesses ou conveniências imediatas, aplica-se à perfeição o anexim que ensina ser melhor tarde do que nunca, embora o ideal seja que o atendimento aos apelos da alma ocorra o mais cedo possível. E não são poucas as figuras luminares que romperam com as primeiras escolhas até encontrarem sua zona de conforto, onde passaram a sentir-se como peixe dentro d'água, a exemplo de Jonas Salk, descobridor da vacina antipólio, a química Isabella Karle, o psicólogo John Gardner e o químico Linus Pauling, duas vezes laureado com o Nobel.

John Gardner explicou assim as razões de sua fecunda produção:

> Nunca fiz coisa alguma para a qual não me sentisse profundamente motivado. Sobrepus, sempre, meu genuíno interesse a razões de prestígio,

poder e dinheiro. Não sei dizer por que ajo assim. Como a vida é breve, decidi-me a fazer apenas aquilo que desejasse. Acho que tudo fica mais tranquilo quando se atua sob essa mesma base motivacional, consoante os próprios valores.

Jonas Salk reconhece o papel que em sua formação desempenhou a sabedoria popular expressa em provérbios do tipo: "Deus ajuda a quem cedo madruga"; "Quem chega primeiro bebe água fresca"; "A força de vontade move montanhas". Aos 76 anos, confessou: "Sinto-me como se fosse uma criança, um adolescente que tivesse muito ainda por realizar."

Vejamos o caso notável do químico russo-belga Ilya Prigogine, ganhador do Nobel em 1977.

Filho de um aristocrata russo que emigrou para a Bélgica, seu interesse inicial era pela filosofia, arte e música. Pressionado pela família que queria vê-lo exercendo uma profissão prestigiosa, iniciou o curso de Direito, dedicando-se com afinco à criminologia e às pesquisas para conhecer a psicologia das mentes criminosas. Por considerar superficiais as explicações correntes, resolveu buscar a compreensão dos mecanismos cerebrais subjacentes que melhor pudessem explicar os desvios de conduta. Foi percorrendo esse caminho que chegou à neuroquímica. Ao concluir que seu projeto inicial era excessivamente ambicioso, deu início à pesquisa básica da química dos sistemas que se auto-organizam, sem perder de vista sua curiosidade original. Aos poucos foi percebendo que a imprevisibilidade estatística do comportamento das moléculas simples iluminava a compreensão de alguns temas centrais da filosofia, como a escolha, a responsabilidade e a liberdade.

Não obstante o determinismo das leis físicas de Newton e Einstein, igualmente aplicáveis ao passado e ao futuro, Prigogine encontrou nos sistemas químicos instáveis que estudou processos imprevisíveis, insusceptíveis de mudança, uma vez ocorridos. Disse ele:

> Se se diz que o universo é determinístico, uma espécie de autômato, como é que se pode sustentar a ideia de responsabilidade? Toda a filosofia ocidental foi dominada por essa questão. Pareceu-me que teríamos que escolher entre a visão científica, negadora da tradição humanística, e a visão humanística, que procurava destruir o que aprendêramos da ciência. Eu era muito sensível a esse conflito, porque cheguei às ciências

naturais partindo das ciências humanas. Todavia, o que aprendi com a termodinâmica confirmou meu ponto de vista filosófico e me deu a força para continuar na busca de uma interpretação mais profunda do tempo e das leis da natureza. Diria, pois, que há uma espécie de *feedback* recíproco entre os pontos de vista humanístico e científico.

As ideias de Prigogine, apoiadas na sinergia existente entre os fenômenos humanísticos e científicos, vêm inspirando profissionais de variados e díspares domínios dessas duas vertentes máximas do conhecimento: as ciências do espírito e as ciências da natureza. Conceitos que elaborou e difundiu, como o das "estruturas dissipativas" e dos "sistemas auto-organizados", têm sido discutidos e utilizados em planejamento urbano e no desenvolvimento da personalidade. Esse longo caminho percorrido resultou da interação de sua curiosidade, da aspiração dos pais, das oportunidades oferecidas pelo meio social e do aprendizado com suas experiências.

Dois poetas famosos também ilustram a sinuosidade do percurso para atingir o alvo vocacional.

Mark Strand, poeta e escritor americano, nascido no Canadá, teve nas artes sua primeira área de interesse. Lembra:

> Meus pais não gostaram nada quando lhes disse que queria ser pintor. Achavam que por esse caminho não teria como ganhar a vida. Sua reação foi ainda mais forte quando, finalmente, anunciei a disposição de dedicar-me à poesia. Segundo pensavam, todos os poetas eram alcoólatras ou morriam de fome, quando não optavam pelo suicídio.

György Faludy, poeta canadense nascido na Hungria, fez vários cursos universitários para agradar o pai, antes de se dedicar à poesia, sua verdadeira paixão.

Praticamente todas as mulheres que alcançaram reconhecimento no campo científico, no século XX, encontraram resistência familiar que as induzia ao exercício do magistério como meio de realização pessoal. Vale ressaltar a notável exceção de Marie Curie, a polonesa pobre que, sob a inspiração do pai, locomoveu-se para Paris, onde se dedicou aos estudos avançados da física e da química a ponto de ganhar o Nobel nessas duas áreas, a única pessoa até hoje a realizar tal façanha.

Ainda que o passar dos anos tenda a reduzir o ímpeto transformador dos indivíduos, tornando-os mais conservadores, são inúmeros os exemplos em que a fase de mais rica criatividade ocorreu nos anos de plena maturidade ou mesmo na idade mais avançada. As estatísticas revelam que no campo das artes, as grandes inovações partem de indivíduos na faixa dos 30 anos. Nas humanidades e nas ciências em geral, é entre os 30 e os 70 anos de idade que se situam os autores das contribuições mais marcantes, com as notáveis exceções de Euclides, Newton e Einstein. Enquanto Giuseppe Verdi compôs um dos seus melhores trabalhos aos 80 anos – a ópera *Falstaff*, de estilo inovador – o Nobel Linus Pauling confessou que sua produção intelectual entre os 70 e os 90 anos correspondeu ao dobro de qualquer período anterior de igual dimensão cronológica. Michelangelo, por sua vez, pintava os estonteantes afrescos da Capela Paulina, no Vaticano, aos 89 anos, quando foi colhido pela morte. Enquanto Benjamin Franklin, aos 78 anos, inventou as lentes bifocais, o arquiteto Frank Lloyd Wright concluiu o projeto do Museu Guggenheim aos 91 anos. E o que dizer de nosso Oscar Niemeyer, contraindo núpcias às vésperas de completar 100 anos, e em plena atividade criadora depois do centenário?

Tem razão Francisco Fialho:

> A juventude do coração, a energia do espírito e a coragem de recomeçar, sempre que necessário, são as armas mais poderosas que um homem pode desenvolver para participar, com dignidade, deste maravilhoso mistério que é a vida...

A CORAGEM DE MUDAR

Quanto mais retardamos, mais difícil fica a decisão de mudar, deixando a segurança do que sabemos em busca da incerteza do que amamos. Não é fácil a quem triunfa no exercício de uma atividade de que não gosta caminhar na direção do que gosta, atendendo os apelos da alma. A bifurcação que nos divide é a de permanecer no conforto de uma estabilidade sofrida ou deixar a comodidade desse ambiente conhecido e testado para marchar ao encontro da aventurosa busca do novo, consoante o apelo do espírito.

É inegável que o grau de flexibilidade para mudar depende de nossa personalidade, que resulta do nosso modo de pensar, agir e sentir, segundo o padrão único de uso de nossa atenção ou energia psíquica. O conjunto desses traços tanto pode conduzir às realizações mais grandiosas ou ricas de conteúdo moral e de caridade, quanto levar à inércia ou à mesquinhez e aos crimes mais hediondos. A mudança de personalidade é difícil porque seus traços se apoiam no temperamento, na influência do meio, nas chamadas próteses ambientais ou culturais, ou na herança genética que nos faz alegres ou casmurros, tolerantes ou agressivos, tímidos ou extrovertidos, pessimistas ou otimistas. Na contínua interação com as pessoas e o meio, alguns traços se acentuam ou empalidecem, nunca, porém, a ponto de mudar nossa personalidade básica. Há, entretanto, quem considere que a dificuldade não chega a ponto de impossibilitar a mudança de personalidade.

Além de outros fatores, a crença na autocapacidade de criar parece ser a principal causa de sustentação e prolongamento da capacidade de mudar, produzir e criar.

A maioria, por ignorância, por falta de meios ou de coragem para recomeçar, submete-se a uma rotina tediosa, desencontrados com suas vocações, pelo que vagueiam até o túmulo na frustração dos seus afazeres, sem o mínimo da coragem necessária para seguir o conselho de Martin Luther King: "Dê, confiante, o primeiro passo. Não é necessário ver todo o caminho. Apenas, dê o primeiro passo".

O velho e inspirado Winston Churchill, um dos maiores líderes do século XX, calejado no ofício de adaptar-se a bruscas e imprevistas mudanças, sentenciou com autoridade: "Criamos nosso próprio mundo, ao longo do caminho". Terá ele se inspirado no famoso verso do poeta espanhol Antonio Machado: "Caminero, no hay camino. El camino se hace al caminar"?

O ERRO COMO FONTE DE CRESCIMENTO

A atriz Sofia Loren entende os erros como sendo o preço que temos que pagar para vivermos uma vida plena.

Na verdade, o que nos torna humanos é nossa capacidade de errar sem necessariamente morrer. Diferentemente dos outros animais que morrem quando erram, o homem cresce com o aprendizado proporcionado pelo erro. Não é à toa que o pensamento universitário de ponta considera o erro como a principal fonte de avanço do conhecimento.

Com a intenção de enfatizar a importância de os jovens se exporem ao maior número de possibilidades, Peter Drucker disse que, quando alguém se declara plenamente realizado com o primeiro trabalho que assume, é porque estamos diante de um sujeito de muita sorte ou de um rematado imbecil.

Não há dúvida: é preciso muita coragem e muita convicção para abandonar o que se conhece em troca do que se ama.

Por tudo isso, nunca é demais enfatizar a importância de expor a criança ao máximo de possibilidades que a vida oferece. Ao se encontrar com sua vocação, ela perceberá que o fazer, pelo próprio fazer, pelo prazer que ocasiona, mais do que o resultado a alcançar, é sua maior recompensa.

À falta de mecanismos de uso generalizado para permitir aos indivíduos se encontrarem com suas vocações primeiras, não se pode subestimar o papel que a sorte desempenha na escolha da profissão certa, aquela que melhor se ajusta ao nosso potencial intelectual e interesses existenciais. Quando isso acontece, não há como a pessoa deixar de crer que coincidência é o meio de que Deus se vale para permanecer anônimo.

ÉTICA E VOCAÇÃO

Importa não confundir o exercício vitalício e massacrante de uma profissão divorciada de nossa vocação com o exercício provisório dessas atividades como meio de provimento de imediatas necessidades de manutenção. Muitos indivíduos que iluminaram o mundo tiveram que fazer concessões desse tipo no início de suas vidas.

Quando alguns agentes de transformação descrevem os aspectos autotélicos do seu trabalho, explicando sua motivação como derivada do prazer de descobrir a verdade e chegar à beleza, o que, na realidade, eles querem expressar é o gosto que fruem com a busca em si mesma. (Autotélico é tudo aquilo que não tem finalidade além ou fora de si.) As alegrias proporcionadas pela viagem são mais intensas do que o prazer de chegar ao destino, e incomparável o deleite de cada pequena descoberta ou avanço. Mahatma Gandhi, ao refletir sobre as motivações que o impeliam a permanecer fiel ao princípio da resistência sem luta, involuntariamente definiu a natureza da motivação dos que atendem ao chamado da vocação, ao dizer que "a alegria está na luta, na tentativa, no sentimento envolvido. Não está na vitória propriamente dita". No outro extremo, atuando mecanicamente, apenas, nem mesmo os indivíduos mais dotados conseguem ser criativos.

Os sentimentos de realização do cientista diante de um novo achado, do filantropo em face das conquistas de sua benemerência, ou do traficante quando concluída a milionária transação criminosa, se equivalem. O destino da humanidade, portanto, depende diretamente da qualidade dos valores éticos predominantes. Se aderirmos à prática pusilânime e irresponsável da neutralidade axiológica em matéria de ética e moralidade, corremos o risco de acentuarmos ainda mais a tendência que toma conta do Brasil de valorizarmos o êxito independentemente do seu conteúdo moral. (Axiologia é a teoria ou estudo dos valores, sobretudo os morais.) O resultado aí está: o banditismo se apropriando do comando dos poderes e das instituições, sob a tolerância e muitas vezes a aprovação e o aplauso populares. Veja-se como soam atuais as palavras proferidas por Rui Barbosa em inflamado discurso no senado:

> De tanto ver triunfar as nulidades, de tanto ver prosperar a desonra, de tanto ver crescer a injustiça, de tanto ver agigantarem-se os poderes nas mãos dos maus, o homem chega a desanimar da virtude, a rir-se da honra, a ter vergonha de ser honesto.

Na medida em que a busca da realização pessoal se distancia do interesse social, de que são exemplos as pessoas que operam criminosamente, cresce a exposição ao risco do bem-estar comum. Tinha razão Platão ao pregar no IV século a.C. que a tarefa mais importante da sociedade consiste em ensinar aos jovens a encontrar prazer nas coisas certas.

À exceção de uma lista básica de valores, ontem como hoje, o grande problema reside na definição consensual do que se entender por "coisa certa". Sobretudo entre diferentes gerações. Além do conflito entre os prazeres primários, programados em nossa estrutura genética – como caçar, dormir, brincar, pescar, comer e acasalar –, e os prazeres cultivados, como meio de aprimoramento do espírito, há os conflitos oriundos da percepção pelos mais jovens do divórcio existente entre o discurso e a prática dos mais velhos. Agrava esse quadro o despreparo pedagógico de pais e professores que compromete mais do que promove o gosto juvenil pelo aprendizado. O resultado é o desinteresse pelos apelos mais altos da inteligência, como a música erudita, a boa literatura, os esportes pelo seu valor intrínseco, as ciências e as artes em geral, substituídos pela música brega e a subliteratura, os esportes pelo dinheiro e fama que acarretam, e os produtos da tecnologia pelo que podem proporcionar de alimento ao prazer e ou à corrupção dos sentidos.

Explica-se, desse modo, porque é mais frequente o fracasso do que o êxito de pais e mestres no seu primacial mister de levar os jovens à prática e à adesão das "coisas certas".

É inegável, portanto, que da qualidade do meio depende muito todo e qualquer mecanismo pedagógico, de aprendizado ou de criação.

Por outro lado, o desenvolvimento intelectual dos indivíduos, tomada a expressão como sinônima da capacidade de criar e resolver problemas, depende da ação conjunta e sinérgica de três fatores: experiência pessoal, exigências do domínio do conhecimento a que pertença o problema, e pressão social.

Em todo processo pedagógico, na família, na escola, no trabalho e na convivência social, o *feedback* avaliador de alguém que reputemos capaz ou a quem tenhamos em boa conta é elemento valioso e, em muitos casos, até mesmo indispensável para a continuidade e avanço do processo de nosso desenvolvimento físico, emocional ou intelectual. Essa limitação ou contingência alcança desde a criança na mais tenra idade até os mais avançados cientistas em seus trabalhos e pesquisas de ponta, passando por empresários, artistas, esportistas e líderes políticos. Recorde-se a indagação formulada pelo então promissor líder revolucionário Fidel Castro, quando de um dos seus intermináveis discursos para o povo cubano, no início dos anos 1960, ao seu jovem companheiro de armas, Camilo Cienfuegos, misteriosamente desaparecido: "Voy bien, Camilo?" –"Si. Vás bien, Fidel."

É de Charles Darwin o preceito: "Ouvir elogios de uma pessoa ilustre, embora tenda a despertar a vaidade, é bom para um jovem, pois o ajuda a manter-se no caminho certo."

Um jovem aplaudido pela qualidade dos seus desenhos, pinturas ou esculturas sente-se naturalmente inclinado às artes plásticas. Quando o seu valor for reconhecido pelo desempenho atlético, sentir-se-á motivado à prática dos esportes. Se o reconhecimento recair sobre sua fluência ou redação, será motivado a perseguir um bom desempenho oratório ou literário. É por isso que o aplauso deve ser sincero e bem dosado, para que se evite o caminho da inelutável mediocridade, ao escolher-se uma atividade ou profissão que não corresponda à mais lídima vocação ou, pior ainda, que esteja na contra-mão dela.

Expor as pessoas, sobretudo as mais jovens, ao máximo de influências ou possibilidades socialmente legitimadas é o melhor caminho.

Nem os doutores escapam à sujeição desse mesmo fenômeno.

É lugar-comum nos círculos acadêmicos e científicos que uma contribuição inovadora não alcança esse estágio se não houver o reconhecimento explícito por renomados professores ou publicações da área de conhecimento a que pertença a inovação. Sem a pressão do papa, dos mecenas e dos clientes ricos, Michelangelo não teria produzido senão uma pequena fração do conjunto de sua obra, tão monumental quanto variada. De modo semelhante, Rafael, Leonardo Da Vinci, Mozart e Beethoven. Não se pode duvidar que a ausência desse indispensável aplauso estava na raiz das causas que levaram Van Gogh ao suicídio, apesar de ter sido ele dotado, como nenhum outro grande artista, da capacidade de autorregular e avaliar o desempenho de seu mágico processo criativo.

A ordem social se baseia num conjunto de princípios, valores, costumes e práticas que moldam a conduta de praticamente todos os componentes de uma dada comunidade. A vida em sociedade seria impossível se não houvesse a predominância de certas expectativas fundamentais, como as derivadas dos papéis de diferentes profissionais, como o médico, o advogado, o sacerdote, o juiz, o jardineiro, o policial, o artista. Não obstante a predominância desse conjunto de expectativas, em face do aparato conservador que uniformiza o comportamento do meio social, toda sociedade necessita, para evoluir, do papel transformador de certos agentes inconformados com o status quo. Esses indivíduos inquietos compõem o largo espectro dos insensatos, na avaliação de George Bernard Shaw, para quem sensato é o indivíduo que vai ao encontro do mundo com o intento de se ajustar aos seus valores, enquanto insensato é o que luta para sobrepor os seus aos valores do mundo. Por isso, segundo Shaw, "todo progresso humano depende dos insensatos". Não é de estranhar, portanto, que os indivíduos mais criativos se caracterizem também pela capacidade de conceber e criar novos caminhos, meios e processos, a ponto de desenhar um tipo de trabalho operacional inteiramente heterodoxo, em flagrante desafio aos modelos consagrados pelo conformismo valorizado pelo status quo. Para esse inconformismo, porém, há limites. Os jovens que se põem à margem dos valores de sua cultura, alheios ao criticismo deles decorrentes, os que alimentam ambições sem o amparo de projetos defensáveis, e os irracionalmente teimosos, que colocam em risco seu potencial criativo.

A VOCAÇÃO, A GENÉTICA E O MEIO SOCIAL

Fatores hereditários e culturais condicionam o interesse e a curiosidade dos indivíduos pelos temas em que sua criatividade desabrocha e floresce sem a sensação de qualquer desconforto. Como fatores culturais, destacam-se a família, a escola, a rua, a cidade. Inquirido sobre as causas que o tornaram um intelectual tão refinado, capaz de discorrer com desenvoltura e denso saber sobre os mais variados assuntos, Aldous Huxley reconheceu o fundamental papel que seu culto berço desempenhou em sua formação. Desde a idade mais tenra, habituara-se às oitivas de saraus musicais, literários, científicos e filosóficos capitaneados pelas figuras mais graduadas do Reino Unido, frequentadoras das casas de seus pais e avós, nomes consagrados nos domínios do pensamento, ciência e literatura. Seu aprendizado se processava como que por osmose, com a naturalidade de quem aprende a andar e falar. O capital cultural, portanto, em que sempre esteve imerso, era muito grande. As expectativas gerais sobre seu desempenho futuro foram tão grandes quanto as alimentadas pelos seus ilustres ancestrais e colaterais. O culto das coisas do espírito era, no seu ambiente familiar, tão natural e frequente como o pão nosso de cada dia. Muitos outros, porém, que experimentaram igual berço esplêndido não se destacaram pela criatividade ou brilho intelectual, enquanto um grande número de indivíduos de berço modesto, como Machado de Assis, revelaram-se figuras exponenciais no domínio de sua profissão. Todavia, ainda que em escala variada, todos se beneficiam do privilégio de uma infância mergulhada em ambiente social e familiar rico de experiências multímodas, onde o capital cultural abunda, sem mencionar a maior probabilidade de encontrarem-se com sua mais genuína vocação para aqueles que se expõem, desde cedo, a um maior número de influências.

Certos indivíduos criativos, aqueles cujo triunfo independe do meio, fazem exceção à regra, desde que o meio lhes ofereça treinamento, recursos, oportunidade, recompensa, reconhecimento, esperança e expectativas. O apoio e valorização paterna das atividades dos filhos correspondem a estímulos especiais para o seu avanço. Se o aprendiz, no entanto, concluir pela inutilidade ou impossibilidade do aproveitamento do aprendizado numa carreira produtiva, o esforço pedagógico pouco ou nada frutificará. Como ensinou Pestalozzi, "não pode ser ajudado quem quer que não queira ajudar-se".

Se é verdade que muitos indivíduos criativos ou superiormente vocacionados, às vezes por arrogância, não se submetem à tirania do dinheiro ou aos afagos da fama, verdade é também que seu senso de realidade não ignora a importância desses fatores como meio de viabilizar as demandas da vida em sociedade. Para assegurar o combustível da fama, certos centros de pesquisa dispõem de pessoal treinado para tecer loas ao trabalho dos pesquisadores, mesmo quando não compreendam a natureza do que elogiam ou não haja razões de mérito para os encômios. Muitos ganhadores do Nobel foram e são alvo dessa prática. O famoso tapinha nas costas, à guisa de encorajamento, continua produzindo estímulos mágicos. Por outro lado, sobretudo, a partir do século XVI, e de modo crescente, nada afere melhor o valor de um trabalho criativo do que a resposta pecuniária que produz. Por isso mesmo, só Deus sabe quantos talentos não se perdem diariamente, mundo afora, como consequência da percepção de que os domínios para os quais se sentem atraídos não oferecem as mínimas condições de sustento ou de satisfação de necessidades inadiáveis. Até mesmo em países ricos, como os Estados Unidos, algumas comunidades cometem o inacreditável erro de suprimir o ensino de disciplinas como atletismo, artes e música, sob o falacioso argumento de que o público não as considera essenciais. Não há modo mais perverso de um governo comprometer o horizonte das futuras gerações e a produtividade geral da nação do que subtraindo aos jovens efetivas possibilidades de se encontrarem com suas vocações.

A principal função das boas universidades é a de ocupar esses vazios, patrocinando essas espontâneas inclinações.

O ambiente cultural, portanto, é da maior relevância para o desenvolvimento dos talentos e das possibilidades dos indivíduos. Sem a pujança do capital cultural que marcou Florença no século XV, não teria havido o extraordinário surto artístico que se afirmou como o momento mais alto do Renascimento. Sem o suporte e aplauso da comunidade florentina do início daquele século, Lorenzo Ghiberti não teria dedicado cinquenta anos de sua vida à construção e decoração das portas norte e leste da cidade, obras que, segundo Michelangelo, mereciam figurar como "Os Portais do Paraíso", nome pelo qual passaram à posteridade.

Sem um ambiente cultural efervescente e favorável à emergência de novas ideias, não teria ocorrido o florescimento das ciências e das artes na Grécia de Péricles, nem o brilho do século XIX, nos países mais desenvolvidos do Ocidente. Sem o estimulante ambiente literário do Rio de Janeiro, em meados do século XIX, Machado de Assis não teria acontecido. Se tivesse vivido na África, provavelmente Isaac Newton não teria cogitado da teoria da atração universal dos corpos. E se tivesse chegado à primeira fase do enunciado de sua teoria, teria ficado no olvido, pela falta, à sua volta, de quem pudesse compreendê-la. Pelé não teria acontecido sem o apelo do meio futebolístico brasileiro.

Ao reinante estímulo às inovações corresponde igual receptividade às propostas inovadoras. Não foi outro senão esse caldo de cultura efervescente que ensejou o movimento modernista brasileiro de 1922. Natural, portanto, que todo talento emergente fosse atraído para aqueles meios promissores.

Sem o estímulo às pesquisas científicas que são a marca das melhores universidades modernas, reflexo de uma receptividade sem precedentes à possibilidade de mudanças, seus membros mais distinguidos não teriam conquistado tantos lauréis acadêmicos, inclusive uma sucessão de prêmios Nobel.

As mais genuínas vocações podem ser facilmente sufocadas por ambientes destituídos de atratividade, seja doméstico, escolar ou profissional, por instrutores insensíveis, por opressivas cobranças e excessivo burocratismo. Tudo isso na contramão de um treinamento adequadamente desafiador, uma reafirmação contínua das expectativas, oferta de oportunidades, tempestivo reconhecimento do mérito, pelo elogio ou pela premiação.

Em áreas como ciência, matemática ou música, a mensuração do talento dos indivíduos pode ser processada com facilidade e razoável grau de eficácia, através de testes padronizados, como historicamente se verificou desde a China antiga aos Estados Unidos de hoje. Em muitos casos, porém, a identificação do talento só é possível na interação harmônica entre o aprendiz e o mestre.

A mais disso, é inerente à natureza dos indivíduos sensíveis e criativos o desejo de ver, falar e escutar pessoas, trocar ideias. Só como exceção, portanto, e por tempo muito limitado, essas pessoas podem abdicar do direito de ter gente em seu redor.

Aprende-se mais na convivência do campus universitário, daí a sua importância, do que na tediosa modorra das aulas expositivas, em que o professor está mais interessado em afiar seus dotes expositivos do que propriamente ensinar. O depoimento a esse respeito do festejado físico inglês Freeman Dyson, naturalizado norte-americano, consagra o peripatetismo acadêmico como meio eficaz de aprendizado:

> Nunca compareci a uma aula ministrada por Richard Feynman (físico norte-americano ganhador do Nobel de Física de 1965, que muito influiu na formação dos físicos brasileiros). Na realidade, nunca mantive com ele qualquer tipo de relação oficial. Costumávamos caminhar juntos, porém. A maior porção do tempo em que estive com ele foi caminhando ao seu lado, no velho estilo dos filósofos que costumavam andar nos corredores dos mosteiros.

Foi inspirados em repetidas experiências como essa de Freeman Dyson que dissemos em *A inveja nossa de cada dia:*

> É raro um grande nome das artes, das ciências ou de outro domínio importante qualquer que não tenha contado, em sua formação, com um magistério de qualidade superior. Entre os bons estudantes e os bons mestres sempre existiu e existirá uma interdependência voluntária e necessária. Esse tropismo intelectual recíproco é a forja da elite pensante dos povos.

A essa dependência interativa dos indivíduos criadores aplica-se também o provérbio italiano que ensina que os seres humanos são como anjos de uma asa, apenas. Só podem voar se se abraçarem a outro anjo.

O FOMENTO DA CRIATIVIDADE

O processo criador se alimenta da alternância de momentos de intensa concentração no estudo de um objeto, com momentos de lassidão reflexiva, ensejando à mente vagar livre, enquanto as sinapses se multiplicam e se consubstanciam nas conexões que se processam abaixo do limiar da consciência. Há um número considerável de atividades que facilitam o fluxo de processos criativos inconscientes, tais como certos trabalhos manuais, jardinagem, caminhar, nadar, dirigir, ouvir música.

Entre a percepção de um problema e o encontro de sua solução existe uma espécie de vazio que corresponde ao período de incubação, quando a mente trabalha inconscientemente na busca de uma saída. Enquanto as fases da identificação do problema e da sua solução podem ser analisadas à luz das regras da racionalidade e da lógica, o vazio da incubação desafia essas normas, reacendendo a crença no poder místico das forças ignotas e das musas. É voz comum entre os grandes nomes do avanço cultural que os problemas devem ser deixados a arder em banho-maria, abaixo do limiar da consciência, como meio de facilitar o achado de sua solução. Nesse estado, o conteúdo do pensamento consciente é arrebatado pelo inconsciente, quando, fora do alcance da censura do estado de lúcido alerta, a solução pode aflorar. Nasceu dessa percepção o valor que desde sempre se atribui à ociosidade como condição propiciadora de processos criativos. Não é à toa que a teoria do ócio criativo está em tão alta moda. O sociólogo Pedro Castro conclui com propriedade que

> O campo da sociologia alarga-se de tal modo que abarca sua própria negação: o não-trabalho. Se desejar compreender o homem no trabalho, a sociologia terá que estudá-lo igualmente no tempo que dedica ao sono, ao repouso, às diversões. Desse modo, pois, a sociologia do trabalho e a sociologia do tempo livre não se opõem, mas se completam e apoiam-se

mutuamente. Nessa perspectiva, a vida humana teria que ser vista como uma unidade, na qual o trabalho, elemento essencial, teria de ser colocado na complexa rede de suas relações com as outras atividades do homem para ser corretamente interpretado.

Conta-se que ao ver Einstein regando o seu jardim, o vizinho saudou-o assim: "Trabalhando, hein, dr. Einstein?", ao que o legendário cientista respondeu: "Não! Estou descansando!". De outra feita, quando balouçava na rede, Einstein escutou: "Descansando, hein, dr. Einstein?", e a resposta: "Não, meu caro, estou trabalhando!". Que o diga Dorival Caymmi, autor de um número relativamente pequeno de composições, tendo em conta sua longa carreira, no entanto, clássicos do cancioneiro popular brasileiro. Na realidade, a aparente manemolência de Caymmi era o caldo de cultura do seu processo criativo.

Compare-se a produção intelectual russa nos setenta anos que precederam a Revolução Socialista de 1917 com igual período de sua duração, quando o processo criativo passou a depender da permissão do estado monopolista e todo-poderoso. A diferença é abissal em favor do período que antecedeu a revolução, apesar da agônica crise do czarismo, porque, então, a liberdade de criação foi sensivelmente maior do que a camisa de força imposta pela "ditadura do proletariado".

É natural, portanto, a busca pelos indivíduos mais criativos de centros dinâmicos onde o produto de sua criação possa encontrar acolhida e estímulo, e onde seja grande a possibilidade de contato direto com os da sua grei. Os indivíduos criativos, nos mais variados domínios, são praticamente unânimes no reconhecimento do peso dessa facilidade de intercâmbio em seu processo criador.

O economista norte-americano George Stigler, ganhador do Nobel de Economia de 1982, assim pôs a questão:

> A atmosfera intelectual que o rodeia influi decisivamente no seu trabalho. No campo da Economia, Chicago tem gerado um ambiente viril, desafiador, agressivo e politicamente poderoso. Você está rodeado de colegas capazes, sempre prontos a questionar a qualidade e o acerto de suas investigações, ao tempo em que se oferecem para colaborar, ao perceberem o caráter promissor do seu esforço. Esse tipo de ambiente é muito positivo.

É na mesma linha o depoimento de uma plêiade de notáveis, muitos deles ganhadores do Nobel, ouvidos numa pesquisa coordenada por Mihaly Csikszentmihalyi, psicólogo húngaro, radicado nos Estados Unidos. Um traço comum a todas essas personalidades criativas é que o seu trabalho nada tinha a ver com as expectativas sociais predominantes no momento de sua realização.

Ele colheu essa impressão nas entrevistas que conduziu com nomes representativos de domínios tão distintos como engenharia, química, biologia, física, literatura, música, esporte, gestão de negócios, história, economia, sociologia, psicologia, arquitetura, política e ciências, em geral. Na verdade, esses grandes cultores de suas respectivas áreas não trabalham. Divertem-se. A essa total entrega do indivíduo aos seus afazeres, a ponto de passarem a constituir uma só entidade, num processo que é ao mesmo tempo automático e consciente, Csikszentmihalyi denominou de *Flow*, título de um dos seus livros. Flow e felicidade, portanto, poderiam ser vistos como expressões sinônimas, conquanto em estado de flow não tenhamos o sentimento de felicidade por estarmos inteiramente concentrados no que é relevante para o cumprimento da atividade a que nos dedicamos. O sentimento de felicidade seria uma distração interruptiva do flow do processo criador do poeta, compositor, cientista, pintor ou esportista. Recorde-se que o prazer, no momento da fruição, não promove a criatividade. Alimenta o vício.

A maioria dessas personalidades ilustres do século XX, entrevistadas por Mihaly Csikszentmihalyi, consideraram o alto senso de honestidade que aprenderam com os pais a causa maior do seu crescimento. Foram excluídos dos que tiveram como fonte matriz a honestidade como grande fator do desenvolvimento dos filhos, os pais briguentos, os que colocavam os bens materiais acima de tudo, e os pais permanentemente infelizes com suas vidas, obcecados com a idéia de apontar apenas os caminhos que não devem ser seguidos. É inegável, porém, o papel quase unânime dos pais como a principal fonte fomentadora da curiosidade desses indivíduos superiores.

O físico alemão Heinz Maier-Leibnitz, que teve entre seus alunos dois ganhadores do Nobel, sustenta:

> Eu não sei se honestidade é a palavra mais apropriada para expressar a busca da verdade no que se faz. É indispensável a autocrítica e nunca se

deve esconder um erro. É necessário que todos no ambiente de trabalho procedam desse modo verdadeiro. Quando alguém se torna líder de um laboratório ou instituto, é importante ter grande empenho para ajudar os honestos, aqueles que não visam apenas a suas carreiras e não são capazes de prejudicar o trabalho dos outros. Essa é a mais importante e fundamental tarefa de um mestre.

Além de um conjunto de motivos comuns a todos os entrevistados, observaram-se diferenças no papel atribuído à honestidade, em função do campo da atividade. Para os físicos, sem absoluta fidelidade aos fatos empíricos observados, não é possível fazer ciência nem ser criativo. Os cientistas sociais, por sua vez, enfatizaram que sem respeito à verdade, sua credibilidade seria comprometida, enquanto para artistas e escritores a honestidade deve ser observada em relação aos seus sentimentos e intuições. Já os empresários, políticos e reformadores sociais acentuaram a importância da honestidade no trato com as pessoas e as instituições com que lidam ou a que pertencem.

AMBIENTE FÍSICO

Recua longe no tempo a idílica visão de artistas e cientistas isolando-se em lugares marcados pela exuberância da paisagem. Essa busca hoje só ocorre quando o seu trabalho já está reconhecido no meio dinâmico que o acolheu ou quando o hedonismo dos sentidos fala mais alto do que o apelo da vocação. Parece que as Musas são indiferentes à luxúria ambiental, ao reagir com mais intensidade e brilho nos ambientes onde o capital cultural abunda. Basta ver as modestas condições ambientais em que produziram gênios como Bach, Beethoven, Proust, Einstein ou Euclides da Cunha. Proust redigiu o clássico *Em busca do tempo perdido* numa cortelha vedada à luminosidade e ao ar exteriores. É claro que será sempre preferível que seja harmonioso, belo, confortável e saudável o ambiente onde o capital cultural for grande. Em qualquer hipótese, em ambiente rico ou pobre, miasmático ou salubre, o que acima de tudo importa é que haja harmonia ou sintonia entre o meio e o criador. O mesmo pode ser dito do asseio organizacional do trabalho. Enquanto a mesa do barão do Rio Branco era uma bagunça colossal, seu biógrafo, o escritor e político Luís Viana Filho, exuberava na ordem, no método e na disciplina em todas as suas atividades. Há quem diga com humor que o "amassador dos ternos" de Antônio Ermírio de Morais deveria ganhar todos os anos o prêmio "operário padrão". Nem por isso ele deixa de ser um dos nossos mais importantes líderes empresariais.

Tome-se o caso brasileiro: as boas criações fora do eixo Rio-São Paulo só são reconhecidas se seus autores para ali se mudarem com armas e bagagens. Enquanto provincianas, a crítica especializada delas não toma conhecimento. O festejado jurista Orlando Gomes costumava lembrar, com justificado orgulho, ser ele o único baiano a ter conseguido nomeada nacional, sem sair da Bahia. Conclusão verdadeira até quando aplicada aos gênios de Castro Alves e Rui Barbosa. Jorge Amado, quando passou a viver na Bahia, já era uma unanimidade nacional. João Ubaldo Ribeiro foi reconhecido nos Estados Unidos antes de ser reconhecido no Brasil. Algumas pessoas que chegaram a nos pedir para não presenteá-las com seus livros, hoje não lhe regateiam entusiásticos aplausos, a partir de quando Ubaldo se mudou para o Rio de Janeiro e passou a ter o seu valor nacionalmente reconhecido. Uma ou outra eventual exceção, oriunda de uma região periférica, não infirma a regra. A criação dos espaços e das realidades virtuais pela internet universalizou o acesso ao conhecimento, mas não eliminou o papel centralizador exercido pelas grandes metrópoles e pelos centros acadêmicos de ponta.

Não há mente, por mais sensível aos apelos da abstração e da pesquisa profunda, e por mais descomprometida das coisas materiais, que seja inteiramente imune à ação do meio que a cerca. Nem mesmo Michelangelo, desconfortavelmente instalado nos andaimes que lhe permitiam pintar o teto da Capela Sistina; os Curie, marido e mulher, congelando no frio de um laboratório sem adequado aquecimento; ou Marcel Proust, enfurnado em sua pocilga parisiense. Ocorre que, para esses indivíduos especiais, as condições motivacionais que asseguram a continuidade do seu trabalho estão acima de suas exigências de conforto meramente material. Essencialmente, esses elementos são:

    1 – Fácil acesso às informações indispensáveis ao exercício profissional;

2 – Reconhecimento e estímulo ao trabalho que se realiza;
3 – Ambiente rico de capital cultural compatível com o que se faz.

Uma vez satisfeitas tais exigências fundamentais, esses indivíduos procuram rodear-se dos elementos que mais satisfaçam seus sentidos e sua natural inclinação hedonística. Quando não pelas condições materiais objetivamente encontradas, certamente por via da poderosa ação adaptativa da mente.

A CRIATIVIDADE, A GENÉTICA E O MEIO

A necessidade é a mãe da cultura ou invenção. Tudo que nossos avoengos inventaram foi uma sucessão de adaptações defensivas para sobreviverem ou aumentarem o conforto e bem-estar físico e espiritual, como tão exaustivamente Arnold Toynbee demonstrou em seu laureado *Um estudo de história*.

Todo processo criativo exige que seu autor seja capaz de conviver com a tensão dialética entre o envolvimento apaixonado com o trabalho que realiza e a avaliação de sua qualidade, como se fora um terceiro, olhando de fora. É como ouvir ora a voz silenciosa do coração, ora a voz da razão fria. O artista tem que saber operar como crítico de si mesmo. A pedra de toque de todo indivíduo criativo reside na capacidade de identificar as coisas que sabe fazer e gosta de fazer. É quando trabalho e lazer se confundem. Sua intensa curiosidade e abertura de espírito, sugestivas de flexibilidade, colidem com uma perseverança obsedante, um traço de rigidez ou inflexibilidade. Além disso, os indivíduos criativos desenvolvem o hábito de dedicar curiosidade e interesse às coisas pelo que elas são. Seria a preservação de parte da omnímoda curiosidade infantil, seletivamente disciplinada, em função de valores, escolhas, metas e projetos. Sem a preservação de alguma capacidade de fascinação por coisas e eventos à nossa volta, a criatividade, destituída do combustível do interesse e da curiosidade, estiola e fenece.

É absolutamente normal e até mesmo necessário que as pessoas coloquem em primeiro lugar as causas e as coisas que atendam seus interesses personalíssimos ou egoísticos. Uma concentração excessiva, porém, em metas ou objetivos de cunho exclusiva e exageradamente egoísticos representa uma limitação ao livre uso da energia mental, pela incapacidade resultante de destinar parte dessa energia a qualquer iniciativa fora desse círculo egocêntrico.

A permanente disposição de ânimo dos indivíduos criativos e produtivos não decorre de uma inata aptidão para a ação, o combate, a luta, como ingenuamente se supõe. Deflui da curiosidade, do interesse, do abrasamento da alma, da paixão que nutrem pelos assuntos a que se dedicam, conscientes de que suas conquistas não se realizam de uma só vez, mas por etapas que se moldam, processam ou aperfeiçoam um pouco mais a cada dia. E a percepção de que se realiza algo de útil ou bem feito alimenta a sensação de prazer, que opera como estímulo à continuidade do trabalho que cresce gradualmente em complexidade, aumentando o desafio. Esse crescente desafio é essencial para que se mantenha acesa a chama do interesse e da curiosidade. Nesse contexto, os elogios e os prêmios desempenham papel de excepcional relevo. Sua disposição ou ânimo para cuidar do seu ofício semelha à de alguém que se prepara para ir a uma festa em que pode encontrar pessoas amadas ou desejadas. É por isso que operam, frequentemente, naquele estado de flow de que nos fala Mihaly Csikszentmihalyi, característico dos indivíduos que sabem, mas não sabem que sabem.

Paranoia é a neurose que resulta da hipertrofia do sentimento de vulnerabilidade, levando o indivíduo a ver em tudo uma ameaça ao seu bem-estar e segurança física ou emocional. Tal estado de espírito compromete, quando não bloqueia inteiramente, o investimento de energia psíquica indispensável a todo processo produtivo e criativo. Embota-se sua capacidade de examinar as coisas de um ponto de vista objetivo ou de abrir-se à recepção do novo.

Toda pessoa possui o potencial necessário para ter uma vida produtiva, criativa e feliz. Há, no entanto, certos fatores que operam como obstáculos ao cumprimento desse desiderato.

O primeiro deles consiste na ausência de foco. As pessoas se deixam levar por uma multiplicidade de demandas que nada têm a ver com sua vocação ou missão. Nada é prioritário para quem tudo é prioritário. O resultado é uma dispersão de esforços que esgarça a concentração e eficiência da energia psíquica, impedindo a realização de projetos ou processos produtivos.

O segundo é a dura realidade existencial impondo o exercício de várias atribuições sem qualquer conexão sinérgica entre si, além de alheias à paixão da alma. Como dedicar-se à especulação filosófica quando se é obrigado a dar seis horas por dia de aula de história e quatro de latim ou português, para prover o pão de cada dia? E o que pode fazer de criativo uma mulher além de, sozinha, cuidar da casa, dos filhos e do marido?

O terceiro decorre da indeterminação ou inconsistência quanto ao que se deve fazer. A falta de diretriz para a aplicação da energia psíquica compromete as possibilidades do processo criativo.

O quarto é a compatibilidade dos hábitos com aquilo a que nos dedicamos. Quando os hábitos não são compatíveis com o campo de atividade, o processo criativo ou não se instala ou se se instala, cedo se interrompe.

Para compensar os incômodos e desassossegos que provocam, os desafios nos impelem a ampliar a noção de nossos limites, estabelecidos pela comodidade da rotina de cumprir tarefas conhecidas e seguras. A limitação do número de indivíduos criativos decorre do fato de serem poucas as pessoas dotadas da vontade e disciplina de autoadministrarem desafios de complexidade e risco crescentes.

Se for verdade que o êxito pessoal chega mais facilmente para os indivíduos que tiveram a sorte de nascer geneticamente dotados, no seio de famílias afluentes e bem constituídas, de frequentar as melhores escolas, com fácil acesso ao mercado de trabalho, verdade é também que muitos indivíduos, não obstante todas essas vantagens originais, fazem de suas vidas rotundos fracassos.

No outro extremo, encontramos os que aprendem a usar esses obstáculos do nascimento, de classe, do meio social ou escolar adversos, para crescerem e brilharem, num contínuo processo de autossuperação. Recusam-se a aceitar o caráter determinístico de sua herança genética e social, e assumem perante si mesmos a tarefa e a responsabilidade de modelarem seus destinos, não raro se constituindo em grandes agentes transformadores do meio onde vivem, da vida cultural de seus povos e da humanidade. Para tanto, o encontro com suas mais genuínas vocações é fator decisivo.

John Stuart Mill, um dos maiores pensadores do século XIX, teria sido, em suas próprias palavras, um desses exemplos. Apesar de sua excelente origem social, filho do famoso economista James Mill, amigo e discípulo de Jeremy Bentham, Mill afirma que sua inteligência era inferior à média dos seus colegas, atribuindo seu notável desempenho intelectual à disciplina e à boa pedagogia do seu estremecido pai. Avaliados pelo desempenho escolar, não foram diferentes os casos de Charles Darwin e Edison. Enquanto Darwin é cada vez mais visto como o maior cientista de todos os tempos, Thomas Edison, com suas invenções revolucionárias, é apontado como o pai da tecnologia do século XX. E o que dizer de Abraham Lincoln, Nelson Mandela e Lula? Comum a todos eles, uma insaciável curiosidade e uma vontade férrea.

É comum aos indivíduos de uma determinada área de atividade profissional avaliar a inteligência dos mais jovens e dos subalternos pela proficiência que revelam em seu domínio. Quem escreve mal ou erradamente tende a ser avaliado negativamente por um profissional cuja atividade dependa da qualidade do texto, como escritores, jornalistas e advogados. Na ótica de um profissional que tenha na matemática a base de seu desempenho, Pablo Neruda, uma autoproclamada nulidade em lidar com números, seria avaliado como fronteiriço, já que não era sequer capaz de praticar os rudimentos da tabuada. E assim por diante.

O inesgotável Aristóteles já especulara sobre os tipos de inteligência ao dividir as funções mentais em categorias estáticas e dinâmicas. Em seu entendimento, o pensamento é composto de elementos emocionais e éticos ou morais.

Segundo Jerome Bruner, psicopedagogo norte-americano, discípulo e crítico de Piaget, autor da teoria do instrumentalismo evolucionista, a inteligência humana se desenvolve a partir de uma evolução alopátrica (a impossibilidade da ocorrência simultânea, numa mesma área, de certas espécies ou fenômenos, em face da exclusão de uns pelos outros) e não autoplástica (a substituição de uma parte destruída ou defeituosa de um corpo por outra do próprio corpo para fazer-se a substituição ou restauração). Seria pela internalização de sistemas extrassomáticos, verdadeiras próteses culturais, que a evolução humana se processa.

A cultura hinduísta, por sua vez, distinguia entre a energia masculina e a feminina, a ação e a emoção, a passividade e a atividade. Essa diversidade de pensamento resultou na distinção entre inteligência e personalidade, cognição e afetividade, distinção que não se pode aferir em termos comportamentais.

O CARÁTER POLÊMICO DA INTELIGÊNCIA

As constantes tentativas de medir a inteligência e definir o seu conteúdo culminaram por fazer da psicologia uma irmã siamesa da pedagogia. Os abundantes estudos e especulações no campo da psicanálise, da psicometria, das neurociências, das teorias cognitivas e de aprendizagem, incluindo processos de informação, estão longe de alcançar um consenso do que seja inteligência, bem como a definição e medição do seu conteúdo, contrariando a pretensão de muitos autores, como o francês Alfred Binet, o britânico Charles Spearman e o norte-americano Louis Leon Thurstone. Binet chegou a dizer que "inteligência é o que o meu teste mede".

Desse panorama de virtual divergência unânime quanto a um conceito uniforme, registram-se algumas conclusões, direta ou indiretamente presentes nas reflexões dos maiores estudiosos do intricado fenômeno da inteligência:

1 – É inegável o papel da genética na formação da inteligência, sem prejuízo do reconhecimento da influência das "próteses" comportamentais e culturais adquiridas ao longo da vida;

2 – O desenvolvimento da inteligência depende da presença e da interação contínua dos fatores neurológicos e das funções psicológicas, como a percepção, as imagens, os símbolos e os conceitos;

3 – O modo e a intensidade da manifestação da inteligência dependem dos ambientes sociais e culturais em que atua, ganhando especial relevo o conforto físico e emocional, espiritual ou afetivo;

4 – A gradação, a natureza e a propriedade dos desafios, tendo em conta a idade física e mental dos indivíduos, são elementos que moldam e implementam o desenvolvimento da inteligência.

Nesse universo de possibilidades conceituais, cada um pode aderir a um ou mais conceitos.

A inteligência concebida como uma qualidade da conduta adaptativa, como preceitua A. Anastasi, definida como a expressão de formas eficazes para responder às demandas do meio ambiente, parece-nos a de maior amplitude, conquanto excludente de várias possibilidades intelectuais, de que é exemplo maior a excepcional inteligência matemática dos autistas.

E. Zigler denominou essa capacidade de reagir às demandas do meio ambiente de competência social.

Uma característica comum aos grandes criadores de todos os tempos é a prática da autodidaxia ou autodidatismo.

OS EFEITOS DA ORFANDADE

A perda precoce dos pais produz grande impacto sobre o espírito infantil, conquanto não se possa precisar sua extensão nem sua intensidade. Em paralelo à dor, há a sensação de alívio decorrente do desaparecimento da autoridade paterna, limitativa da liberdade de ação do infante, bem como o aumento da intimidade afetiva com alguém que passou a ocupar o primeiro posto na hierarquia do mando familiar. À violenta dor inicial, acompanhada de um estado depressivo posterior, segue-se o esgarçamento inconsciente desses primeiros efeitos e a instalação de um novo quadro avesso a qualquer tipo de controle ou previsão racional. A priori, portanto, não há como enquadrar de modo esquemático essas ocorrências para determinar sua influência no futuro desses indivíduos.

O mesmo pode ser dito de crianças que conheceram na primeira infância os males da negligência paterna, da solidão, dos abusos, da pobreza e das doenças.

Numa sociedade eminentemente patriarcal, em que é dominante sobre os filhos o papel do pai, a orfandade prematura pode causar influências contraditórias, variando entre o muito positivo e o muito negativo. É quando a importância da mãe ganha excepcional relevo. Sem a presença autoritária, quando não castradora, do pai, um jovem pode sentir-se livre para ser ou fazer o que quiser. Por outro lado, sente o peso da responsabilidade de ter que se atribuir um papel à altura das expectativas imaginárias do pai morto. A ausência paterna enseja-lhe a possibilidade de autodescobrir-se ou autoinventar-se. Por outro lado, a inevitável comparação com os amigos que têm pais vivos leva-o a uma permanente lucubração sobre o que não seria sua vida com a presença da figura paterna. Em qualquer hipótese, é pra lá de exagerada a conclusão de Jean-Paul Sartre ao dizer que o maior favor que um pai pode fazer a um filho é morrer o mais cedo possível. O provérbio grego que sustentava que "filho só vira homem quando o pai morre" fazia sentido numa época em que os indivíduos viviam e conviviam em espaços muito limitados, sujeitos, permanentemente, pela tradição reinante, à obediência paterna. Hoje, com a independência proporcionada pelos meios de comunicação, pela liberalidade dos usos e costumes e pela dilatação dos horizontes geográficos, o velho brocardo helênico perdeu sentido.

Adolescentes talentosos enfrentam dificuldades que são naturais de sua quadra existencial, ao tempo em que usufruem as vantagens da recém-descoberta solidão, fato que lhes confere uma certa aura de independência e autonomia. Têm o contrapeso da responsabilidade de resolver os problemas sem a assistência até recentemente recebida do progenitor desaparecido. A vida afetiva, agora enriquecida com os apelos da sexualidade, é também marcada pela bipolaridade do conforto e do desconforto existencial. Com maior intensidade, passam a perceber o potencial conflito existente entre ser popular e ser superiormente dotado.

A inveja que sempre esteve à espreita, desde os primeiros sinais de brilho, agora, com a aproximação dos embates da vida adulta, em qualquer de suas dimensões, social, política ou econômica, se apresenta mais desenvolta, ainda que camuflada, como sempre. É muito raro o adolescente dotado de brilho singular ser, simultaneamente, popular e amado pelos seus pares. O sentimento de exclusão afetiva e de marginalidade social costuma acompanhar desde cedo os indivíduos dotados de uma inteligência superior, circunstância inevitável que não pode deixar de ser levada em conta por uma pedagogia que se queira competente.

A tendência predominante, quase natural, ao nos depararmos com uma pessoa que se nos afigura superior em um domínio que valorizamos é a de invejá-la. O incômodo de identificarmos alguém que reputamos superior a nós levá-nos a desejar que deixe de ser o que é, ou que perca parte do brilho. O mais sábio e construtivo, porém, é tomá-la como referencial da nova etapa que devemos empreender.

A neuropsicóloga Brenda Milner evoca um colega cujo brilho fê-la sentir-se insegura e incomodada. Pouco tempo depois não mais se ouviu falar dele. Faltava-lhe o mínimo de concentração indispensável à estabilidade do seu crescimento. Apesar disso, lembra Milner, "passei a apresentar um bom desempenho escolar porque o tomei como paradigma".

É interessante verificar que, segundo Mihaly Csikszentmihalyi, os indivíduos mais criativos provêm dos extremos da orfandade ou de uma infância rica de afeto e proteção; de classe abastada ou muito pobre. A turma do meio, em matéria de bem-estar infantil, por afeto ou riqueza, cria pouco, integrando o numeroso rol da mediocridade. O que importa, acima do aspecto material ou da proteção afetiva, é o interesse e o estímulo do ambiente familiar para a questão educacional.

George Klein, sueco, nascido na Hungria, órfão de pai, um dos fundadores da nova biologia dos tumores, conclui um ensaio que escreveu sobre a orfandade com estas palavras de ferro em brasa:

> Meu pai, meu irmãozinho, meu filho, meu criador, você que nunca me permitirá lhe conhecer, venha oprimir-me, esmagar-me, moldar-me no que quiser, em alguém que nunca fui e nunca serei. Se eu pudesse lhe falar, o que eu gostaria mesmo de dizer-lhe? Talvez, apenas isso: É maravilhoso viver. Obrigado por me haver dado a vida. Provavelmente, eu o teria matado se você tivesse vivido, embora eu nunca tenha sido capaz de viver verdadeiramente porque você está morto.

O registro que deixou dos seus professores não é nada lisonjeiro. Considerava-os "estúpidos opressores", à exceção de Kardos Tibor, professor de latim e italiano, um incomparável entusiasta das artes e da poesia, atitude inspiradora que o levou a memorizar e a declamar poemas de Dante, mesmo sem falar italiano.

As experiências mais marcantes de sua juventude foram vividas em situações não apenas estranhas, mas até opostas às lições da sala de aula, quando integrou grupos de discussão dos temas mais livres, acampados às margens do Danúbio, consoante prática alheia aos povos do continente americano, do Norte ou do Sul. Arte, música, literatura e filosofia eram os temas dominantes. Foi nessas experiências que se inspirou para criar na maturidade a rede de correspondentes, em escala global, da qual passou a ser o maestro e distribuidor de textos, compreendendo intelectuais de todos os domínios, como cientistas, empreendedores, literatos, políticos, religiosos, filósofos e artistas, em geral.

À ausência da autoridade paterna e magisterial a quem obedecer, Klein atribui a origem do seu espírito libertário.

A neuropsicóloga inglesa Brenda Milner contou sobre a morte do pai quando ela tinha 8 anos: "Foi a mais dolorosa experiência de toda a minha vida." A partir de então, Brenda deixou-se atrair pela ciência, em parte como meio de escapar da influência artística da mãe, excessivamente possessiva, a quem amava, mas com quem se desentendia quando se juntavam por mais de quinze minutos. "Eu queria provar que estava seguindo o meu caminho e não o de minha mãe. Talvez estivesse sendo egoísta, mas é demasiadamente claustrofóbico viver com alguém que investe tanto emocionalmente em você, quando criança", diz ela, ao explicar por que preferiu dedicar-se à ciência.

O americano Linus Pauling, ganhador do Nobel de Química, em 1954, e o Nobel da Paz, em 1962, perdeu o pai, farmacêutico, aos 9 anos. Em solidariedade ao colega morto, os demais farmacêuticos de Portland tomaram a si a responsabilidade da educação do órfão. Todos os dias, terminadas as aulas, Linus ia a uma diferente farmácia para ajudar na preparação de medicamentos, continuando o que fazia com o seu pai, com quem aprendeu a gostar dos mistérios da química. A orfandade não interrompeu nem diminuiu seu interesse pela vida. Disse ele:

> Acho que nunca parei para perguntar o que iria fazer da minha vida. Apenas segui em frente fazendo aquilo de que gostava. Quando tinha 11 anos, gostava de ler. Li, então, muitos livros. Recordo-me do meu pai dizendo, pouco tempo antes de morrer, quando eu ainda não completara 9 anos, que eu gostava tanto de ler que já havia lido a *Bíblia* e *A origem das espécies*, de Darwin. Disse também que parecia que eu gostava de história. Lembro-me de um curso de História Antiga que fiz aos 12 anos na escola secundária. Li todo o livro adotado nas primeiras semanas do curso, e passei a procurar mais material de leitura sobre o tema. Aos 11 anos, comecei a colecionar insetos e a ler livros sobre entomologia. Aos 12, esforcei-me para colecionar minerais. Achei algumas ágatas – que era tudo que eu podia identificar e encontrar no Vale Villamette. Li, então, livros sobre mineralogia, copiei as tábuas de propriedades, dureza, cor, camadas e outras propriedades dos minerais, a partir dos livros. Foi a partir dos 13 anos que passei a me dedicar à química. Fiquei muito excitado ao perceber que os químicos podem transformar algumas substâncias em outras diferentes, inclusive quanto às propriedades. Isso é, aliás, a base essencial da química. As diferenças de propriedade entre as

substâncias me interessaram muitíssimo. Gases de hidrogênio e oxigênio formam água. Sódio e cloro formam o sódio-clorídrico. Combinam-se elementos para formar compostos diferentes. Desde então, dedico a maior parte do meu tempo para melhor compreender química, como meio de compreender o mundo, a natureza do universo.

Linus Pauling evoca com gratidão o professor de química, William Greene, que primeiro percebeu e estimulou sua vocação para a ciência, no curso secundário:

> Ele me deu um segundo ano de química, permitindo-me fazer dois anos em um. Eu era o único estudante nesse curso. Muitas vezes ele me pediu para ficar mais uma hora depois da aula para ajudá-lo a operar a bomba calorimétrica.

A INFLUÊNCIA DOS MESTRES

No seu estudo sobre a criatividade, *Creativity, Flow and the Psychology of Discovery and Invention*, 1996, Mihaly Csikszentmihalyi constatou que apenas 10% dos indivíduos criativos provêm da classe média; 30% são oriundos da classe pobre; 34% nasceram de pais com algum tipo de formação intelectual, como magistério, literatura, música ou pesquisa científica. O quarto restante nasceu de médicos, advogados ou empresários. Famílias de classe média, avessas a qualquer tipo de risco, focadas nas maciezas das comodidades conquistadas, não são a forja ideal para a produção de indivíduos criativos.

Na visão dos entrevistados de Csikszentmihalyi, a influência da escola em suas vidas, inclusive o segundo grau, oscilou entre quase nula e ameaçadora do interesse e curiosidade desenvolvidos fora do ambiente escolar. O que contou muito positivamente foi o reconhecimento do papel desempenhado por certos professores e o enriquecimento existencial e intelectual da convivência acadêmica fora da sala de aula.

Eugene Wigner, húngaro naturalizado americano, ganhador do Nobel de Física em 1963, aponta László Rátz, seu professor de matemática em Budapeste, como o refinado promotor do seu gosto pela matéria. Segundo ele, "ninguém era capaz de evocar um tema como

Rátz". Contemporâneos e húngaros como Wigner, os notáveis físicos e matemáticos John von Neumann, Leo Szilard e Edward Teller – o primeiro, autor da teoria dos jogos; os dois últimos, parceiros de Einstein e Oppenheimer no desenvolvimento da energia atômica – receberam apoio e inspiração de László Rátz para atingir as culminâncias que marcaram suas vidas. László colocava sua bibliografia científica à disposição dos alunos interessados, ministrando-lhes os desafios em dosagens compatíveis com o estágio de cada um.

A física norte-americana Rosalyn Yale, ganhadora do Nobel de Medicina em 1977 pelo trabalho de identificar, através de recursos da física, as menores substâncias no organismo – descoberta que não para de revolucionar a medicina – evoca reverente e agradecida os mestres que souberam despertar e alimentar seu interesse pela matemática:

> Eu era uma boa estudante, e eles sempre me deram muito trabalho extra para fazer. Meu professor de geometria foi o senhor Lippy. Logo ele me levou ao seu gabinete. Apresentava-me exercícios e quebra-cabeças matemáticos acima do que era exigido em sala de aula. Com química aconteceu a mesma coisa.

O norte-americano John Bardeen, único a ganhar o Nobel de Física duas vezes, em 1956 e 1972, agradece ao seu professor de matemática por haver identificado e estimulado sua vocação para a ciência, passando-lhe exercícios de crescente complexidade. Como resultado imediato, com apenas 10 anos de idade, ganhou o disputado prêmio de melhor aluno de álgebra do curso secundário. Daí pra frente, o Nobel, que é o céu dos cientistas, veio como um desdobramento natural do seu avanço.

O que caracteriza um grande mestre, como fonte de motivação e de inspiração, é a sensibilidade para perceber o potencial do discípulo, acreditar nele, respeitá-lo e lhe dedicar atenção, atribuindo-lhe encargos gradativamente crescentes, superiores aos exigidos dos demais alunos. Tudo isso num clima rico de generosidade e afeto.

Os estudos de campo indicam que, quando os adultos felizes evocam sua infância, quase sempre pintam-na com as cores da alegria e da bem-aventurança. Por outro lado, os infelizes evocam com mágoa o passado, marcado por uma infância carregada de temores, sofrimento e decepções. Análises cuidadosas revelam que nem sempre a evocação corresponde à verdade dos fatos, conquanto seja verdadeira do ponto de vista sentimental do depoente. O que não se sabe, ao certo, é se o passado condiciona a percepção do presente, ou se é esta que condiciona a evocação do passado: os felizes de hoje tendem a ver este tempo em cor-de-rosa, enquanto os infelizes de agora pintam-no com cores sombrias. Essa percepção do passado condicionada pela percepção da atualidade se evidencia em diferentes depoimentos dos mesmos indivíduos, em diversos momentos de suas vidas, sobre a qualidade de sua infância. Quando tudo ia bem, a infância era evocada como rica de emoções positivas e experiências memoráveis. Quando a roda da fortuna mudou, a infância sofrida passou a ser vista como a matriz dos males de agora.

O que resulta claro dessa discussão é que a vida é um processo permanentemente sujeito a variações resultantes do uso que cada um faz de suas experiências, não havendo, portanto, uma relação determinística e invencível de causa e efeito entre as vivências infantis e a percepção da vida na idade adulta.

O PESO DA HERANÇA GENÉTICA

É inegável o peso das predisposições genéticas no desempenho profissional e existencial dos indivíduos. Quando uma forte predisposição genética encontra o leito natural de sua vocação, temos o êxito profissional que pode oscilar desde uma simples liderança numa determinada área, para os menos dedicados e determinados, até a eclosão do gênio transformador, inovador ou criador de padrões. Quem nasce com o ritmo na alma tem tudo para ser excelente músico, do mesmo modo que será bom artista plástico aquele cujo sistema nervoso fá-lo sensível às variações de cor e luz. Daí a importância de expor os jovens a diferentes influências, de modo a permitir-lhes a identificação, o mais cedo possível, de suas mais genuínas vocações. É claro que sem o estímulo e o desenvolvimento da curiosidade ou do maravilhamento pelas coisas, nada nos parece interessante, pelo menos para que a elas devotemos uma parte ou toda a nossa vida.

A FORÇA DA VOCAÇÃO

O PESO DA CURIOSIDADE

O psicanalista norte-americano Donald Campbell considera o nível de curiosidade o fator determinante do grau de sucesso no ambiente acadêmico de pessoas igualmente dotadas. Diz ele:

> Muitos dos professores meus amigos que precisam realizar pesquisas, como parte do seu dever acadêmico, não conseguem identificar nada que desperte seu interesse. Quanto a mim, tenho sempre uma numerosa lista de problemas palpitantes que não vejo a hora de encarar e resolver. Muita gente talentosa não consegue identificar nada a que valha a pena dedicar-se. Fico feliz ao constatar que não são poucas as questões triviais que me fascinam.

Em outro passo aconselha:

> Não se dedique à ciência se seu interesse predominante for ganhar dinheiro. Do mesmo modo, não se dedique à ciência se seu interesse estiver condicionado ao desejo de ficar famoso. Certifique-se de sua paixão por sua atividade, independentemente da fama que ela lhe trouxer. Se a fama vier, ótimo. Curta-a. Esse estado de espírito exige uma motivação intrínseca. Busque um corpo de problemas que o motivem por si mesmos, independentemente de como os outros os considerem.

A neuropsiquiatra Brenda Milner, ressentida com os professores que não a deixavam cantar, pintar e realizar outras coisas que não fossem do cardápio estritamente escolar, confessa:

> A força motriz a que tenho submetido toda a minha vida é a curiosidade. Sou muito curiosa a respeito das coisas em geral, inclusive das pequenas que ocorrem à minha volta. Minha mãe me considerava excessivamente abelhuda sobre a vida alheia. Mas não só as pessoas me interessam. Tudo que acontece a meu redor me interessa. Sou uma observadora.

O sociólogo David Riesman não deixa por menos: "Se me perguntam qual é a força que me anima, eu respondo que é a curiosidade".

O físico Hans Bethe, perguntado sobre as razões do seu grande êxito, respondeu:

São duas. O cérebro é uma. A outra é a disposição de passar horas a fio pensando num determinado assunto, sujeito ao risco de não chegar a qualquer conclusão.

O astrofísico indiano Subrahmanyan Chandrasekhar, ganhador do Nobel em Física de 1983, afirmou:

> Há duas coisas a meu respeito que as pessoas geralmente não sabem. A primeira é que nunca me dediquei ao estudo de temas considerados glamourosos, em qualquer sentido. A segunda é que sempre me dediquei a áreas que nunca despertaram atenção, nos outros, durante o tempo em que trabalhei nelas.

Antes dele, em 1930, seu tio Chandrasekhara Venkata Raman já ganhara o Nobel em Física. Entre o conflito de seguir um caminho que não o sujeitasse às inevitáveis comparações com o famoso tio e atender os apelos de sua vocação, preferiu o último. Decidiu-se por fazer aquilo que o fascinava, lixando-se para os comentários dos que o julgavam temerário. O apoio que recebeu do núcleo familiar para emular o ilustre tio foi decisivo para vencer suas dúvidas de adolescente.

O historiador norte-americano Comer Vann Woodward, notabilizado pelos livros que publicou a respeito do sul dos Estados Unidos, a partir do fim da Guerra de Secessão, explica por que se dedicou ao estudo da história:

> O tema me interessa porque é para mim uma fonte de satisfação, na medida em que me proporciona realizar algo que considero importante. Sem essa consciência ou motivação, acho que a vida seria monótona e sem propósito, não valendo a pena vivê-la. Uma completa ociosidade, sem nada a fazer que nos pareça merecedor de nossa atenção, seria para mim desesperador.

Só a força da curiosidade superando a tendência ao imobilismo ou ao esforço mínimo, programados em nosso cérebro, pode nos conduzir a ir mais longe do que o necessário ou do que nos é exigido.

Expostos a uma lista de possíveis motivações básicas para fazerem o que fazem, líderes dos mais diferentes domínios escolheram com maior frequência "o desejo de descobrir algo novo".

É provável que a fonte alimentadora desse desejo de conhecer cada vez mais numa determinada direção deite raízes em sentimentos profundos e imemoriais que clamam inconscientemente por algum tipo de solução. A simples ação para conquistar dinheiro e fama, quando dissociada de nossa motivação básica, não possui essa força inquebrantável.

A insatisfação racional e inovadora, inerente ao processo de criação, pressupõe, essencialmente, o conhecimento do que existe de mais avançado na área que se deseja transformar.

O criador convive, pois, com a pressão de duas forças concorrentes e opostas: o conformismo que conduz à aceitação passiva do status quo, e o anseio de renovação transformadora ou até mesmo destruidora do padrão predominante existente.

Se a criatividade em sua significação maior é uma questão genética, dom de poucos, em contrapartida, a todos é facultada a possibilidade de conduzir uma existência criativa.

A mais marcante característica dos indivíduos criativos é a capacidade de converter assuntos de conhecimento proibido em curiosidade legítima. E a criatividade em sua expressão máxima ocorre toda vez que há uma associação entre a herança genética, o elevado capital cultural do meio social e a sorte de estar no lugar certo, no momento certo e tendo acesso às pessoas certas. Num país do Terceiro Mundo, dificilmente apareceria um Einstein. E se aparecesse, provavelmente o enunciado de sua teoria não teria qualquer ressonância. O mesmo pode ser dito de tantos agentes transformadores do conhecimento e do processo civilizador.

Uma das características comuns aos indivíduos criativos é que eles não progridem em suas atividades de acordo com padrões mais ou menos previsíveis, como se observa com a maioria das pessoas, que avançam gradativamente na hierarquia funcional. Ao contrário, revelam a capacidade de impor o desenvolvimento de modelos que se ajustem ao seu perfil.

É claro que a determinação de imprimir à vida o curso apontado pelo chamado da vocação é fator indispensável para que o potencial criativo se efetive. Não haveria poetas nem filósofos sem o atendimento feliz ao chamado irresistível da vocação. Quem conhece oferta de emprego para poetas ou filósofos? Quem conseguiu sobreviver, no Brasil, com os proventos da poesia? Que poeta alcançou riqueza material com o produto do seu estro? Não obstante esse handicap material, diversamente da crença generalizada de que a infelicidade é a fonte geratriz da poesia, são inúmeros os poetas felizes com o seu ofício, preferindo-o a outro qualquer, por maiores que sejam as expectativas das compensações pecuniárias. Sem a força do apelo vocacional, os economistas de ponta prefeririam se colocar, com boa remuneração, a serviço das grandes corporações, em lugar de consumirem a vida no modestamente remunerado ambiente acadêmico, ensinando, pesquisando, escrevendo. Físicos e químicos prefeririam os polpudos salários dos laboratórios e das indústrias, onde o desenvolvimento tecnológico é previsível, às incertezas de uma busca em que o fracasso é a regra e o êxito, a exceção. O sentimento de tédio ou rotina é praticamente desconhecido dos indivíduos integrados com suas profissões. Há tanto o que fazer que não lhes sobra espaço para a ociosidade inútil ou a dedicação a atividades secundárias.

Importa não perder de vista que o atendimento ao chamado da vocação exige que acreditemos em nossa capacidade de executar as tarefas por ela requeridas. Sem essa confiança prévia, na maioria das vezes sequer as iniciamos.

Acicatados pela força da vocação, esses indivíduos encontram na plena e espontânea dedicação ao seu dever a sua principal fonte de prazer.

Registre-se, no entanto, que muitas armadilhas se põem no caminho do encontro do indivíduo com sua vocação.

Quando se vive numa comunidade de baixo desempenho, reduz-se, naturalmente, o esforço ou interesse na busca da mais genuína vocação, porque, em tal meio, o desempenho requerido para que se tenha êxito é medíocre. Por outro lado, quando se vive num ambiente altamente competitivo, inclusive na área de sua mais autêntica vocação, verifica-se a tendência natural de, por comodidade ou receio de não ser suficientemente competitivo, buscar-se a segunda, a terceira ou a quarta vocação, campos em que, presumivelmente, a competição será menor, bastando, apenas, um mínimo de eficiência para se conquistar reconhecimento e aplauso. Nessa hipótese, um jovem com grande pendor linguístico, ou para o estudo da matemática, física ou química, pode desistir desse caminho e escolher uma profissão diversa de sua vocação se constatar que o irmão mais velho ou o vizinho é reputado um ás nessa área, por temor de passar a vida à sombra deles ou de não vir a ser capaz de superá-los ou ao menos igualá-los.

Um dos maiores conflitos vividos pelos cientistas criativos decorre da necessidade de se tornarem empreendedores como meio de implementar o processo de aproveitamento de suas descobertas, atividade que consome precioso tempo desviado, necessariamente, da pesquisa.

Conhecer a biografia, os hábitos e as práticas, desde a infância, das personalidades marcantes que definem os caminhos da humanidade, constitui uma valiosa fonte de ensinamentos e inspiração para a gestão de nossas vidas.

OS SINUOSOS CAMINHOS DO CÉREBRO

A teoria do caos é considerada uma das propostas mais promissoras para encontrar a ordem oculta no complexo e randômico processo cerebral para chegar à percepção. Nesse campo de estudos tão vasto quanto ainda pouco conhecido, o maior desafio a vencer é a compreensão do mecanismo como se processa o pensamento, objeto de uma pletora de teorias.

O cérebro funciona com base em trocas que envolvem substâncias químicas e impulsos elétricos. A mente opera com símbolos, permanecendo em completo desconhecimento o modo como passa do concreto ao simbólico. No momento prevalece a universal adoção do conceito linear do pensamento, correspondente à consciência que temos de nossa capacidade de pensar, segundo o qual um estímulo produz uma percepção que é interpretada e comparada aos engramas da memória. Em psicologia, engrama é uma impressão duradoura deixada na mente. Em fisiologia é a marca permanente produzida por um estímulo no sistema nervoso. Observe-se que a rigidez esquemática da fragmentária divisão do corpo, presente nos livros de ciência, não encontra correspondência em nossa vivência diária, quando sabemos que é o cérebro, volumetricamente localizado na cabeça, que nos comunica a dor de uma contusão no pé, a sensação de fome, sede, calor e frio, a percepção dos símbolos e das intenções, fato que nos leva a concluir que, em verdade, o cérebro está em toda parte do corpo e do espírito.

Do ponto de vista cognitivo, sensação é a reação específica a um determinado estímulo particular, enquanto percepção é o conjunto dos mecanismos que ordenam e coordenam as diferentes sensações primárias, dando-lhes significação, a partir de experiências anteriores.

ESTILOS DE APRENDIZAGEM

Denomina-se estilo de aprendizagem o modo pelo qual as pessoas aprendem mais facilmente. Dentre os muitos estilos, sem prejuízo do reconhecimento da importância do papel desempenhado pelo olfato, paladar e tato, destacam-se o auditivo, que prioriza a audição; o visual, que tem na visão das coisas o meio mais eficiente de aprendizado; e o cinestésico, que valoriza o ato de "meter a mão na massa", a feitura das coisas sob aprendizagem, prática quase que inteiramente ausente no magistério brasileiro. Reconhece-se, também, a predominância, em algumas pessoas, de uma mais acentuada vocação reflexiva; em outras predomina a disposição para agir, do mesmo modo que há pessoas com mais acentuada vocação para o cultivo das ciências exatas, enquanto outras preferem os estudos humanísticos. O pensar e o sentir elaboram nosso eu subjetivo; o dizer e o agir processam nosso eu objetivo. E nada como uma pedagogia que estimule o papel ativo do alunado no processo de aprendizagem para fazer aflorar essas características, como veremos adiante.

A identificação dessas inclinações naturais é reconhecidamente de grande valia para a eficácia do aprendizado. E quanto mais precocemente ocorrer, melhor para facilitar o importante encontro do indivíduo com sua vocação, fator decisivo no desenvolvimento espontâneo do gosto pelos estudos. Afinal de contas, a mais feliz das criaturas é aquela que tem no cumprimento do seu dever sua principal fonte de prazer, como costumava alardear o velho cacique Ulysses Guimarães, aludindo ao elevado gosto com que se entregava à tessitura política. Igualmente, certas dinâmicas de grupo são de comprovada eficácia no processo de integração dos indivíduos aos grupos sociais a que pertencem ou passam a pertencer, facilitando a aprendizagem, na medida em que promovem a autoestima, o senso de responsabilidade, a autodisciplina, o espírito de liderança, a empatia e o trabalho em equipe. Quando não são canalizadas construtivamente, essas características que condicionam nossas inclinações podem nos levar à frustração e daí, por ínvios caminhos, à apatia, às drogas, ao alcoolismo, à promiscuidade, à jogatina desenfreada, à delinquência, ao fracasso, em suma.

O mapa mental e o retrato escrito, ligeiramente abordados nos anexos e largamente encontradiços no Google, são duas técnicas que podem ajudar na identificação das vocações das pessoas.

É de lamentar-se que questões de tamanho relevo não integrem de modo sistemático e rotineiro o acervo de conhecimento dos pais e dos professores, figurando, quase sempre, como uma mera curiosidade, objeto, apenas, de interesse restrito de psicólogos e de especialistas em educação e pedagogia, omissão que acarreta brutal desperdício de recursos materiais e emocionais, contribuindo, de modo decisivo, para a proverbial improdutividade dos processos educacionais no mundo, em geral, e no Brasil, em particular.

Os pais equivalem a executivos sofisticados. Sua tarefa como educadores é tão complexa quanto a de dirigir uma grande corporação.

A exemplo dos oficiais militares relativamente à resistência em reconhecer erros táticos ou estratégicos, a maioria dos pais, quando identifica problemas em seus filhos ou em suas relações com eles, deixa passar meses e anos sem tomar qualquer providência eficaz, quando toma. "Talvez ele saia disso", pensam os pais. Às vezes, as crianças, por si mesmas, se libertam do erro, outras vezes, não. Por isso, por quanto mais tempo forem os problemas ignorados, maiores, mais dolorosos e mais difíceis de resolver se tornam.

O CONSERVADORISMO NA EDUCAÇÃO

A verdade é que os princípios fundamentais da educação não se alteraram desde o início do século XIX, como seria necessário para acompanhar o notável progresso científico e tecnológico verificado desde então. Nossa prática educacional envelheceu, constituindo-se no segmento da atividade humana em que há mais desperdício, a ponto de levar o pensador austríaco Ivan Illich, morto em 2002, a pregar uma *Sociedade sem escolas*, título de sua conhecida obra de 1970.

Não obstante o generalizado reconhecimento da ineficácia dos processos educacionais correntes, predomina a defesa de sua continuidade a partir de dois argumentos falaciosos: o primeiro é o de que, apesar de ineficazes, os métodos educacionais em uso funcionam, como prova o avanço tecnológico e científico que temos alcançado; o segundo é o de que seria muito arriscado mudar algo que a tradição chancela.

Esquecem ou ignoram esses conservadores que é precisamente nesse campo – o da eficácia dos métodos educacionais e pedagógicos para aprofundar e generalizar a tentativa de satisfação da insaciável fome de conhecimento a que estamos condenados – que se travarão as batalhas decisivas para a conquista do bem-estar e da prosperidade das pessoas e dos povos, no presente e no futuro. É através do conhecimento que o homem interfere no meio cultural em suas múltiplas dimensões, inclusive a ecológica, dependendo o seu processo evolutivo da qualidade dessa intervenção. A tendência em curso de substituir o antropocentrismo por uma visão holística se inscreve nessa ótica abrangente. E só um magistério motivado e preparado, emocional e intelectualmente, será capaz de levar a efeito, de modo satisfatório, essa grande missão, tão necessária quanto urgente.

ORIGEM DA EDUCAÇÃO E DO ENSINO

A educação, como sinônimo de ensino, significa a apresentação metódica e sistemática de ideias, técnicas, habilidades e fatos de uma ou mais pessoas para outras, com o objetivo de preservar o conhecimento acumulado pelas gerações precedentes. Ainda que a espécie humana tenha sobrevivido, evoluído e construído civilizações pela sua capacidade de transmitir conhecimentos de uma geração para outra, o magistério, como profissão, é uma conquista relativamente nova.

A superioridade de grupos humanos sobre outros se afirmou, essencialmente, a partir do momento em que se elegeram pessoas com a responsabilidade precípua de educar, particularmente os jovens. Nos regimes tribais, a educação, difusa por excelência, é ministrada por todas as pessoas mais velhas. Para os rituais mais importantes, são designados certos anciãos, destacados pela sabedoria. Há um provérbio africano que ensina ser necessária a participação de toda uma aldeia para educar uma criança.

Em sociedades mais adiantadas, o caráter difuso da educação cessa ou diminui, passando a ser ministrada por funcionários escolhidos para cumprir essa finalidade. Nas mais antigas, como a indiana, a chinesa, a egípcia ou a judaica, os sacerdotes foram os primeiros professores. Desde logo o exercício da nova profissão foi cercado de prestígio e privilégios. Entre os judeus, por exemplo, as crianças eram instruídas a honrar o professor acima dos pais, por ser visto como o condutor para a salvação. A educação dos filhos era excepcionalmente valorizada na Grécia antiga, como se depreende dos depoimentos constantes de sua produção intelectual, filosófica, literária, artística e política. Os intelectuais de povos conquistados, uma vez escravizados, eram, não raro, convertidos ao magistério pelas famílias ricas, como aconteceu com Esopo (620-560 a.C.), considerado o maior fabulista de todos os tempos, e, sete séculos depois, a Epicteto (55-135 d.C.), filósofo grego adepto do estoicismo.

Com a assunção da educação pela Igreja, durante a Idade Média, alguns mosteiros e centros de ensino que passaram a sediar o magistério converteram-se em universidades, como as de Bolonha e Paris. Foi, porém, nos séculos XVII e XVIII que avançaram os estudos sobre os métodos de ensino, a partir do crescente interesse pela educação infantil. Escolas modelo foram fundadas, sendo as mais conhecidas a do pároco e educador francês San Juan Bautista de la Salle (1651-1719) e, mais tarde, a do pedagogo suíço Pestalozzi. Somente a partir da segunda metade do século XIX é que se iniciaram os primeiros sistemas nacionais de educação, na Europa e nos Estados Unidos. Países periféricos, como o Brasil, simplesmente copiavam os modelos das sociedades matrizes.

DIFERENTES MÉTODOS EDUCACIONAIS

Muitos dos métodos preconizados sofreram a crítica de desvincularem a escola da sociedade. Do método ocupacional de John Dewey, objetivando fazer da escola o instrumento promotor da integração do indivíduo à vida social, ao método experimental de Makarenko, aplicado às colônias penais de jovens delinquentes, com o objetivo de substituir as relações baseadas na violência pela aprendizagem da convivência comunitária, a discussão sobre o papel da escola e o conteúdo da pedagogia está longe de esgotar-se.

Quando se supunha haver alcançado, ao menos, uma certa estabilidade no plano das controvérsias, observou-se, a partir dos anos sessenta do século XX, um recrudescimento dos conflitos ideológicos oriundos de uma tríplice vertente:

1 – A massificação dos programas educacionais;
2 – A crise social nascida do aumento do individualismo;
3 – A reformulação do conceito do trabalho.

Como pano de fundo dessas acaloradas discussões, figura a aceitação crescente de que a educação, em toda parte, serve ao desígnio de fortalecer o status quo, como demonstrou o professor Luís Carlos Café em sua dissertação de mestrado, ao analisar o condicionamento do conteúdo da educação brasileira aos interesses econômicos dominantes.

O educador brasileiro Paulo Freire (1921-1997) baseou inteiramente sua visão do processo educativo na compreensão, pelo estudante, da realidade à sua volta como elemento essencial da aprendizagem. A partir de um simples exemplo "Eva viu uma uva", proposto como elemento inicial do aprendizado da leitura, Freire enfatiza a necessidade de o aluno saber o contexto em que Eva vive, bem como quem produz a uva e em que condições, para que o aprendizado ganhe significação humana. Denunciou os processos educativos tradicionais como instrumentos a serviço das classes opressoras, representadas por uma privilegiada minoria, em sua exploração da maioria desamparada da população. A existência do analfabetismo, tema central de sua obra, é vista como consequência dessa atitude exploradora, e não, apenas, como resultado do atraso histórico e econômico das sociedades.

Duas vertentes condicionantes se somariam para perpetuar o status quo da exploração: a aceitação passiva e subjetiva da existência de uma consciência dominada e a subordinação do modo de pensar e de agir das pessoas à estrutura social predominante. Uma vez impregnados da crença na validade e inevitabilidade dessas condicionantes, os espíritos são abafados em seu juízo crítico e anseios de libertação. A pedagogia proposta por Freire, subordinada às condições humanas e ambientais, segue a recomendação do pensador alemão Edmund Husserl, popularizada no Brasil através da obra *A redução sociológica*, de Alberto Guerreiro Ramos, para quem os diagnósticos sociológicos não são transplantáveis, devendo estar condicionados ao conjunto dos fatores que conferem singularidade a cada uma das diferentes realidades sociais. Para Freire, não é possível uma prática educacional axiologicamente neutra, porque todo seu conteúdo depende dos conceitos predominantes sobre os homens e o mundo. (Axiologia é o estudo dos valores, sobretudo os morais.) O fim da educação é adaptar o homem ao mundo ou transformá-lo?, indagava; e respondia: "A vocação do homem é de transformar o mundo em que atua. Quando essa condição lhe é subtraída, o homem se transforma em objeto de exploração". Freire comparou os educadores e os alunos, respectivamente, a depositantes e a contas bancárias. Os depósitos corresponderiam, em sua metáfora, aos conteúdos despejados pelos educadores no espírito do alunado. Quanto maior o acúmulo de conhecimentos, mais reconhecido será o aprendiz porque mais adaptado ao status quo que, desse modo, se fortalece e se perpetua. Ao longo desse processo, dizia, professores e alunos terminam por se arquivarem com os conhecimentos de que são depositários. Dificultando o acolhimento do conselho de Freire, a prática da vida evidencia que os jovens ambiciosos que fazem regra da teimosa e sistemática contestação dos valores da sociedade onde vivem, e que invariavelmente ignoram as advertências, confiantes no seu taco, dificilmente consolidarão uma vida plena de criatividade. Por outro lado, aqueles que se sentem parte do grupo, ainda quando dele divergem, e que avançam nos seus domínios, livres de pressões e de sentimentos de inadequação, rapidamente alcançam uma posição de valor reconhecido e ganham condições objetivas de alterar o meio em que vivem.

Para que o modelo "humanista", "problematizador" e "libertador" por ele proposto triunfe sobre esse modelo de educação, "domesticador" por excelência, é necessário que o professor deixe de ser depositante de informações, subscritor de regras e castrador de iniciativas, para se tornar um estimulador de iniciativas e de processos criativos, atuantes sobre a realidade existencial física e humana, condicionada a determinado tipo de interpretação histórico-sociológica que deve ser anatomizada para ser compreendida e vencida, tarefa arriscada, exigente de reflexão crítica e coragem moral. Para alcançar esse desiderato libertador, seria indispensável interferir no conteúdo programático do ensino e no modo de ministrá-lo, processo que extinguiria a relação vertical e intimidadora professor-aluno, depositante e depositário, substituída pela unidade simbiôntica dessas partes siamesas, interagindo numa relação horizontal e fraterna, alimentada pelo permanente diálogo questionador, com o propósito de esclarecer.

A palavra, meio de realização do diálogo, é constituída de duas dimensões: reflexão e ação. Quando a palavra é destituída da possibilidade de ação, a reflexão fica prejudicada, e ela não passa de verborragia ou palavrório vazio de significação. Do mesmo modo, a ação, quando não se apoia na reflexão, gera ativismo inconsequente, porque inexistente o indispensável diálogo, que possibilita a clareza de intenções. O conteúdo programático da educação, portanto, se confunde com o conteúdo do diálogo, à diferença da educação bancária em que o conteúdo empurrado goela-abaixo ou cabeça adentro prescinde de discussão ou da participação do discente. Essa consciência crítica em Paulo Freire se restringe ao mundo da cultura, domínio exclusivamente humano, susceptível de construção, reconstrução ou transformação. O objetivo primacial da educação seria despertar no discente a consciência de sua importância como agente construtor do mundo em que vive, independentemente da profissão exercida ou de sua posição na hierarquia social. O sentimento de desvalia ou dependência, inculcado nele pelos opressores, seria o elemento central da educação tradicional ou bancária.

O conteúdo ideológico da pedagogia da libertação preconizada por Paulo Freire levou-o ao exílio, pela ditadura militar que se instalou no país a partir de 1964, sucessivamente, no Chile e nos Estados Unidos, de onde se mudou para Genebra, em 1970, onde serviu ao Conselho Mundial das Igrejas. Em 1980 regressou ao Brasil, passando a desfrutar de largo prestígio intelectual. Entre seus trabalhos mais conhecidos destacam-se *A educação como prática da liberdade*, de 1966, *Ação cultural para a liberdade*, de 1970, *Pedagogia do oprimido*, 1970, dentre outros.

Segundo Rubem Alves, impõe-se a criação de uma linguagem nova, compatível com o momento que se vive, em substituição à anterior, quando já esgotado seu ciclo de validade, sendo equivocado inquiná-la de postiça ou de falsa. Cada tempo requer uma linguagem ajustada ao conjunto de suas características. É através da linguagem que se conhece o mundo e se toma conhecimento das diferentes formas existentes ou possíveis de humanidade. Os limites do nosso conhecimento do mundo são estabelecidos pelos limites de nossa linguagem. Não há o menor sentido em associar aprendizagem a sofrimento. A associação correta e produtiva é entre aprendizagem e prazer.

Em sintonia com os mesmos princípios de ordem geral que orientam e informam o conteúdo e a abordagem pedagógica, fala-se de pedagogia de muita coisa, como a pedagogia do amor, das competências, de métodos, de projetos e muito mais.

O COMPUTADOR COMO ESTÍMULO DA INTELIGÊNCIA

Ao contrário do que muitos supõem, a moderna parafernália eletrônica, à base de botões, gráficos, circuitos e jogos da mais diversificada gama, representa poderoso instrumento na elevação do nível de inteligência das pessoas em geral e das crianças em particular. Com predominância absoluta das crianças e dos adolescentes, o número de usuários desses jogos no Brasil, segundo dados de 2007, corresponde a cerca de 6% do total da população brasileira, algo em torno de 11 milhões de indivíduos, sendo 1 milhão, apenas, de adultos, embora os números em ambas as faixas etárias não parem de crescer. Para todos eles, a vida em suas múltiplas formas seria virtualmente impossível sem o concurso do computador e seus derivados, de que o celular é o mais popular. Escritores que se consagraram catando milho em velhas máquinas de datilografia admitem que parariam de escrever se tivessem que voltar ao velho processo.

É fácil entender por que aumenta de ano para ano o tempo de sedentarismo eletrônico que antes era inteiramente consumido diante da televisão, quando o telespectador desempenha papel passivo, contrastando com o papel ativo dos praticantes dos videogames. O problema que inquieta pais e educadores é que, paralelamente ao acesso ao extraordinário acervo de benefícios que possibilitam, esses modernos meios colocam ao alcance dos jovens uma montanha de lixo de múltipla perniciosidade.

Para tranquilidade geral, estudos recentes concluem que o saldo dessa dicotômica serventia é largamente positivo, sem prejuízo do reconhecimento do valor da formação do hábito da boa e velha leitura.

A crescente complexidade dos jogos eletrônicos e dos filmes, inclusive os desenhos animados, com muitas personagens e contextos variados, favorece o desenvolvimento das estruturas cerebrais e a capacidade cognitiva dos usuários, promovendo a percepção visual, a coordenação motora e o senso espacial, como tem sido reconhecido por renomados estudiosos da matéria, que consideram que o esforço intelectual requerido vem ocasionando o progressivo aumento do QI da população, de 4% a 5% por década. Esse fato tem conduzido à elevação dos parâmetros tradicionais usados para medir a inteligência, como vem ocorrendo desde o primeiro quartel do século XX. A moderna aparelhagem eletrônica estaria para o cérebro assim como as academias para o corpo humano. Só até um ano de idade a inteligência permanece no estado de sua pureza original.

Estudos realizados para aperfeiçoar os processos tomográficos revelam que os videogames lideram, entre as atividades lúdicas, como fator de estímulo das atividades cerebrais, exigindo a formulação de estratégias de curto, médio e longo prazos, raciocínios e deduções semelhantes aos da investigação científica. Uma pesquisa coordenada pelo sociólogo americano John Beck revelou que os mais habilitados para a gestão, entre os 2.500 jovens executivos estudados, eram aqueles que haviam feito do videogame seu passatempo preferido na infância e adolescência. Estima-se que os adolescentes de hoje tenham, em média, um QI 25% superior ao dos seus avós. Concorrem para esse aumento, além das mencionadas razões culturais, a melhoria da alimentação, o saneamento básico e o progresso da medicina.

Só Deus sabe quanto de energia criativa não se tem perdido com a tendência predominante no sistema escolar de priorizar ou, pior ainda, de considerar exclusivamente o desempenho no campo das inteligências lógico-matemática e linguístico-verbal!

PEDAGOGIA DE PROJETOS

O que distingue, por excelência, o homem dos outros animais é sua capacidade de elaborar projetos, pensamento que coincide com a clássica afirmação de que a capacidade de transmitir conhecimentos e experiências é a nota distintiva dos homens no mundo animal. Queiramos ou não, bem ou mal, tudo que realizamos é consequência de um projeto, das coisas mais simples às mais complexas, uma vez que, antes de executar, concebemos, de modo mais ou menos elaborado, o que vamos fazer. Toda cultura, portanto, tudo aquilo que o homem agrega à natureza, resulta de dois momentos: a concepção e a realização. Projetar é conceber um fim a ser alcançado mediante a prática de ações intencionais. Nada há no mundo da cultura que antes não tenha sido concebido por um ser humano, variando, apenas, o nível de formalidade dessa concepção.

Uma das características mais marcantes do estágio de progresso dos povos reside no grau de sua capacidade de elaborar e executar projetos. A complexidade da vida moderna acentua, cada vez mais, a veracidade desse aforismo, bem como a necessidade de métodos crescentemente sofisticados para melhor cumprir essa crucial tarefa. Em razão disso, o tempo requerido para a elaboração dos projetos aumenta relativamente ao tempo necessário à sua execução. Quanto mais sofisticado o projeto, mais intensamente se observa essa tendência. Enquanto o projeto para a realização dos jogos olímpicos consome quatro ou mais anos, sua ocorrência se verifica numa quinzena ou pouco mais. Um projeto espacial que requer anos é lançado em poucas horas. Independentemente dessa relação temporal e da qualidade dos executores, a qualidade da execução dependerá, sempre, da qualidade do projeto. É natural, pois, que o aprimoramento das técnicas, dos métodos e da pedagogia dos projetos venha sendo objeto de crescente interesse tanto do mundo acadêmico quanto do mundo da práxis.

A pedagogia de projetos objetiva a produção de uma metodologia de trabalho pedagógico que viabilize e valorize a integração professor-aluno no processo ensino-aprendizagem. A evolução do sentimento de responsabilidade solidária estimula a ação, a reflexão e a cooperação. Tanto quanto possível, os projetos de trabalho devem refletir a realidade social em que se inserem alunos, professores e toda a comunidade acadêmica, procurando, sempre, contemplar intervenções que visem ao avanço social, o que significa reconhecer a existência de limites, cuja transposição assegura a certeza antecipada do fracasso. É da essência da pedagogia de projetos que os conhecimentos acadêmicos sejam articulados com o saber coletivo ou social, de modo a dissipar do espírito do aluno a impressão prejudicial de que o objeto do seu estudo atende, apenas, a interesses abstratos e inúteis, porque desvinculados de sua vida real. A motivação para aprender aumenta quando sabemos a que fins serve o objeto de nosso estudo.

Como já narramos, um jovem professor que aspirava a ensinar contabilidade no curso de publicidade, indagado sobre o que responderia quando, em sala de aula, lhe perguntassem qual a utilidade do conhecimento de contabilidade para um publicitário, não soube o que dizer. Pior: entre os outros quatro entrevistadores, apenas um sabia.

Qualquer escola, por mais conservadora ou avançada que seja, pode praticar e elaborar projetos pedagogicamente ajustados às suas características gerais, seja de ordem econômica, humana, geográfica ou de outra índole qualquer. A elaboração de planos de trabalho com a participação ativa do alunado facilita e acelera a curva do aprendizado, ao ensejar o aprimoramento da capacidade analítica e da capacidade de tomar decisões. A participação em projetos possibilita aos estudantes a oportunidade de ampliar o universo de sua comunicação com colegas, professores, com membros da comunidade em geral e entre si. O grau de publicidade desse processo de comunicação varia em função da natureza do projeto. Será aberto quando se destinar ao grande público, como os esportivos e musicais, e fechado quando se tratar de matéria eminentemente técnica ou científica. A formação do hábito da reflexão, a mais marcante característica do desenvolvimento intelectual, deve ser ressaltada como um dos ganhos maiores da participação em projetos, na medida em que ensina e estimula o automonitoramento do desempenho, de modo a avaliar-se a progressão do avanço, os percentuais dos erros e dos acertos, como e quando fazer correções de rumo. Em última análise, a participação em projetos ensina o indivíduo a atingir o patamar elevado do autodidatismo, a marca maior dos grandes criadores.

A necessária supervisão do educador não deve bloquear a desenvoltura intelectual do aluno; antes deve estimular seu senso crítico e liberdade criativa. É por isso que os educandos devem contribuir de modo ativo na escolha da temática dos projetos de trabalho, sem prejuízo do entendimento de que essa é uma responsabilidade coletiva. A história de vida dos alunos, suas dores e alegrias, derrotas e vitórias, devem ser valorizadas como matéria-prima na elaboração do plano de trabalho. Essa valorização ajuda na construção de sua autonomia, na percepção de sua responsabilidade como sujeito ativo perante o social, usufrutuário e produtor de cultura, cidadão pleno que deve procurar ser. Não estranha, pois, que, já a partir da fase de elaboração do projeto, o esforço intelectual de refletir sobre o que se deve fazer para aprimorar a operação de uma determinada organização afete o mundo interior dos projetistas de um modo que repercute, inelutavelmente, sobre a realidade sob análise.

É elementar o entendimento de que é imperativo que os projetos estejam em sintonia com os objetivos maiores da instituição de ensino, a qual, por mais conservadora que seja, comporta um grau, ainda que mínimo, de aceitação de mudanças.

Resulta claro que a participação em projetos facilita a identificação das forças, fraquezas, limitações, idiossincrasias e valores dos alunos, conduzindo-os ao benfazejo encontro com suas vocações. Nunca é demais, porém, advertir que a importância da sua participação será tanto maior quanto se compuser de modo sinérgico com outras iniciativas de inquestionável valor pedagógico. É igualmente oportuno advertir para a frequência com que projetos são usados como escudo para a inoperância e como instrumento de promoção de intumescidas fatuidades.

A INFORMÁTICA E OS PROJETOS

Uma vez que a natureza das técnicas utilizadas nos projetos de trabalho é fator condicionante de sua elaboração, é imperativo, em nossos dias, prever os elementos de informática que serão utilizados ao longo do processo. Quando não se leva em conta que os membros da equipe não desfrutam do mesmo grau de conhecimento e maturidade intelectual relativamente à aplicação das técnicas em uso, e a velocidade é fixada pelo detentor de maior soma de conhecimentos, é praticamente certo que os demais passem a adotar uma postura passiva, comprometedora do aprendizado. À proporção que esses conhecimentos forem sendo utilizados, impõe-se uma pausa, de modo a permitir que todos os partícipes se inteirem de sua correta manipulação. Vamos a um exemplo: se se detectar numa pesquisa de campo que a queda do rendimento acadêmico dos alunos atinge uma determinada faixa etária, importa indagar das causas: seria a renda familiar; a distância para a escola; a qualidade do sistema de transporte; a qualidade da convivência familiar; duas ou mais dessas possíveis causas combinadas? Antes de prosseguir, é indispensável que não só os participantes saibam operar o computador, desde alimentá-lo com os dados necessários, até o acionamento do mecanismo que os processará, bem como as razões estatísticas, econômicas, sociais, políticas ou de outra índole qualquer, esclarecedoras do seu significado. Nesse momento ficará claro se será conveniente ou não rediscutir certas questões, como, por exemplo, se o cronograma originalmente elaborado deve ou não ser refeito; se o grupo tem o mínimo de homogeneidade intelectual para prosseguir, ou se não seria melhor considerar, com realismo pedagógico, a substituição de alguns membros do grupo ou sua transferência para projetos compatíveis com o seu grau de conhecimento. Logo se perceberá a importância de se trabalhar com temas relacionados à realidade social do grupo, em vez de temas fictícios ou puramente hipotéticos e alheios à vida que palpita lá fora.

A depender de sua extensão e natureza, os projetos comportam um número variável de fases, respeitado um mínimo de quatro, como sustenta a professora Suzana Burnier:

> 1 – Debate e definição do tema, problema ou tarefa a ser estudado e equacionado, até o ponto em que cada um dos partícipes assuma plena responsabilidade pela sua resolução ou implementação. É a etapa em que se deve alcançar o máximo envolvimento das pessoas, feito que requer tempo e paciência;
>
> 2 – Desenvolvimento do projeto, quando se definem os caminhos a serem percorridos, os objetivos-meios a alcançar, o cronograma das etapas, os recursos a serem utilizados. Esta é a fase que mais enseja a percepção das diferentes habilidades dos partícipes, como visão de conjunto, senso prático, sensibilidade psicológica, disciplina intelectual, erudição, cultura etc.
>
> 3 – Síntese ou sistematização. É a percepção da floresta como um todo, que não é apenas a soma das árvores. É o momento para identificar os pontos críticos, bem como os instrumentos ou os recursos-chave dentre os selecionados;
>
> 4 – Avaliação final, quando se testa a compatibilidade entre as diferentes fases. Não pode ser, portanto, algo meramente ritualístico, formal

ou burocrático. É preciso haver a humilde e sábia disposição de rever criticamente todas as etapas anteriores, até o ponto, se necessário for, de voltar à estaca zero, procedimento que, contrariamente ao que se supõe, exige maturidade intelectual e emocional, marca dos indivíduos seguros e por isso fadados a vencer. É a última oportunidade para melhorar o projeto como um todo, pelo remanejamento ou relocação de funções e pessoas; desmembramento ou fusão de tarefas; supressão ou acréscimo de meios e instrumentos.

Em sintonia com o entendimento de que as pessoas não são iguais, antes são dotadas de características e atributos que as individualizam, resulta um ponto comum a todas as fases do processo pedagógico: não classificar os indivíduos como melhores ou piores, porque, certamente, este não é o objetivo da educação. O que se classifica é o rendimento deles, numa determinada tarefa e momento. O objetivo da nota é o de fornecer ao instruendo um quadro referencial do seu desempenho, de modo a ensejar-lhe ou facilitar-lhe a autoavaliação, o automonitoramento ou autocontrole, sem comprometimento de sua autoestima, cuja preservação é de significado ímpar para alimentar a autoconfiança e o desejo de crescer. Só as pessoas seguras cultivam a capacidade de serem flexíveis e abertas a avaliações externas do seu desempenho, sem prejuízo de sua autoestima. O grande problema é que dificilmente se encontrarão, num só professor, os ricos e variados atributos intelectuais que o qualifiquem para coordenar atividades pertencentes ao domínio de técnicas e teorias de campos de saberes tão distintos. Isso sem falar na necessidade de um tão completo envolvimento com o alunado, exigente de sua disponibilidade em regime de tempo integral, inclusive para fazer da educação continuada um desiderato irrenunciável de sua vida. Por isso mesmo, mais de um professor será necessário para operar a ligação dos saberes envolvidos no projeto, necessidade que torna indispensável a capacitação dos mestres para realizar trabalho em equipe, desempenho mais complexo do que geralmente se supõe, requerendo, por isso, preparação e prática específicas.

PSICOLOGIA DA EDUCAÇÃO

A psicologia da educação cuida da aplicação do método científico ao estudo do comportamento dos indivíduos e grupos sociais nos ambientes educacionais. Seu alcance abrange a conduta de professores, pais, alunos, auxiliares da estrutura de ensino, a infância, a terceira idade e os imigrantes, dentre outros. Suas áreas de estudo se superpõem e se cruzam com outros domínios da psicologia, tais como a psicologia do desenvolvimento da criança e do adolescente, a psicologia social ou coletiva, abarcando grupos e instituições, a avaliação psicológica e a orientação vocacional.

O objetivo central da psicologia da educação consiste na descoberta das leis e causas que regem a conduta dos indivíduos no que respeita ao processo ensino-aprendizagem. Conhecer e reconhecer o valor das diferentes proposições e métodos preconizados nessa área é de fundamental interesse para quantos se dediquem à magna questão, como pais, empresários, administradores, pesquisadores, professores ou coordenadores de grupos de pessoas, tanto na esfera pública quanto privada.

Vale a pena, portanto, uma abordagem, ainda que aligeirada, das diferentes visões e orientações que integram a complexidade desse rico mosaico epistemológico, de modo a iluminar com as luzes da comparação o caminho que nos dispusermos a percorrer. A abordagem dessas visões integra os anexos ao final do livro.

CONCEITO DE ESCOLA ATIVA

A escola ativa concebe a aprendizagem como um processo individual de aquisição de conhecimentos, consoante o conjunto das características, condições e capacidade de cada indivíduo, de quem se deve promover a capacidade de iniciativa, valorizando-se a observação, a investigação, o trabalho, a capacidade de superação de problemas e situações críticas. Numa palavra: a escola ativa deve buscar promover a proatividade existencial dos seres humanos, ou sua capacidade de agir e reagir de modo adequado diante dos objetos e situações do mundo real e pragmático. A escola é concebida como um ambiente experimental em que a criança constrói seu processo educacional. A partir de 1917 o conceito de "escola ativa" passou a ser confundido com o de "escola nova", ambas tendo no ativismo seu elemento distintivo, por excelência.

Para o educador suíço Adolphe Ferrière, o ideal da escola ativa seria a prática da

> atividade espontânea, pessoal e produtiva, consistindo o ato didático em mobilizar as energias interiores do discente, em resposta a suas predisposições e interesses, em um ambiente produtivo, de respeito e de liberdade.

A visão pedagógica de Ferrière resultou da fusão do pragmatismo com o pensamento de Henri Bergson e a concepção da "escola do trabalho".

POPULISMO EDUCACIONAL

A maior causa da perda de qualidade do ensino fundamental público no Brasil – não faz muito o melhor do país – advém do afastamento dos alunos de classe média das escolas públicas. Essa deserção (ou seria expulsão?) iniciou-se com o argumento populista segundo o qual o acesso à escola gratuita deveria ser prioritário ou restrito aos alunos carentes. Defrontada com a escassez de vagas nas escolas públicas, a classe média passou a matricular os filhos em escolas particulares. Como o despreparo dos pais carentes não lhes permite avaliar a progressão acadêmica dos filhos, condição necessária ao exercício da cobrança de um ensino de qualidade, tornou-se inevitável a queda que hoje opera como um dos principais fatores de redução da mobilidade social que é, historicamente, uma das marcas maiores da sociedade brasileira, não obstante o conhecido quadro de suas desigualdades. O sistema de cotas, para o ingresso na universidade de alunos egressos do ensino fundamental público, não produzirá os resultados desejados enquanto persistir a péssima qualidade do ensino fundamental, a cargo do governo que insiste em reagir a critérios meritocráticos para efeito de remunerar o magistério. Sobre a questão do sistema de cotas para estudantes negros nas universidades, ora em curso no Brasil, é indispensável conhecer os estudos do festejado intelectual negro norte-americano Thomas Sowell, particularmente seu livro de 2004, *Affirmative Action Around the World, an Empirical Study*, em que demonstra de modo contundente a ineficácia da medida mundo afora.

Ciosa de proteger os filhos contra um ensino de má qualidade e de uma convivência que lhes parece perniciosa, a classe média, não sem motivo, passou a ver na necessidade de matricular os filhos na rede privada de ensino, uma condição essencial para a sobrevivência e avanço social, ainda que a incorporação de mais esse custo tenha vindo depauperar seu já combalido orçamento familiar.

Segundo pesquisa da UNESCO, divulgada em maio de 2004, sob o título "O Perfil dos Professores Brasileiros" (*O Globo*, 23/05/2004), 54% dos 5 mil docentes entrevistados escolheram pagar pela educação dos filhos, diante da perda de qualidade do ensino público onde a maioria estudou. Como 65,5% desses professores auferiam renda de até 10 salários mínimos – sendo que um terço ganhava até a metade desse valor –, o impacto sobre a renda familiar é significativo, mesmo quando a escola paga não se inclua entre as mais caras. O esforço tem motivação nobre. Como os pais de 64,2% desses professores não passaram do ensino fundamental, eles desejam que os filhos continuem a linha ascendente de mobilidade social, o que só é possível alcançar com um aprendizado de boa qualidade. "Há uma aposta dos professores na educação dos filhos, como seus pais fizeram com eles. Esses professores são a prova de que investimento em educação tem retorno certo. É nisso que eles apostam", declarou Jorge Werthein, representante da Unesco no Brasil. "Esses dados revelam a dramaticidade do que vem acontecendo com o ensino público brasileiro, e demonstram como os próprios professores veem a educação no Brasil, ao arcarem com o ônus de buscar o ensino pago", observou Fernando Haddad, então secretário-executivo do Ministério da Educação, mais tarde ministro da pasta.

A pesquisa revelou, igualmente, um dado preocupante. Apesar de reconhecer a má qualidade do ensino da rede pública, a maioria que aí leciona revelou-se satisfeita com seu trabalho. Ou seja: a escola pública não convém aos seus filhos, mas é boa para nela fazer carreira e auferir rendimentos. Esse paradoxo encontra explicação no fato de, para eles, o magistério ser um agente de mobilidade social, uma vez que apenas 5,7% dos pais dos professores concluíram a universidade, contra 49,5% com o nível fundamental e 15% sem qualquer grau de instrução. Só os professores que se autoclassificam como pobres, com renda até dois salários mínimos, mantêm os filhos na rede pública por absoluta falta de opção.

O RESUMO GERAL DA PESQUISA APONTA
O SEGUINTE QUADRO:

Sexo feminino	81,3%
Sexo masculino	18,7%
Casados	55,1%
Solteiros	28,3%
Divorciados/separados	8,6%
Amancebados	6,1%
Viúvos	1,9%

A maioria das mulheres leciona no ensino fundamental, enquanto dois terços dos homens ensinam no ensino médio.

De cada dez professores, sete iniciaram-se na escola pública, tendo o primeiro emprego ocorrido antes mesmo da conclusão do curso. Mais da metade dos professores trabalham em apenas uma escola, cumprindo uma jornada semanal entre 21 e 40 horas; 2,9%, porém, totalizando 48 mil docentes do universo nacional, trabalham em quatro ou mais escolas.

Renda familiar: 65,5% entre dois e dez salários mínimos; 36,6% entre cinco e dez salários mínimos; um terço do total se autoclassifica como pobre; 4,5% até dois salários mínimos, sendo que, no Nordeste, esse percentual sobe a 12,7%, caindo para 1% no Sudeste; 28,9% entre dois e cinco salários mínimos; 23,8% entre dez e vinte salários; 6,1% mais de vinte salários mínimos, sendo que esse percentual cai para 2%, entre os nordestinos, subindo, no Sudeste, para 8,9% dos professores.

Escolaridade: 67,6% possuem curso superior; 32,4% cursaram apenas o ensino médio, sendo que, desse percentual, 14,8% estão na região Norte e 14,2% na Centro-Oeste.

Inclusão digital: 59,6% nunca usam o correio eletrônico; 58,4% não acessam a internet; 53,9% não se divertem com o computador.

Têm computador em casa: 2,8% daqueles cuja renda familiar vai até dois salários mínimos; 22,1% dos que auferem entre dois e cinco salários mínimos; 52,5% dos que ganham entre cinco e dez salários mínimos; 76,2% dos de renda entre dez e vinte salários mínimos; 91,7% entre os de rendimentos acima de vinte salários mínimos. A conclusão que ressalta desses números é que muitos professores ainda não encaram o computador como um importante instrumento pedagógico.

Satisfação: enquanto 50,2% desejam permanecer exercendo a função atual, 48,1% declararam-se mais felizes agora do que no início do magistério, pretendendo continuar a exercer a função. e na mesma escola; 15,3% estão tão felizes quanto no início da carreira; 24,3% estão menos satisfeitos; 12,3% estão insatisfeitos, sendo de 10,7 o percentual dos que tencionam mudar de atividade.

Valores éticos: para 95,5% é inadmissível subornar um funcionário público, percentual que cai para 59,7% para os que consideram inadmissível não declarar todos os bens à Receita Federal; 98,3% consideram inadmissível danificar bens públicos; 59,7% não admitem relações homossexuais, ainda que não tenham problemas de convivência com homossexuais; para 60,9% é inadmissível o relacionamento com pessoas casadas.

Enquanto para 42,3% a virgindade é um valor ultrapassado, 34,5% são indiferentes e 23,2 % não consideram legítimo o sexo antes do casamento; 96,5% não aprovam o uso de drogas pesadas; 69,2% não gostariam de ter como vizinhos usuários de drogas, percentual que baixa para a metade quando os vizinhos são ex-detentos e para 42% se forem prostitutas. Ou seja: é mais tolerável a vizinhança de ex-detentos e de prostitutas do que de usuários de drogas. Quarenta por cento querem distância de extremistas de direita ou de esquerda. Enquanto 52,9% veem na educação o melhor meio para a redução da criminalidade entre os jovens, 36,6% pensam que a melhor solução está na obtenção de emprego. No quesito etnia, a posição dos professores é de indiferença.

A pesquisa revelou uma visão pessimista dos professores sobre o futuro dos jovens, que seriam menos responsáveis, menos sérios e tolerantes, com os sentimentos de família e de respeito aos mais velhos sensivelmente enfraquecidos.

Participação política: a maioria dos professores se vê como agentes políticos comprometidos com a democracia. Dividem-se, no entanto, sobre a atuação política em sala de aula, apesar de a maioria considerar indispensável o tratamento da questão.

Diante do mau desempenho da rede pública do ensino fundamental, volta e meia o tema é trazido à baila, por iniciativa de políticos, professores ou mesmo da imprensa, quando sugestões são apresentadas e medidas corretivas anunciadas por titulares da administração dos três níveis. Com o passar do tempo, as coisas tendem a se acomodar no mesmo patamar de imobilidade que vem comprometendo o avanço do país, na medida em que o seu povo perde a corrida na olimpíada do desenvolvimento que tem no conhecimento o critério definidor, por excelência, dos ganhadores de medalha.

TEORIAS COGNITIVAS CONTEXTUAIS

As teorias cognitivas contextuais visam sintonizar cada tipo de inteligência ao ambiente que lhe é mais adequado. Dois nomes despontam nessa área de estudos: Howard Gardner e Robert I. Sternberg.

HOWARD GARDNER

O psicólogo norte-americano Howard Gardner sustentou em *Frames of Mind*, livro de 1983, a teoria da existência de sete diferentes tipos fundamentais de inteligência: 1 – A linguístico-verbal; 2 – A musical; 3 – A lógico-matemática; 4 – A espaço-visual; 5 – A cinestésico-corporal; 6 – A interpessoal; 7 – A intrapessoal. Para ele, cada uma dessas inteligências matrizes se subdivide em outras mais especiais, a exemplo da inteligência musical, que pode se desdobrar em inteligência para tocar, cantar, compor a letra e/ou a música, reger, criticar ou simplesmente apreciar a música, identificar tonalidade, harmonia e/ou ritmo. As outras seis inteligências, segundo Gardner, são igualmente subdivisíveis, podendo todas as sete serem enquadradas em três diferentes categorias gerais: a lógico-matemática, a espaço-visual e a cinestésico-corporal seriam vinculadas ao mundo físico, por serem determinadas e controladas pelos objetos com que os indivíduos se defrontam e se relacionam; a linguístico-verbal e a musical, vinculadas ao sistema auditivo; e, integrando a terceira e última categoria, as inteligências inter e intrapessoal, relacionadas às pessoas. O concurso dessas diferentes categorias resultaria num todo humano equilibrado e harmônico. Por isso, os indivíduos normais, ainda que se possam destacar pela predominância de uma ou mais dessas diferentes formas de inteligência, possuem todas elas atuando interativamente, em graus mínimos que seja. Em tese, só em indivíduos que exorbitem da normalidade é que se poderia encontrar em estado de pureza uma ou algumas, apenas, dessas inteligências. A experiência demonstra que os danos cerebrais, em razão de tumores e acidentes, comprometem ora um, ora outro tipo de inteligência, de acordo com as áreas afetadas, uma vez que os hemisférios e lobos cerebrais respondem por funções intelectuais e emocionais distintas.

Falemos um pouco sobre cada um desses tipos de inteligência.

A inteligência linguístico-verbal consiste na habilidade de pensar o mundo em palavras, valorizá-las e usá-las para expressar complexos significados. Escritores, poetas, jornalistas, oradores, camelôs e locutores são especialmente dotados dessa inteligência, que se serve tanto dos recursos visuais quanto dos auditivos em seu processo perceptivo. Rui Barbosa, Castro Alves e T. S. Eliot, o primeiro na prosa oratória, os últimos na poesia, podem ser mencionados como modelares dessa inteligência. Aos 10 anos, T. S. Eliot fundou uma revista da qual era o único colaborador. Em apenas três dias de férias de inverno, produziu oito edições, cada uma contendo poemas, histórias de aventuras, coluna social e humor. Só uma insopitável vocação literária seria capaz de realizar tamanho feito. O francês Jean-François Champollion, o genial tradutor da pedra Roseta que abriu caminho para a egiptologia, possivelmente o maior decodificador de todos os tempos, morto aos 41 anos, é também exemplo exponencial dessa inteligência. Ainda adolescente, assombrava pelo número e profundidade dos idiomas que dominava.

A inteligência musical é característica dos indivíduos dotados de sensibilidade melódica e rítmica, como os compositores, cantores, regentes, instrumentistas, críticos musicais, criadores de instrumentos musicais e ouvintes de bom gosto. A audição é o seu mais exigido recurso de percepção. Um velho amigo, que não compõe nem toca qualquer instrumento, o engenheiro Germano Casais e Silva, revela a posse dessa inteligência no apurado gosto da música clássica e na facilidade para identificar e memorizar trechos isolados dos mais diferentes autores. Tanto a inteligência linguístico-verbal quanto a musical são consideradas independentes do mundo físico para se manifestarem. Mozart e Beethoven são apontados como as expressões máximas da inteligência musical.

A inteligência lógico-matemática responde pela capacidade de quantificar, calcular, avaliar propostas e hipóteses, e resolver operações complexas. Programadores de computação, engenheiros, contadores, matemáticos e cientistas, em geral, se valem dessa modalidade de inteligência. Os recursos visuais predominam em seus mecanismos de percepção. Galileu, Isaac Newton, Albert Einstein e Stephen Hawking seriam, nos tempos modernos, os portadores prototípicos da inteligência lógico-matemática.

A inteligência espaço-visual enseja a capacidade de pensar em mais de uma dimensão. É ela que nos permite formar um modelo mental do mundo espacial, habilitando-nos a manobrá-lo e a operá-lo a partir desse modelo, como o fazem pintores, escultores, arquitetos, jogadores de xadrez, pilotos e navegadores. Os grandes navegadores da Antiguidade e os povos da Polinésia, que se deslocavam regularmente entre diferentes ilhas do oceano Pacífico separadas por grandes distâncias, são largamente dotados da inteligência espaço-visual. Tarefas que implicam recriar, transformar ou modificar imagens, transmitindo ou decodificando informações gráficas, integram o campo de ação preferencial dos detentores desse tipo de inteligência, que se vale dos recursos visuais em seu processo perceptivo. Michelangelo Buonarroti (1475-1564), o maior artista plástico de todos os tempos, é o expoente inconteste da inteligência espaço-visual. Quando criança, Michelangelo era surrado pelo pai Ludovico toda vez que fosse "flagrado" desenhando ou realizando qualquer atividade de cunho artístico. Ludovico achava que melhor seria que ele se dedicasse a tarefas de retorno material confiável. Contrariando ainda a vontade do pai, o canhoto Michelangelo estagiou dos 13 aos 16 anos como aprendiz de Domenico Ghirlandaio, que, impressionado com sua técnica, recomendou-o à escola de Lorenzo de Médici, em Florença. Ele a frequentou de 1490 a 1492, onde recebeu influências sobretudo do pensamento platônico aí dominante que modificaram e ampliaram suas ideias sobre as artes e os valores existenciais em geral, inclusive sobre a sexualidade. Seu primeiro mestre na escultura foi Bertoldo Giovanni, de quem foi aprendiz. A incontível vocação de Michelangelo para as artes plásticas superou as resistências paternas, permitindo ao mundo usufruir o seu gênio.

O hemisfério cerebral direito responde pela inteligência espacial, mais frequente entre canhotos.

A inteligência cinestésico-corporal se expressa na habilidade para manipular objetos, inclusive o próprio corpo, como é característico dos atletas, bailarinos, cirurgiões, artesãos, prestidigitadores e acrobatas. O crescente prestígio dos indivíduos dotados dessa inteligência, como tem sido evidenciado no mundo dos esportes e das competições olímpicas, ao contrário de constituir um sintoma de decadência, como pensam muitos, representa um retorno à polis grega que tanto enaltecia os atributos e as conquistas do corpo. Os portadores dessa inteligência interagem bem com músicos e atores. Spartacus, Nureyev, Houdini, Pelé e Daiane dos Santos conquistaram seu lugar no mundo graças à superior inteligência cinestésico-corporal de que foram dotados. A apraxia, que é uma limitação para executar os movimentos requeridos por um determinado propósito, ou a impossibilidade de usar um objeto de modo adequado, sem que haja paralisia ou distúrbios sensitivos ou motores, é uma prova da existência da inteligência cinestésico-corporal.

Tim Gallwey, conhecido escritor especializado em psicologia do esporte, miudeia o que ocorre quando um tenista se prepara para receber o saque:

> No instante em que a bola sai da raquete do sacador, o cérebro do receptor define aproximadamente o ponto do solo onde ela vai cair e o ponto em que sua raquete vai bater para devolvê-la. A realização desse cálculo leva em conta a velocidade inicial da bola, a sequencial perda de velocidade, a ação do vento e o efeito produzido ao tocar no solo. Simultaneamente, os músculos recebem instantâneos, sucessivos e atualizados comandos a que deve obedecer. Em paralelo, os pés se movimentam, a raquete é levada para trás, mantendo sua face um ângulo constante. O contato da raquete com a bola é feito de um modo cuja precisão depende de se a ordem for dada para matar o ponto ou simplesmente devolvê-la para o outro lado, em função da análise que fizer dos movimentos e do equilíbrio do oponente.

Em média, dispõe-se de um segundo para devolver um saque. Trata-se de uma operação a um só tempo notável e rotineira. A verdade é que o corpo humano dispõe de um processo excepcionalmente criativo.

Não é difícil imaginar as dificuldades que muitos ganhadores do Nobel exibiriam para processar de modo eficaz esses movimentos.

Os detentores de inteligência interpessoal têm a capacidade de compreender as pessoas e interagir com elas de um modo efetivo. Políticos, atores, assistentes sociais, vendedores, professores, líderes religiosos e, obviamente, psicólogos, psicanalistas e psiquiatras necessitam dessa inteligência para se realizarem. O conhecido trabalho educacional que Anne Sullivan realizou para desenvolver o potencial da surda-cega Helen Keller não teria sido possível sem o concurso de uma vigorosa inteligência interpessoal. O reconhecimento cada vez maior, pelos ocidentais, da íntima conexão entre corpo e mente vem operando como um fator de crescente valorização desse tipo de inteligência, dada sua enorme influência sobre o comportamento das pessoas na família, no trabalho e na sociedade em geral. Os recursos de que se vale essa inteligência no seu processo perceptivo são variados, incluindo o visual, o auditivo, o táctil e o olfato-gustativo. Gardner dedicou todo um livro, *Leading Minds*, de 1995, para analisar figuras exponenciais que se afirmaram pelo vigor de sua inteligência interpessoal, como Gandhi, Martin Luther King, Eleanor Roosevelt, John Maynard Keynes e Clara Barton. Entre nós, podemos mencionar Getúlio Vargas, Juscelino, Lula, o padre Marcelo e o bispo Macedo.

A inteligência intrapessoal possibilita aos seus detentores um profundo conhecimento de si mesmos, ensejando-lhes o planejamento e a orientação de suas vidas. A teologia, a psicologia, a diplomacia e a filosofia são campos de atuação nos quais essa inteligência mais espontaneamente viceja, sendo Sócrates e Freud suas expressões máximas. Os autistas, que podem apresentar excepcional desempenho na área da música, computação, raciocínio espacial ou mecânico, são de tal sorte destituídos da inteligência intrapessoal que chegam à incapacidade de se referirem a si mesmos.

Nunca é demais insistir que a posse exclusiva de apenas um tipo de inteligência, por maior que seja, não assegura êxito nas áreas que lhe forem pertinentes. O sucesso de um instrumentista, por maior que seja sua virtuosidade, depende da linguagem corporal e da empatia que for capaz de estabelecer com o público, sem falar da indispensável habilidade para encontrar um empresário competente para cuidar dos seus interesses. Cada um desses requisitos depende de um tipo de inteligência distinto da musical, que é a preponderante. O mesmo pode ser dito dos profissionais que se destacam em qualquer domínio. Em muitas situações, apesar de não se distinguirem por qualquer tipo de inteligência, em especial, os indivíduos triunfam por força da harmonia resultante da interação sinérgica de diferentes tipos de inteligência. Aqui, mais do que no campo da física, o todo é maior do que a soma das partes.

É natural a inferência de que quanto mais esclarecido for o indivíduo a respeito da predominância de uma vocação ou talento sobre um possível rol de possibilidades, mais fácil será para ele encontrar-se com sua área de conforto máximo. Convém, no entanto, esclarecer que uma mesma profissão, dependendo da especialidade, pode requerer diferentes tipos de inteligência. Um advogado criminalista será mais bem assistido pelo concurso das inteligências interpessoal, linguístico-verbal e cinestésico-corporal do que pela inteligência lógico-matemática reclamada para um bom civilista. O mesmo pode ser dito de um médico clínico e de um cirurgião, ou de um engenheiro para coordenar uma grande obra em confronto com um especialista em concreto.

A partir de 1996, Gardner começou a admitir um oitavo tipo de inteligência, a naturalista, porque dotada de uma aguda percepção do mundo natural, através da observação e compreensão dos padrões de organização da natureza, inclusive a sensibilidade para as mudanças diárias e sazonais. O portador da inteligência naturalista revelaria uma espontânea predisposição para reconhecer e classificar as plantas, os animais, os tipos de solo, as diferentes manifestações naturais. Essa habilidade é requerida para o espectro profissional que vai do estudo da biologia molecular à medicina homeopática. Charles Darwin seria a expressão máxima dessa inteligência naturalista ou ambiental. Colecionar besouros foi sua primeira e grande paixão. Certa feita, com um besouro em cada mão, viu um terceiro que não podia perder. Não vacilou: enfiou na boca o que estava na mão direita, e avançou para apanhar o desejado espécime. O besouro despejou-lhe na boca um líquido tão amargo que se viu obrigado a cuspi-lo, perdendo-o, bem como ao terceiro, que se evadiu. Apesar de ter criado a teoria mais abrangente que se conhece, capaz de explicar tudo que ocorre no mundo natural, Darwin era dotado de escassa inteligência musical, como se depreende de suas palavras, ao evocar impressões sobre os primeiros anos de sua vida:

> Considero um mistério o fato de extrair prazer da audição da música, uma vez que era tão desprovido de ouvido a ponto de não perceber uma desafinação ou marcar um ritmo ou cantarolar corretamente uma melodia.

Após admirar os grandes poetas, os grandes músicos e a boa pintura, lamentava haver perdido, inteiramente, o gosto por essas manifestações estéticas superiores, passando a ter na admiração das paisagens o mais duradouro de todos os prazeres que sentiu na vida. A única manifestação artística que escapou do seu desinteresse foram os romances de ficção, que lia ou escutava lidos por terceiros, desde que não tivessem fins tristes. Para ele, os romances com desfecho infeliz deveriam ser proibidos.

Seu interesse sobre as obras de não ficção permaneceu sempre vivo. Suspeitava que o seu cérebro se transformara

> numa espécie de máquina de moer leis gerais a partir de grandes compilações de fatos, mas não consigo imaginar por que isso haveria de ter causado a atrofia da parte do cérebro da qual dependem os gostos mais elevados.

Na maturidade, ao refletir sobre o convívio com pessoas mais velhas e de nível acadêmico respeitável, Darwin concluiu que deveria haver nele algo que o distinguisse da massa dos jovens para ser aceito nessas rodas superiores, conquanto jamais houvesse tido consciência de qualquer superioridade. Por isso, ficou muito orgulhoso ao saber que um dos homens que mais admirava, Sir J. Mackintosh, comentara a seu respeito: "Há alguma coisa naquele rapaz que me interessa". Do mesmo modo sensibilizou-se ao ouvir um amigo desportista predizer que um dia ele seria membro da Real Sociedade, ideia que lhe soou absurdamente pretensiosa. Não estranha que considerasse sua aceitação como membro da Real Sociedade de Edimburgo e da Real Sociedade de Medicina as maiores honrarias que recebera. Essa possibilidade, vista da juventude, ter-lhe-ia parecido tão absurda quanto sua eleição para rei da Inglaterra. Até porque um dos membros de uma sociedade frenológica, dedicada ao estudo do caráter e das possibilidades intelectuais das pessoas, a partir da conformação do cérebro, ao examinar o de Darwin, ainda adolescente, foi taxativo ao concluir que sua "calota da reverência" era suficientemente desenvolvida para dez padres. Diagnóstico que não foi bastante para ajudar o velho Darwin a convencer o filho a seguir vida religiosa, já que desistira de ser médico. Quando Charles Darwin retornou da viagem no *Beagle*, seu pai, que não acreditava na frenologia, ao vê-lo, comentou irônico para as filhas: "O formato da cabeça dele está bastante mudado".

As mentiras deliberadas que criava eram usadas como um mecanismo de compensação de sua baixa autoestima. Confessa que um dia colheu uma quantidade de frutas do pomar do pai, escondeu-as num matagal e depois saiu correndo e gritando que descobrira um cesto de frutas roubadas. Sua sorte era que o pai lidava de modo maduro com essa transitória mitomania: não o punia, mas também não dava, em contrapartida, maior importância a essas manobras.

Em suas memórias, Darwin jactou-se das estratégias que desenvolveu para roubar frutas nos pomares vizinhos, para consumo pessoal ou para distribuí-las entre amigos das redondezas que o deixavam profundamente feliz ao reconhecerem suas habilidades físicas. Como era um corredor ágil, compensava a saída tardia de casa com desabaladas corridas para não chegar atrasado à escola, intento quase sempre alcançado. Atribuía, no entanto, os sucessivos êxitos à proteção divina, maravilhando-se com a frequência com que Deus o protegia.

Não demorou muito para Darwin descobrir, "de maneira inconsciente e imperceptível, que o prazer de observar e de raciocinar era muito superior ao da habilidade e do esporte".

Foi o embarque mais ou menos acidental no veleiro *Beagle*, aos 22 anos, que mudou a sua vida. Dois fatores quase o impediram de embarcar. Primeiro foi a terminante proibição do seu pai, vencida pela solidariedade de um tio convincente. Depois foi a reação de Fritz-Roy, o comandante do barco, discípulo fervoroso de Lavater, segundo quem o caráter de um homem poderia ser definido pelos seus traços fisionômicos. Como confessou mais tarde, Fritz-Roy julgara que com aquele formato de nariz Darwin não seria capaz de concluir a viagem.

Naquela longa excursão exploratória, Darwin se dedicou a observar atentamente o mundo natural, registrando climas e relevos, colecionando plantas, pedras, conchas e fragmentos de esqueletos. Penetrou os territórios onde aportava, inclusive o brasileiro. Descreveu floras e faunas. Seguindo intuitivamente um método que só mais tarde veio a saber ter sido preconizado por Francis Bacon, anotava tudo que caía sob seus olhos insaciáveis de curiosidade, com a meta de estabelecer as conexões possíveis entre elementos aparentemente autônomos e díspares, com atenção especial para o estabelecimento de um elo histórico ou evolutivo entre eles. Graças a essa férrea disciplina, já em 1837, aos 28 anos, Darwin formulou interiormente a lei que viria a ser a teoria básica da moderna biologia: ao longo de seu processo reprodutivo, os seres vivos podem gestar rebentos ligeiramente diferentes de suas matrizes. Essas novas variedades, uma vez submetidas às influências do meio, tenderão a se reproduzir com eficiência maior ou menor, compatível com seu grau de adaptação. A lentidão do processo evolutivo é que dificulta ou impede sua percepção. A leitura, no ano seguinte, da obra de Robert Malthus (1766-1834), *Ensaio sobre a população* (*An Essay on the Principle of the Population*), lhe deu o fecho do raciocínio para compreender e expor os meios e os modos como as espécies sobrevivem.

A demora de vinte e dois anos em publicar seu achado revolucionário, através do monumental *A origem das espécies por meio da seleção natural*, resultou da profunda consciência da necessidade de fundamentá-lo à saciedade, de modo a poder arrostar a previsível reação religiosa decorrente da aplicação da teoria aos humanos que, segundo ela, deixariam de ser vistos como filhos de Adão e Eva. Aprendeu muito cedo a importância de ser criterioso ao anunciar achados científicos quando, numa ocasião em que examinava grãos de pólen sobre uma superfície úmida, ficou impressionado com a projeção dos tubos e saiu correndo para contar ao dr. Henslow a sua surpreendente descoberta. O velho mestre concordou em que o fenômeno era muito interessante, explicou o seu significado e acrescentou a informação de que se tratava de algo bem conhecido. Agradecido por não ter sido ridicularizado pela tola pretensão de redescobrir a pólvora, como era prática habitual entre os professores, Darwin decidiu que daí em diante seria mais cauteloso ao anunciar o que viesse a descobrir, embora tivesse experimentado o regozijo de encontrar pelos seus próprios meios algo verdadeiramente notável, ainda que já do domínio científico.

É de imaginar-se a intensidade do choque apocalíptico produzido pela descoberta e anúncio de que o homem não passava de uma espécie a mais na escala animal, longe da pretensiosa condição de criado à imagem e semelhança de Deus. Para agravar suas vastas dificuldades, Darwin não dispunha de meios para descrever o mecanismo responsável pela evolução. Em seu favor militava uma argumentação impecável apoiada no grande número de conclusões coerentemente expostas. Só em 1871, doze anos decorridos da publicação da *Origem das espécies*, é que Darwin publicou *A descendência do homem*, quando enfrentou nova onda de reações hostis.

Ao declarar-se feliz por ter dedicado sua vida à ciência, Darwin lamentou não haver se dedicado também à filantropia, no que foi impedido menos pelo seu permanente estado de saúde precário, e mais pela sua visceral e afortunada incapacidade de se dedicar a mais de uma atividade, ao mesmo tempo. Ao reconhecer essa limitação, Darwin comprovou o incomparável poder realizador que a concentração produz, a ponto de fazê-lo sublimar as dores do seu diário padecer e o grande espaço de tempo perdido por causa de sua doença crônica. Quando seu pai morreu, Darwin estava tão doente que não pôde comparecer aos funerais, nem atuar como um dos seus executores testamentários.

Os estudos posteriores vieram a conferir a Charles Darwin o reconhecimento de uma das mentes mais brilhantes de todos os tempos, a ponto de sua teoria ser vista como um *Weltanschauung*, ou seja, uma concepção aplicável a todos os fenômenos da vida e do universo, com a singularidade de que só os seres vivos evoluem conforme sua capacidade adaptativa. Em relação, porém, ao significado do seu nome para as gerações futuras, Darwin foi mau profeta, ao avaliar que

> o meu nome deverá durar alguns anos. Não tenho a grande rapidez de apreensão ou de espírito que é tão notável em alguns homens inteligentes, como Huxley, por exemplo. Assim, sou um crítico precário: um artigo ou um livro, quando lidos pela primeira vez, geralmente despertam minha

admiração. Só depois de uma considerável reflexão é que percebo seus pontos fracos. Minha capacidade de acompanhar uma cadeia longa e abstrata de ideias é muito limitada. Além disso, eu nunca teria obtido sucesso na metafísica ou na matemática... Sob certo aspecto, minha memória é tão precária que nunca consegui decorar, por mais de alguns dias, uma data isolada ou um verso de um poema.

Aos críticos que reconheciam sua capacidade de observação, mas lhe negavam acuidade de raciocínio, respondeu:

> Não creio que isso possa ser verdade, pois *A origem das espécies* é uma longa observação do princípio ao fim, tendo convencido muitas pessoas capazes. Ninguém teria conseguido escrevê-lo sem uma certa capacidade de raciocínio. Tenho uma dose razoável de criatividade e de bom-senso ou discernimento, como deve ter qualquer advogado ou médico razoavelmente bem-sucedido, mas não num grau superior, segundo creio. Com as moderadas habilidades mentais que possuo, é realmente surpreendente que eu tenha influenciado, em medida considerável, as crenças dos cientistas sobre algumas questões importantes.

Darwin morreu acreditando equivocadamente que o ambiente e a educação produzem, apenas, uma pequena influência na mente de cada um, sendo inata a maioria de nossas qualidades.

Retomando o fio da meada, naquele mesmo ano de 1996, Lawrence W. Sherman propôs o reconhecimento de mais um tipo de inteligência, a olfato-gustativa. Essa inteligência estaria relacionada a elementos químicos, particularmente aos que se vinculam aos sabores e aos odores, servindo especialmente aos chefes de cozinha, aos perfumistas e aos provadores de bebidas, como o vinho e os licores, profissões exigentes de uma sensibilidade especial para distinguir entre os sabores doce, salgado e ácido, os cheiros e aromas, inclusive os resultantes da mistura de ervas e temperos. Destaca-se a importância dessa inteligência na qualidade da relação mãe-filho.

No plano meramente olfativo, o personagem Jean-Baptiste Grenouille de *O perfume*, do alemão Patrick Süskind, levado ao cinema pelo diretor Tom Tykwer, seria a expressão máxima dessa inteligência, embora nossa poeta Cora Coralina não ficasse atrás, ao evocar nostálgica: "Daquela bisavó emanava um cheiro indefinido e adocicado de folhas murchas a que se misturavam fumo desfiado, cânfora e baunilha."

O enólogo norte-americano Robert Parker, no plano gustativo, pode ser mencionado como exemplo conspícuo dessa inteligência.

Em 1998-1999, Gardner sugeriu o nono tipo de inteligência, a existencial, poderoso instrumento de afirmação do prestígio e da liderança das pessoas capazes de apreender as questões fundamentais da vida e refletir sobre elas.

É mais fácil aprender do que desaprender. Uma vez introjetadas em nosso espírito, as crenças podem ser minimizadas, nunca extintas. Por isso é mais fácil formar hábitos do que modificá-los. Aprender a aprender é o grande atributo que o mundo de aceleradas mudanças em que vivemos valoriza nas pessoas. É a inteligência existencial que possibilita o desenvolvimento dessa capacidade de adaptação a situações novas.

Esse tipo de inteligência pessoal se enquadra na categoria mais larga da inteligência intrapessoal. Sartre, o papa João Paulo II e o Dalai-Lama integram a espécie.

Lawrence Sherman, o propositor da inteligência olfato-gustativa, reaparece sugerindo um novo tipo de inteligência, vinculada ao sistema táctil, capaz de perceber e identificar o mundo exterior através do toque, possibilitando a percepção de dimensões, temperaturas, texturas, a resistência ou dureza dos materiais, bem como seu peso, forma e volume. Essa inteligência seria de grande valia na execução musical, no artesanato, nas artes plásticas, no malabarismo, na prestidigitação, inclusive a magia.

Até o momento, portanto, existiriam onze tipos distintos de inteligência:

1 – Linguístico-verbal;
2 – Lógico-matemática;
3 – Musical;
4 – Cinestésico-corporal;
5 – Espaço-visual;
6 – Interpessoal;
7 – Intrapessoal;
8 – Naturalista ou ambiental;
9 – Existencial;

10 – Olfato-gustativa (Sherman);
11 – Táctil (Sherman).

Do ponto de vista da aprendizagem, Gardner distingue três tipos fundamentais:

1 – O aprendiz intuitivo, espontâneo, ingênuo ou universal;
2 – O aprendiz tradicional, escolástico ou escolar;
3 – O aprendiz culto ou perito disciplinar.

O aprendiz intuitivo, comum a todas as pessoas em todas as culturas, corresponderia aos primeiros anos, quando somos maravilhosamente bem equipados para aprender um mundo de coisas, numa velocidade inaccessível às outras fases da vida. Acredita-se que, em média, os períodos de maior aprendizado relativo sejam os do nascimento aos 2 anos, seguindo-se o período dos 2 aos 5 anos, e o período dos 5 aos 7 anos. Daí em diante, por mais que aprendamos, dificilmente alcançaremos a taxa de rendimento intelectual desses primeiros tempos, quando desenvolvemos teorias e concepções sobre o funcionamento do mundo, das coisas e da vida das outras pessoas, além do desenvolvimento da linguagem, do aprendizado de símbolos, de números e de ritmos, sem qualquer auxílio externo e sem que se requeira qualquer talento especial. O mais trivial senso comum é o quanto basta.

O aprendiz tradicional, predominante entre os 7 e os 20 anos, dedicado a aprender da alfabetização aos conteúdos pré-universitários, é submetido a um padrão standard de aferição do seu desempenho, tendendo a comportar-se geralmente fora da sala de aula, de um modo infantil ou imaturo, independentemente da qualidade atribuída ao seu rendimento acadêmico.

O aprendiz culto ou perito disciplinar é o indivíduo de qualquer idade capaz de aplicar, corretamente, em situações novas, o acervo dos conhecimentos que tenha adquirido. À diferença dos demais, hábeis, apenas, em responder ao questionário escolar, seu conhecimento é aplicável tanto na sala de aula como nos diferentes contextos da vida real.

O rendimento de cada componente dessa tríplice tipologia depende da presença de um conjunto de fatores limitantes.

O aprendiz intuitivo se sujeita a limitações neurobiológicas e de desenvolvimento, pertinentes à sua condição humana e, por isso, previsíveis em qualquer ambiente físico ou social, como a capacidade universal de aprender idiomas, nomear objetos e conviver. A incomparável habilidade natural para aprender do aprendiz intuitivo, ainda que sujeito a erros frequentes e graves, resulta de um multimilenar e indestrutível ciclo evolutivo. Nesse estágio, segue-se o livre curso das motivações, na busca de conhecer novos mundos, inesgotáveis, sedutores, surpreendentes. Observa-se aí que cada indivíduo tem seus modos preferenciais de aprender, características quase sempre negligenciadas nas fases posteriores de aprendizado, para grande prejuízo dos aprendizes. Por aí se vê como uma educação eficaz depende do diálogo constante e cooperativo entre os responsáveis pelas crianças, em seus primeiros passos, e, posteriormente, os seus professores, o que só raramente ocorre, em função da sorte de uma paternidade esclarecida. A educação do pensador inglês Stuart Mill (1806-1873) constitui notável exemplo de uma transição ideal entre o aprendiz intuitivo e o tradicional.

Um dado biográfico de Mill, geralmente negligenciado, é o excepcional prazer que ele desfrutava em aprender. Isso é tanto mais notável quando se sabe que os métodos de ensino vigorantes na Inglaterra do século XIX atingiam ou tangenciavam a brutalidade, sobretudo nas escolas públicas. De fato, a par do reconhecimento declarado de que desfrutou de uma "infância feliz", as anotações que fez, às margens das páginas dos muitos livros que devorou, registram expressões tais como "máximo prazer", "intensa e duradoura excitação do interesse", "vivo interesse", "prazer intenso", "prazer renovado", "sensação nunca antes experimentada", "completo êxtase".

Os outros prazeres que desenvolveu desde cedo foram caminhar ao ar livre, incomum nos meninos de sua idade, e a música, cujo mais evidente efeito, para ele, consistia em

> excitar o entusiasmo (...) em desenvolver ao máximo aqueles sentimentos superiores que, não obstante já integrarem o caráter, recebem brilho e fervor, passageiro em sua feição exaltada, mas de grande valia para mantê-los vivos em outros momentos.

Candidamente, confessou que ficara "seriamente atormentado pela suposição da possibilidade da exaustão das combinações musicais". O grande responsável pelo desenvolvimento do seu gosto de aprender foi o seu pai, James Mill, a cuja pedagogia eminentemente lúdica creditou sua paixão pelos estudos.

Façanha notável é que uma pessoa de inteligência mediana, como ele mesmo se autoavaliou, tenha iniciado os estudos de grego aos 3 anos de idade, quando leu Esopo, tenha aprendido latim a partir dos 8, e lido os principais clássicos da literatura ocidental, inclusive a greco-romana, antes dos 10. Em paralelo, lançava-se ao estudo da matemática e degustava os grandes historiadores. Igualmente impactante, foi a sua capacidade de refletir sobre temas abstratos como a economia e a lógica, aos 14 anos, quando seguiu para a França, onde se hospedou na casa de Samuel Bentham, irmão de Jeremy Bentham, seu tio afetivo e guia intelectual, cuja vasta e complexa obra editaria integralmente aos 20 anos, por convite impositivo de Bentham, que não via em toda a culta Inglaterra ninguém mais qualificado do que seu jovem "sobrinho" para empreender tarefa de tão hercúlea exigência intelectual.

Em seis meses, dominava tão bem a língua francesa que passou a frequentar, em nível universitário, os cursos de filosofia das ciências, zoologia e química. De suas anotações nesse primeiro curso, produziu seu *Traité de logique*, enquanto estudava álgebra e a geometria euclidiana, como autodidata, e botânica com a ajuda de George, filho de seu hospedeiro Samuel, entre outros afazeres intelectuais. Tão logo regressou a Londres, dedicou-se, também como autodidata, ao estudo da filosofia, psicologia, ciência política e, sob a orientação do grande jurista John Austin, começou a estudar Direito.

Segundo John M. Robson, um dos maiores estudiosos da vida e obra de Mill, o seu excepcional, precoce e bem documentado desempenho acadêmico tem paralelo em personalidades como alguns dos seus irmãos, seu mestre Jeremy Bentham, seu primo George Bentham, Thomas Babington Macaulay, o político e historiador que concebeu o plano para escrever uma história universal, antes de completar 10 anos, e outros. O que Mill acentua é a conveniência de que seus leitores julguem se vale ou não a pena recorrer aos métodos que possibilitam esse nível de desempenho a qualquer indivíduo de inteligência mediana. Para ele, seu método de estudo e trabalho lhe conferiu uma vantagem de vinte e cinco anos sobre os seus coevos, tendo sido sua educação "incomum e notável", e "provado o quanto mais do que o habitual pode ser ensinado e bem ensinado nos primeiros anos que, em geral, são muito mal aproveitados".

São raros os exemplos de vocações precocemente manifestadas e adequadamente desenvolvidas na idade adulta, como foi o caso, além de Mill, de Mozart (1756-1791), Felix Mendelssohn (1809-1847) e Camille Saint-Saëns (1835-1921) na música, Michelangelo (1475-1564) e Picasso (1881-1973) nas artes plásticas. Na maioria das vezes, a precocidade estiola em razão de métodos pedagógicos que ignoram a importância da educação centrada no indivíduo.

Registre-se que o psicólogo norte-americano Louis Leon Thurstone, antes mesmo do nascimento de Gardner, já havia proposto sete tipos de inteligência: a que habilita para a compreensão do que se ouve ou lê; a que escreve ou fala com propriedade e fluência; a dotada de raciocínio matemático; a inteligência espacial; a equipada com racionalidade indutiva; a que se apoia na fácil memorização; e a dotada de velocidade de percepção.

QUEDA DO APRENDIZADO OU DA COMPREENSÃO?

A queda da velocidade em aprender do aprendiz tradicional, comparativamente ao aprendiz intuitivo, seria consequência da ação de recentes limitações de origem externa, de natureza histórica e institucional, presentes no ambiente escolar, como tão bem ressaltou Émile Durkheim.

Gardner acha que a ausência da compreensão como a pedra de toque do ensino tradicional decorre da estreiteza de visão da maioria burocrática e despreparada que fixa os objetivos da educação, dando-se por satisfeita com rendimentos rotineiros e convencionais. Conquanto os que conhecem o extraordinário valor pedagógico da maiêutica socrática aplaudam-na, a maioria dos professores age como se se tratasse, apenas, de uma curiosidade histórica, inteiramente superada ou fora de moda. A verdade é que ignorar a incomparável atualidade da maiêutica no processo pedagógico equivale a ignorar a roda como o mais eficaz meio de rolamento dos corpos sobre o solo.

O aprendiz culto ou perito disciplinar é aquele que ao aspirar ao domínio de uma disciplina ou campo de estudo sujeita-se às suas regras, suas práticas e seus modos de abordagem, conforme estabelecido pelo seu corpo de princípios metodológicos, epistemológicos e disciplinares acumulado ao longo de sua idiossincrática formação histórica.

Essas limitações ou características, presentes em todas as pessoas, podem ser encaradas como restrições ou amplas possibilidades para o aproveitamento da capacidade de aprender, dependendo da habilidade de pais e de professores em tempestivamente identificá-las, uma vez que a identificação pelo discente é rara por ser difícil.

Quando atuamos fora de nossa vocação ou área de conforto, tendemos a ser improdutivos, frustrados e infelizes. Quando, porém, operamos em consonância com nossas paixões e nosso tipo de inteligência predominante, tornamo-nos produtivos, porque realizados e satisfeitos, a ponto de termos em nosso ofício nossa principal fonte de prazer. O modo, aliás, como aprendemos ou desempenhamos nosso trabalho fornece a maior soma de informações confiáveis a respeito da estrutura cognitiva de nosso cérebro, como enfatizam os psicólogos behavioristas ou comportamentalistas. À importância do encontro do indivíduo com sua mais profunda vocação, o ficcional biólogo indiano Chandra Suresh, do seriado televisivo *Heróis*, denomina imperativo evolucionário.

O grande problema oferecido por essa tipologia trina, composta pelo aprendiz intuitivo, o tradicional e o culto, é que a passagem de um para outro tipo de ensino ou aprendizado não se processa de modo natural e harmonioso, apesar de haver muitos pontos comuns aos três tipos. Antes, o que se verifica é um hiato em lugar de uma ponte ou passagem, consistindo todo o esforço pedagógico, precisamente, em tentar construir esta ponte ou passagem, de modo a eliminar ou ao menos reduzir as consequências nefastas dessa mudança, normalmente, traumática, toda vez que alguém é submetido a um padrão de ensino incompatível com seu estilo de aprendizado. Como os indivíduos diferem em inteligência, memória, motivação e muito mais, é natural que tenham modos peculiares de aprender, recordar e compreender as pessoas e os objetos do mundo natural. Possibilitar o alargamento dos critérios pedagógicos, tendo em vista o reconhecimento dessa multiplicidade de inteligências, constitui o objetivo primacial da pedagogia educacional. Diga-se, de plano, que nada é mais antipedagógico e antidemocrático do que a autolouvação corrente de pais e professores ao proclamarem: "Trato os meus filhos (ou alunos) de modo absolutamente igual". Também em matéria pedagógica, a melhor regra consiste em seguir a lição de Rui Barbosa, segundo a qual devemos

> tratar desigualmente aos desiguais, na medida em que se desigualam, pois que tratar a desiguais com igualdade ou a iguais com desigualdade seria desigualdade flagrante e não igualdade real.

Historicamente, como já vimos repetindo, observa-se uma tendência para avaliar a inteligência dos indivíduos a partir, sobretudo, do seu desempenho linguístico-verbal e ou lógico-matemático, a tal ponto que ainda se ouvem pessoas dizerem coisas do tipo: "Trata-se de uma toupeira, mas exerce grande liderança sobre os familiares e amigos", ou "Garrincha foi um gênio como jogador de futebol. Pena que o seu QI fosse tão baixo". "Fulano é burro, mas é um grande músico". Os franceses, consoante seu pronunciado racionalismo, cunharam a expressão *bête comme un artiste* (burro como um artista), quando querem desqualificar alguém, intelectualmente. A festejada ceramista húngaro-americana Eva Zeisel recorda os preconceitos de que foi alvo no início de sua vida profissional, quando era considerada a ovelha negra da família. Certa vez escutou, sem ser vista, a conversa de um casal: "A avó dela é tão brilhante. A mãe é tão linda. Já ela..." O nadador norte-americano Michael Phelps, consagrado nos Jogos Olímpicos de Pequim como o maior medalhista olímpico de todos os tempos, contou sobre as previsões de seu fracasso futuro formuladas por professores e familiares, fato que muito o entristeceu. Só Deus sabe quanto essa limitação excessiva tem operado como fonte de desperdício de talentos e causa de tanta frustração e sofrimento inútil!

Quem não conhece casos de crianças brilhantes no aprendizado informal da vida e que, surpreendentemente, se revelaram um fracasso no ambiente escolar? Dentre os vários exemplos citáveis de personalidades que a miopia pedagógica quase destruiu, o de

Thomas Alva Edison, cognominado por alguns como o Inventor do século XX, é emblemático.

APRENDIZ INTUITIVO X APRENDIZ ESCOLAR: O CASO DE THOMAS EDISON

Em 1854, aos 7 anos, Thomas Edison mudou-se, com a família, para os arredores de Port Huron, uma bem arrumada cidadezinha do estado de Michigan, passando a morar numa casa grande que ocupava um centro de terreno de quatro hectares, a pouco mais de um quilômetro do núcleo urbano. Matricularam-no na renomada Escola Familiar para Meninos e Meninas, de acordo com a devoção presbiteriana de sua mãe, Nancy, que apreciava o anúncio da instituição que se autointitulava

> uma família para os jovens que buscam instruir-se em consonância com os princípios cristãos (...) em que as normas de uma família cristã bem constituída são as únicas restrições.

Quinze era o número dos colegas de Edison que antes frequentara, por alguns dias, uma outra escola, com quarenta colegas de sala, com idades entre os 5 e os 21 anos!

Thomas Alva Edison não era uma criança sadia nem alegre. A partir de sua chegada a Port Huron, começou a sentir dificuldades respiratórias, resultantes da contração de uma febre escarlate e, como consequência da retenção de fluidos no ouvido médio, veio a sofrer perda parcial da audição, deficiência que o acompanhou por toda a vida. Esse problema crônico comprometeu sua atenção para acompanhar a exposição de terceiros e, consequentemente, seu rendimento escolar; pior para ele que já não era considerado um aprendiz natural, consoante a definição corrente à época, porque não respondia satisfatoriamente aos rígidos métodos de ensino. Paradoxalmente, sua surdez é apontada como um dos fatores providenciais que o induziram ao recolhimento e à reflexão, propiciadores de 1093 invenções, entre as individuais e as realizadas em parceria, sendo 389 no campo da eletricidade, 195 relacionadas ao fonógrafo, 150 ao telégrafo, 141 à bateria de carga e 34 ao telefone. Tudo isso em função mais de sua intuição do que de conhecimentos científicos, como ele mesmo reconheceu ao declarar que

> ao tempo de meus experimentos com a lâmpada incandescente, eu não compreendia a lei de Ohm... Eu faço uma experiência e avalio o resultado, seguindo métodos que não seria capaz de explicar.

Sua proverbial capacidade para relaxar e tirar repetidas sonecas, que tanto irritou o diretor Crawford e continuava irritando muitos dos seus parceiros pesquisadores, cientistas ou não, há de ter sido uma característica contributiva do seu talento criador. Neil Baldwin, biógrafo de Thomas Edison, sustenta que os pensadores da educação do século XIX, orgulhosamente apoiados no republicanismo, protestantismo e capitalismo, consideravam ideal a escola que fosse análoga às fábricas, onde a eficiência, destreza e mestria de ofício, presteza e dedicação ao trabalho eram os valores mais festejados. A principal finalidade da escola era a formação moral e disciplinar do alunado, que deveria primar pela deferência, abstencionismo e obediência à autoridade. A formação do caráter e o criterioso exercício da inteligência estavam acima de tudo. O silêncio e a pontualidade figuravam no topo da lista das virtudes escolares. Por trás dessa proposta pedagógica estava o empenho coletivo de reduzir ou eliminar, o mais cedo possível, do processo cognitivo dos jovens, as fontes geradoras da pobreza e da criminalidade, os maus hábitos no trabalho e a ociosidade da juventude, ontem como hoje havidos como os principais problemas sociais. Um popular guia de virtudes da época, o *Third Reader*, de Wilson, apregoava que "o jovem indolente é quase sempre pobre e miserável, enquanto o diligente é próspero e feliz".

Ao contrário do pensamento pedagógico do século XVIII, que atribuía a responsabilidade do baixo rendimento escolar à ineficácia do método de ensino, a pedagogia norte-americana do século XIX exculpava o magistério, transferindo essa responsabilidade para deficiências de natureza vária localizadas no aluno, como as mentais, auditivas e visuais, hereditárias ou não. Os alunos e suas famílias, portanto, seriam a causa do deficiente desempenho acadêmico do alunado. Foi pensando assim que Mr. Crawford, diretor da escola onde Edison estudava, irado com seu comportamento desatento, aéreo e sonhador, com sua sonolência durante as exposições, ou com sua tendência a desenhar e rabiscar o caderno de notas, em lugar de decorar a lição de casa, espancava-o ou ridicularizava-o na frente de toda a classe de colegas, conhecidos há pouco. Como o mérito dos professores era mensurado pelo número de alunos aprovados, casos como o de Edison eram prontamente descartados em nome do interesse grupal. Esse momento doloroso foi lembrado por Edison, em sua opulenta maturidade, nessas palavras ressentidas:

> Um dia, ouvi o professor dizer ao inspetor escolar que eu era mentalmente confuso. Por isso, não valia a pena manter-me na escola. Esse comentário feriu-me tanto que explodi em choro convulsivo e saí correndo para contar à minha mãe. Com o amor materno à flor da pele, e ferida no mais fundo de sua alma, minha mãe levou-me de volta à escola e disse ao diretor que ele não tinha competência para me julgar, e que eu era mais inteligente do que ele.

Nancy Edison tomara ali mesmo a decisão de subtrair o filho ao jugo do diretor Crawford, para instruí-lo em casa,

> determinada a não permitir que formalismo de nenhuma índole aprisionasse seu estilo, grilhões travassem a liberdade dos seus movimentos, ou o largo alcance de sua imaginação

Essas foram as palavras cheias de entusiasmo do biógrafo Arthur Palmer, que não levou na devida conta o fato de que o magistério doméstico era prática corrente no interior dos Estados Unidos ao longo do século XIX, como foi o caso de Abraham Lincoln, que não frequentou a escola por mais de trinta dias, ao longo dos quatorze meses compreensivos da totalidade do tempo de sua matrícula escolar.

Do momento em que deixou os bancos escolares até completar 12 anos, não passou de três meses a soma total dos dias que frequentou a escola aquele que viria a se afirmar como uma das maiores figuras do progresso tecnológico de todos os tempos. Nancy Edison, por via intuitiva, seguira o conselho de Miguel de Cervantes: "Deixe o seu filho seguir o caminho apontado por sua estrela".

São muitos os exemplos de personalidades exponenciais que foram alvo na infância de avaliações desastradas, como a sofrida por Edison. Antes dele, Charles Darwin foi advertido pelo pai sobre a inutilidade para seu futuro do seu interesse por sapos e outros "animais inferiores". O pai do menino Albert Einstein ouviu de um professor que o seu filho não daria para nada, uma vez que não conseguia se adaptar ao regime escolar. O cineasta Steven Spielberg foi expulso de duas escolas de cinema. Seus mestres achavam que ele não tinha o menor pendor para o ofício. A precoce inclinação de Glauber Rocha para o cinema era encarada com desgosto pelo seu pai, que preferia vê-lo comerciante ou advogado. Michelangelo, o maior artista de todos os tempos, era surrado pelo pai Ludovico toda vez que o flagrava desenhando ou realizando qualquer atividade de cunho artístico. Melhor seria que ele se dedicasse a tarefas de retorno material confiável. Se Fillipo Brunelleschi (1377-1446) tivesse nascido uma geração antes, não teria se consagrado como o mais notável arquiteto desde a Roma Clássica, por absoluta falta de apoio e reconhecimento do meio social dominante.

Se indivíduos superdotados correm o risco de serem anulados na aurora da existência por grosseiras avaliações de seu potencial, o que não pode suceder com o comum dos mortais? São inúmeros os registros de jovens encarados como casos perdidos pela comunidade adulta em seu redor que vieram a se revelar profissionais bem-sucedidos, graças ao ensejo de se haverem encontrado com suas vocações, mercê do acaso que os colocou num cenário onde puderam exercer seus talentos, ou da providencial percepção de alguém que identificou suas áreas de conforto. Bastaria essa evidente e tantas vezes repetida realidade para justificar o esforço de se promover uma educação, coletiva no plano da convivência, mas inteiramente individualizada no plano do ensino e aprendizado.

A percepção crítica desse autoritarismo cego levou o belga Ovide Decroly (1871-1932), também uma vítima desse tipo de violência, a conceber e implementar um modelo de escola centrado no aluno, e não no professor. Segundo seu pensamento, as crianças deveriam ser preparadas para viver em sociedade, simultaneamente à sua preparação profissional. Hoje como ontem, a burocracia pedagógica continua a cometer violências, como a sofrida por um garoto de 7 anos, expulso da escola Antônio Peixoto, em Florianópolis, conforme denúncia do *Diário de Santa Catarina* de 4 de novembro de 2005, por desinteresse acadêmico, apesar de seu boletim escolar exibir média superior a oito. Uma comissão designada para analisar o episódio, que repercutiu na imprensa, constatou a perfeita normalidade intelectual do aluno.

Observe-se que crianças incapazes de cuidarem de si – como ir ao banheiro, trocar de roupa e outras tantas atividades extremamente simples no entendimento adulto – mostram-se muito capazes de realizar tarefas tão complexas como dançar, cantar, nadar e falar um ou mais idiomas além do nativo, façanha considerada difícil quando não impossível por grande número de adultos. No silêncio do seu mundo interior, realiza-se uma profusão de sinapses ensejando-lhes uma crescente compreensão dos modos como funcionam a realidade exterior e sua mente. A necessidade de digitalização, onipresente na moderna tecnologia, constitui exemplo conspícuo da precoce capacidade dessas almas angélicas, que tanto espanto causam aos adultos, tema muito frequente em anúncios publicitários destinados a sensibilizar os mais velhos para realizarem um esforço de modernização de suas práticas operacionais. Isso sem falar na aquisição do rico acervo de valores estéticos e morais que lhes permite distinguir o belo do feio, o bem do mal, o falso do verdadeiro, sem que tenham que se submeter a magistério formal.

Uma das tarefas mais urgentes e importantes da moderna pedagogia consiste em identificar as razões que levam tantas dessas crianças a não se adaptarem ao processo de aprendizagem escolar, quando claudicam no domínio da leitura e da escrita que naturalmente sucedem à oralidade linguística, praticada de modo tão espontâneo que estudiosos como Noam Chomsky e, antes dele, Eric Heinz Lenneberg(1921-1975) acreditam tratar-se de uma operação biologicamente programada.

A LINGUAGEM COMO FUNÇÃO BIOLÓGICA

Em sua conhecida monografia de 1967, *Biological Foundations of Language*, Lenneberg sustenta que a função biológica responsável pelo processamento da comunicação linguística, inclusive as operações sintáticas, localiza-se em certas regiões do hemisfério cerebral esquerdo. Para ele, muitas dessas funções linguísticas são reguladas por um relógio genético da mesma natureza dos que regulam outros sistemas biológicos, como os atinentes aos sentidos. A sujeição do ritmo do aprendizado linguístico a períodos críticos, observada, sobretudo, na dificuldade crescente com o avanço da idade, seria uma das características marcantes dessa função genética, presente, também, na afasia que acomete os adultos que, vitimados por lesões em áreas do hemisfério esquerdo do cérebro, veem-se compelidos a desenvolver processos compensatórios de comunicação. A dura crítica que Lenneberg sofreu do mundo científico, como do renomado linguista russo Roman Jakobson, que não deixou de reconhecer coragem inovadora no seu trabalho, é apontada como um dos fatores responsáveis pelo seu suicídio. Em compensação, já na última década do século XX, o trabalho de Lenneberg passou a ser visto como um ponto de inflexão nos estudos da cognição e do desenvolvimento cognitivo.

A escola cognitiva liderada por Noam Chomsky (1928), linguista originário dos quadros do M.I.T. (Massachusetts Institute of Technology), difere fundamentalmente do pensamento construtivista de Piaget e dos seus seguidores, os neo-piagetianos.

Chomsky atraiu a atenção do mundo acadêmico pelo seu modo original de abordar o estudo e o aprendizado de idiomas. Em lugar dos tradicionais estudos comparativos entre os mais diferentes idiomas e suas regras gramaticais, ele se dedicou ao trabalho de identificar as regras que um organismo deve obedecer para dominar a sintaxe de uma língua qualquer. Para ele, o reino dos idiomas é completamente distinto dos outros domínios da cognição. Um tanto na linha de Sócrates e Platão, sustenta que muito do conhecimento já está latente no indivíduo, bastando, apenas, provocá-lo ou estimulá-lo adequadamente para que venha à tona, em lugar de adquiri-lo ou construí-lo, como é costume pensar-se. Relativamente aos idiomas, como a outros campos do conhecimento, seu pensamento é que devem ser encarados em termos quase biológicos, a cargo de um órgão mental, com a mesma autonomia que tem o coração ou o fígado, que se sujeitam a regras e princípios inscritos no código genético. Chomsky tomou como ponto de partida o trabalho de 1964, *The Capacity of Language Acquisition*, de seu acima citado colega linguista e psicólogo Eric Heinz Lenneberg, nascido na Alemanha, mas radicado nos Estados Unidos, aonde foi abrigar-se do terrorismo nazista. Lenneberg, cuja obra é vista como um grande marco nos estudos da cognição, apontou várias características para explicar a natureza congênita das habilidades psicológicas, como o são os traços físicos em geral. Para ele, a capacidade de falar se deve a um sistema biológico localizado no hemisfério cerebral esquerdo, servido por certas estruturas especializadas em operações sintáticas geneticamente controladas por um relógio biológico, como o são os demais sistemas, a exemplo do que nos possibilita caminhar. O aprendizado de idiomas estaria sujeito a períodos críticos, como o demonstra a decrescente capacidade de aprendê-los a partir da adolescência. Citou, ainda, a afasia que acomete os adultos que sofreram lesões em áreas do hemisfério esquerdo. Estudos realizados com pacientes vitimados por lesões cerebrais, antes e depois de Lenneberg, demonstraram que as diferentes regiões do cérebro cumprem missão específica relativamente à capacidade de aprender, parecendo imprópria a conceituação do cérebro como um genérico processador de informação.

Foi uma pena que um pesquisador de tão grandes méritos, considerado um dos mais importantes pioneiros contemporâneos no estudo da cognição, tenha recorrido ao suicídio, em parte, como consequência das pesadas críticas que recebeu de seus pares.

Em estreita sintonia com Lenneberg, o psicólogo-fisiologista Paul Rozin (1936) escreveu, em 1976, um trabalho intitulado *The Evolution of Intelligence and Access to the Cognitive Unconscious* (A evolução da inteligência e acesso à cognição inconsciente), no qual defende que as habilidades sintáticas e fonológicas requeridas para falar idiomas não são teoricamente diferentes das habilidades natas de outras espécies, como o cantar dos pássaros, construir casas, como faz o joão-de-barro, ou a comunicação da abelha com o enxame para a localização do néctar. Apesar disso, Rozin reconhecia que os humanos não se encontram à mercê dos sentidos. Temos a possibilidade de nos conscientizarmos das operações processadas por nossos mecanismos analíticos. Através da elaboração de mecanismos cognitivos de ordem superior, podemos chegar a compreender e até mesmo a controlar o modo como essas operações se processam em nosso cérebro, fato que equivaleria a reconhecer que somos mais do que meros reflexos de nosso sistema neurológico primário. O significado maior do pensamento de Rozin reside na ponte que criou entre as visões biológica e cultural do homem. Sem os equipamentos biológicos que o condicionam, o homem nunca seria capaz de escrever, cantar, falar idiomas ou dominar outro campo qualquer do conhecimento. Por outro lado, sem a elaboração de novos equipamentos que o tornam o único construtor de cultura, nada disso seria alcançado. Tanto é que coexistem as modernas sociedades tecnologicamente avançadas com outras da idade da pedra, apesar da mesma formação genética. Ainda hoje há trogloditas em várias regiões do mundo, que podem ser visitados, como na França, na Tunísia e na Turquia. O desafio, portanto, consiste em distinguir entre as condicionantes biológicas, as culturais e as decorrentes da criatividade individual. O imunologista britânico Peter Medawar (1915-1987), nascido no Brasil, prêmio Nobel de Biologia de 1960, acabou com a discussão ao concluir com espírito: "O comportamento humano depende 100% da herança genética e 100% da ação do meio ambiente".

Edgar Morin nos fornece uma reflexão a respeito: há dois paradigmas distintos acerca da relação homem/natureza. O primeiro inclui o humano na natureza e qualquer raciocínio que obedeça a esse paradigma faz do homem um ser natural, como outro animal qualquer. O segundo respeita a disjunção entre esses dois termos e determina o que há de específico no homem que transcende a ideia de natureza. Ambos os paradigmas, opostos entre si, têm em comum a submissão a outro mais profundo ainda, que é o da simplificação, que, diante de qualquer complexidade conceptual, prescreve que a redução do humano ao natural ou a disjunção do humano e do natural, um e outro, impeçam que se conceba a unidualidade (natural – cultural, cerebral – psíquica) da realidade humana, impedindo, igualmente, que se conceba a relação ao mesmo tempo de implicação e de separação entre homem e natureza.

Seguindo as pegadas do enciclopédico cientista e pensador norte-americano Charles Sanders Peirce (1839-1914), Chomsky acredita que o ser humano está equipado para compreender muitas coisas, como as ciências em geral, ao mesmo tempo em que não é capaz de compreender outras tantas, como a alma dos indivíduos, bem como, em parte, o mecanismo que possibilita aos humanos a habilidade de falar. Sua contundente crítica à teoria do aprendizado de Skinner contribuiu de modo decisivo para desacreditar o movimento behaviorista. Do mesmo modo implacável investiu contra o modelo de desenvolvimento humano baseado na tecnologia, por entender que os equipamentos mecânicos não podem elucidar a operação de um sistema orgânico, como querem os pesquisadores da inteligência artificial. O contrário é que seria razoável, isto é: o desdobramento operacional de um sistema orgânico é que deveria servir de base para o desenvolvimento da inteligência artificial. Contrariando Piaget, Chomsky sustenta que o reino das línguas substitui o dos números como o paradigma prototípico da concepção do conhecimento.

Deduz-se dessa ordem de pensamento que uma educação que não leve em conta o conjunto das características pessoais dos indivíduos está fadada à improdutividade, quando não à mais completa frustração.

Ainda que se reconheça que parte do seu trabalho merece ser desenvolvida, o pensamento de Chomsky é duramente criticado, sobretudo por negar papel de adequado relevo aos fatores sociais no processo educacional. A noção de que o conhecimento está embutido nas pessoas entra em colisão com a tradição ocidental que defende a necessidade de longa prática com as coisas do mundo para que se possa alcançar estágios superiores de conhecimento.

Há crianças que, contrariando bem fundadas expectativas, antes exímias em variados jogos exigentes de raciocínio profundo e expedito, revelam-se desinteressadas, desatentas e, não raro, inaptas para irem além dos fundamentos da aritmética, quanto mais do aprendizado da matemática superior. Esse disparatado desempenho é enigma antigo e fonte de sofrimento dos pais e de frustração para os professores responsáveis, que não conseguem obter do alunado um desempenho comparável, pálido que seja, com o adquirido na informalidade da convivência social e afetiva dos primeiros anos, como tem sido denunciado numa pletora editorial em escala universal.

APRENDIZ TRADICIONAL X APRENDIZ CULTO

Se a travessia do aprendizado intuitivo dos primeiros anos para o escolástico pode ser tão dolorosa, o fosso que separa o aprendiz tradicional do aprendiz culto ou perito disciplinar pode ser largo e profundo, como têm revelado pesquisas cognitivas realizadas a respeito. Até mesmo os melhores alunos do ensino escolástico ou tradicional podem ter grandes dificuldades para ajustar seus conhecimentos às demandas da vida real. Outras vezes, simplesmente, não desejam fazê-lo. O caso mais frequente é o do acadêmico, brilhante para o magistério, mas incapaz do exercício prático da profissão, conjuntura que inspirou a conhecida frase de George Bernard Shaw: "Quem sabe faz; quem não sabe ensina". Outra não foi a motivação dos romanos para cunhar a já mencionada expressão: *Non scholae, sed vitae discimus* (Aprendemos para a vida, e não para a escola). Essa incompatibilidade, por vezes invencível, pode situar o aprendiz escolástico tão distante do aprendiz culto ou disciplinar quanto do aprendiz intuitivo. Reconheça-se, por outro lado, que muitos operadores capacíssimos revelam-se inaptos para realizarem, com sucesso, o mínimo de teorização consistente.

Uma observação, no entanto, faz-se necessária para diferençar o grau de afinidade existente entre o desempenho acadêmico e o da vida real, em função das áreas de atuação: o desempenho acadêmico no campo das ciências naturais guarda estreita correspondência com o futuro desempenho na vida real. Assim, o indivíduo cujo futuro dependa do conhecimento de matemática, química ou física, campos aqui mencionados em caráter meramente exemplificativo, será tanto mais bem-sucedido quanto melhor for o seu desempenho acadêmico nessas áreas. Essa correspondência, no entanto, só como exceção se observa no campo das artes e das humanidades.

APRENDIZ INTUITIVO X PERITO DISCIPLINAR

Ao destacar a fluência espontânea do conhecimento como a característica que mais aproxima o aprendiz intuitivo do perito disciplinar, Gardner acentua algumas diferenças fundamentais. Enquanto o aprendiz intuitivo parece entender as coisas do mundo e seu processo evolutivo de um modo natural e arguto, ainda que nem sempre verdadeiro (segundo o Nobel mexicano Octavio Paz, os nativos do seu país, apesar de analfabetos, são cultos; não compreendem peculiaridades científicas, mas percebem a harmonia do universo), o aprendiz culto acresce à fluência de sua capacidade de aprender e ao conhecimento integrado e aparentemente espontâneo o rigor disciplinar exigido pelo campo de estudo para que seja apreendido corretamente, conforme recomendado pelos melhores entre os seus praticantes. As aberrações intelectuais que não estão imunes de praticar resultam do sedimentado consenso acadêmico que, não raro, chancela barbaridades, do que a história da ciência oferece inúmeros exemplos. De qualquer modo, os peritos disciplinares, mais ainda do que os aprendizes intuitivos, são responsáveis pela superação de erros históricos que atrofiaram o progresso humano e comprometeram a qualidade da nossa convivência. Provavelmente, dessa contingência nunca estaremos inteiramente imunes.

Resulta meridiano que o propósito de toda aprendizagem é o de permitir a profunda compreensão do tema estudado, missão que só é alcançada na sua plenitude pelo aprendiz culto ou perito disciplinar. Quanto mais diversificada for a tipologia das inteligências, mais fácil será a tarefa de fazer da educação um instrumento cada vez mais eficaz na conquista da compreensão do mundo e da vida.

Para a rápida compreensão dos três diferentes tipos de aprendiz ou de aprendizado, Gardner apresenta a seguinte moldura gráfica (tabela):

	Aprendiz Intuitivo	Aprendiz Tradicional	Aprendiz Culto
Idade	Até os 7 anos	Idade escolar	Qualquer idade
Limitações	Neurológicas e de desenvolvimento	Históricas e institucionais	Disciplinares e epistemológicas
Desempenhos	Compreensão intuitiva	Rotineiro e tradicional	Compreensão disciplinada

Como Howard Gardner, Robert Sternberg associa cognição e ambiente na defesa de sua teoria triárquica da inteligência humana, sustentando serem estreitos os critérios tradicionais utilizados para avaliá-la. Discorda, porém, de Gardner quanto ao abandono das concepções tradicionais, porque não vê como possam habilidades como as musicais e as cinestésico-corporais, para ele talentos e não tipos de inteligência, servirem como fator adaptativo do indivíduo ao meio cultural. Segundo pensa, a inteligência é dotada de três aspectos, integrados e interdependentes, que Gardner confundiu com tipos diferentes de inteligência: o relacionado ao mundo interior da pessoa; o relacionado às ocorrências do mundo externo; e um terceiro relacionado à experiência, mediadora entre os dois mundos, o interior e o exterior.

O primeiro aspecto, o relacionado com o mundo interior, consiste nos processos e representações cognitivas que compõem o cerne do pensamento. Esses processos seriam de três índoles: 1) os responsáveis pela decisão do que fazer e, em seguida, pela avaliação de como foi feito; 2) os responsáveis por fazer aquilo que se decidiu fazer; e 3) os relacionados a aprender como fazê-lo antes de outra coisa qualquer. Ao ter que escolher entre qual de duas marcas adquirir, o cliente precisa decidir o critério a adotar para concluir qual das duas é a mais vantajosa. Se o critério for o de preço, ele processa os cálculos; antes disso, porém, o cliente já aprendera a realizá-los.

O segundo aspecto consistiria na aplicação desses mesmos processos ao mundo exterior. Segundo Sternberg, os processos mentais cumprem três funções na vida diária: adaptação ao ambiente existente, transformação de um ambiente em outro e escolha de novos ambientes quando os anteriores já não servem mais. De acordo com sua teoria triárquica, as pessoas mais inteligentes não são apenas aquelas capazes de realizar bem e rapidamente processos cognitivos; são, sobretudo, as capazes de identificar suas forças e fraquezas, de modo a explorar bem as forças e remediar as fraquezas. É por isso que as pessoas mais dotadas terminam por descobrir um ambiente onde possam operar com maior proveito.

O terceiro e último aspecto da inteligência trina consiste na mediação e integração, pela experiência, dos mundos interior e exterior.

Um dos medidores da inteligência reside na habilidade de lidar com situações novas, a exemplo de alguém que deixa sua terra, onde se sente muito bem adaptado, para viver numa completamente distinta. Entregar-se-ia ao desespero? Veria nesse mundo novo uma oportunidade, dependente, apenas, de criatividade? Optaria por uma dentre as inúmeras possibilidades, intermediárias entre esses dois extremos? Ou alguém que se vê, de inopinado, sem seus óculos de grau e sem perspectiva de reavê-los a tempo de ler o texto da conferência que está na iminência de proferir. Pediria a alguém para ler o texto em seu lugar? Improvisaria a exposição dos tópicos cochichados por terceiros? Distribuiria o texto com os presentes? Marcaria nova data?

Para Sternberg, o modo adaptativo de reagir a essas situações incômodas determinaria o nível de inteligência dos indivíduos. Para ele, a automatização do processo cognitivo seria, também, importante elemento aferidor da inteligência, fato que ocorre toda vez que se passa a dominar uma situação nova, como tocar um instrumento, dirigir um carro, acompanhar o noticiário enquanto se conversa. As habilidades para lidar com o novo e a automatização dos processos cognitivos estão intimamente relacionadas, porque, quanto mais automatizamos a realização de nossas incumbências diárias, mais recursos mentais são disponibilizados para lidarmos com novas experiências.

EVOLUÇÃO DA PSICOMETRIA

Antes de chegarem ao estágio atual, as teorias psicométricas viveram grandes desencontros. Foi o psicólogo americano Lee Cronbach, reconhecida autoridade em testes psicométricos, quem, em 1957, primeiro chamou a atenção para o fato de que os psicólogos ora se especializavam nas diferenças, ora nos traços comuns às pessoas, não havendo quem cuidasse de ambos como faces de uma mesma moeda. Essa oportuna advertência de Cronbach provocou, em grande medida, o interesse pelas teorias cognitivas da inteligência e dos processos subjacentes a elas. Sem a compreensão desses processos subjacentes, os testes de inteligência e de outras performances podem resultar eivados de erros, advertiu ele. Como exemplo, considere-se o seguinte teste de analogia verbal, tão frequente nas avaliações psicométricas: audaz – pusilânime; fraternidade – egocentrismo; escrupuloso – anético; loquaz – silente. Se o desempenho do examinando for negativo, a causa tanto pode ser déficit de raciocínio, se o aluno domina o significado das palavras constantes do teste, quanto pode ser a pobreza vocabular. Afinal de contas há tanta gente com o mínimo de conhecimento linguístico que raciocina bem, como há muita gente com grande domínio idiomático, mas pobre de raciocínio. Comum às diferentes teorias cognitivas da inteligência é o pressuposto de que esta compreende um conjunto de representações mentais de informação (ideias, proposições, imagens) e um conjunto de processos que opera sobre essas representações. Quando comparadas as inteligências de duas ou mais pessoas, considera-se mais inteligente aquela que expuser mais clara e rapidamente essas representações. Saber se essas representações são processadas em série, uma após a outra, ou se podem ser processadas simultaneamente, é tema que divide os estudiosos.

Na esteira de Lee Cronbach, os psicólogos Earl B. Hunt, Nancy Frost e Clifford E. Lunneborg demonstraram, em 1973, a possibilidade de associação dos testes psicométricos com o modelo cognitivo. Em lugar dos testes tradicionais, priorizaram-se as tarefas experimentais já usadas em laboratório para estudar os fenômenos básicos da cognição, como a percepção, o aprendizado e a memória. Demonstrou-se, então, que os diferentes desempenhos individuais no cumprimento das tarefas, até então negligenciados, guardavam alguma relação com os diferentes resultados individuais alcançados nos testes psicométricos de inteligência. Pouco tempo depois, Sternberg aportou valiosa contribuição aos estudos de Hunt e colegas, como vimos há pouco.

Paralelamente à realização desses estudos, os psicólogos Allen Newell, Herbert Simon e Clifford Shaw, todos americanos, realizaram pesquisas no campo da cognição, através de modelos computadorizados que conduziram ao novo campo de conhecimento denominado inteligência artificial.

O fato de nos cálculos computacionais operar-se o modelo serial de informação não foi suficiente para elidir a dúvida prevalecente sobre se o processamento mental das informações é serial ou simultâneo. Aparentemente, a mente humana é capaz de utilizar os dois processos, o serial e o simultâneo, numa infinita combinação de possibilidades.

Contribuindo para acentuar o relativismo desses testes, o psicólogo Michael Cole advertiu que o conceito de inteligência não é culturalmente unímodo, podendo variar, inclusive, de um lugar para outro dentro de um mesmo contexto cultural. Advirta-se que até agora, pelo menos, os testes convencionais que se têm revelado eficazes na predição do desempenho acadêmico não são confiáveis para antecipar a qualidade do desempenho no trabalho, na família e em outras dimensões da vida.

INTELIGÊNCIA PARA QUÊ?

Tradicionalmente, associa-se a inteligência à capacidade de oferecer respostas rápidas e sucintas a problemas de linguística e de lógica, inclusive a matemática. Ou a encará-la no vazio, como se sua percepção não dependesse do contexto em que opera. As inteligências não operam no vazio. É indispensável que haja uma provocação e um contexto. A intensidade e a extensão do potencial intelectual dos indivíduos dependem, para realizar-se, do ambiente cultural onde operam. Só como exceção é possível aceitar-se a irrefletida conclusão de Samuel Johnson de que "o verdadeiro gênio é detentor de uma mente com grandes e genéricos poderes, orientado, por acaso, numa determinada direção". Ao contrário. É indispensável contextualizar a inteligência para que tenhamos condições de avaliá-la, como, aliás, minha mulher, Lídice Góes, sempre concluiu de modo inteiramente intuitivo.

É por isso, fora de dúvida, que uma adequada avaliação da inteligência deve levar em conta o contexto social do examinando, além do fato de que cada tipo de inteligência requer uma teoria educacional específica, ajustada ao conjunto de suas características. Repita-se: é um erro gerador de grandes prejuízos supor que as mesmas técnicas educacionais possam ser aplicadas indiferentemente a qualquer tipo de inteligência.

Numa comunidade ágrafa ou analfabeta, ou onde se escreve com ideogramas, um disléxico viveria sem qualquer desvantagem. Já numa sociedade letrada, usuária do sistema alfabético, grande esforço ele teria que desenvolver para minimizar o peso dessa limitação. Uma hipotética inteligência que operasse sem levar em conta fatores culturais seria uma aberrante monstruosidade. Não é de estranhar, pois, a importância que se atribui aos artefatos e invenções, bem como à convivência social, no desenvolvimento da inteligência humana, ao longo dos 500 mil anos que compreendem seu processo evolutivo mais recente. É precisamente por haver incorporado essa crença à sua reflexão que o trabalho de Howard Gardner passou a desfrutar de grande aceitação e prestígio.

Por outro lado, certos tipos de inteligência são mais facilmente aferíveis do que outros, na família, na escola e na sociedade, a exemplo da inteligência linguístico-verbal, ostensivamente presente nos grandes poetas, escritores e oradores, razão pela qual ganham mais fácil e rápidamente patrocínio. O mesmo ocorre com os indivíduos em quem a inteligência lógico-matemática é predominante. É curioso que, apesar do inegável prestígio que a inteligência lógico-matemática desfruta, ainda não se compreendam satisfatoriamente os mecanismos que permitem se chegar à solução dos problemas que lhe são pertinentes. Para dificultar o entendimento do processo, verifica-se que, ao lado de jovens prodígios que excelem na resolução de questões lógico-matemáticas, como foi bem estudado por Piaget e outros, há idiotas-sábios dotados de excepcional capacidade computacional, conquanto destituídos minimamente de outros tipos de inteligência.

Nessa ostensiva aptidão, talvez, resida a razão da existência histórica de um avultado número de personalidades exponenciais no campo das letras, em comparação com outros domínios da ação humana. A percepção de outros tipos de inteligência requer contextos específicos que podem tardar em se constituir ou até mesmo nunca se evidenciarem, como é o caso das inteligências intra e interpessoal, cinestésico-corporal, existencial e espacial, fato que igualmente leva seus portadores a retardarem ou a nunca terem acesso ao conhecimento de suas maiores vocações.

A experiência histórica, ainda que não reconhecida oficialmente, tem comprovado que é mais fácil desestimular, entorpecer ou anular os grandes talentos nascentes do que estimulá-los para alcançar a plenitude de seu potencial. Isso ocorre como resultado da crença de que a educação deve ser ministrada de modo uniforme, como mecanismo de integração social. Os que propugnam essa teoria obedecem, ainda que inconscientemente, aos apelos da inveja, que não se cala diante da inevitável desigualdade do mundo dos homens, consoante o quadro de desigualdade característico do mundo das coisas e dos animais, como, de modo amplo, buscamos demonstrar em *A inveja nossa de cada dia*.

Bem ao contrário, uma boa educação não pode deixar de levar em conta que as crianças de diferentes idades ou que se encontram em diferentes estágios intelectuais têm necessidades distintas, requerem diferentes modos de abordagem cultural e conteúdos programáticos em sintonia com seus talentos e suas motivações existenciais. O que é mais do que evidente quando se levam em conta fatores como o meio cultural, os tipos de inteligência predominantes em cada indivíduo, bem como suas respectivas inclinações ou vocações.

É interessante observar como os economistas põem pouca ou nenhuma ênfase na importância, para o desenvolvimento dos povos, do esforço para identificar os interesses, objetivos e inclinações dos jovens com o fim de ensejar-lhes a realização plena do seu potencial criador. O reconhecimento da existência de múltiplas inteligências e da necessidade de valorizá-las como meio de possibilitar a completa realização dos indivíduos é de fundamental importância para a promoção da riqueza coletiva. Na base desse raciocínio está a refutação cabal dos argumentos que negam viabilidade à educação personalizada, em face do seu caráter utópico, pelos custos proibitivos de implementá-la. Foi concluindo de modo diferente que países como a Finlândia e a Coreia do Sul alcançaram em poucas décadas o patamar de povos desenvolvidos do qual ainda nos encontramos muito distanciados.

AVALIAÇÃO PSICOLÓGICA

A avaliação psicológica do rendimento intelectual mede alguns aspectos do comportamento humano através de testes objetivos que obedecem a requisitos previamente selecionados, segundo métodos rigorosos de atuação e interpretação. A gama dos aspectos que se procura medir inclui, dentre outros de índole emocional, as atitudes, a inteligência e os traços da personalidade.

Observados os mesmos princípios éticos e profissionais, a avaliação pode ser realizada por psicólogo-clínico, industrial ou educacional. A interpretação do teste se processa pela comparação do resultado individual obtido, com os níveis médios do grupo a que pertence. Para ser eficaz, o teste deverá assegurar satisfatória previsibilidade do comportamento dos indivíduos avaliados, fator de grande utilidade na tomada de decisões em contextos em que esses indivíduos sejam protagonistas, ativos ou passivos.

O CONTROVERSO CONCEITO DE INTELIGÊNCIA

O nível de inteligência dos indivíduos foi e continua a ser objeto de constantes e apaixonadas discussões, de caráter predominantemente subjetivo. Enquanto alguns sugerem que a chave para medir a inteligência está na velocidade da reação do examinando, outros acreditam que a observação das ondas cerebrais é o caminho. Outros tantos, a partir de instrumentos mais sofisticados, como o teste de aptidão escolástica, pretensamente o único capaz de aferir QIs iguais ou superiores a 130, sugerem que a inteligência poderia ser medida num plano unidimensional, mediante a aferição da aptidão verbal e matemática. De tal modo é predominante a crença de que a linguístico-verbal e a lógico-matemática são os mais importantes tipos de inteligência que muitos as reputam, ainda hoje, as únicas que verdadeiramente importam, não passando as demais de variáveis dependentes daquelas duas centrais.

Os testes de inteligência medem a capacidade total de um indivíduo relacionar-se com o mundo a seu redor. A busca de instrumentos capazes de medir essa capacitação em diferentes áreas emocionais conduziu ao primeiro teste pragmático, em 1905, pelos psicólogos franceses Alfred Binet e Théodore Simon. Animava-os o propósito de identificar os alunos das escolas parisienses que precisavam de algum tipo de auxílio compensatório de seu handicap intelectual. Na virada do século XIX para o XX, eles receberam a incumbência de elaborar um meio capaz de predizer que alunos seriam aprovados e reprovados nas escolas primárias de Paris. O teste que idealizaram passou a ser chamado de "teste da inteligência", pela quantificação do QI ou quociente de inteligência. De Paris, o teste passou a ser usado com pequeno sucesso nos Estados Unidos até a eclosão da Primeira Guerra Mundial, a partir de quando alcançou grande aceitação como poderoso instrumento científico, consolidando-se, com sua aplicação em nada menos que 1 milhão de recrutas convocados para o conflito. O grande apelo do teste foi o de ensejar que se evoluísse de um critério subjetivo, como a intuição, para avaliar o potencial e a inteligência das pessoas, para um critério objetivo, de confiabilidade acentuadamente maior. A partir daí, acelerou-se a busca do aperfeiçoamento dos meios para cumprir essa ambiciosa tarefa, surgindo muitas propostas, cada uma delas aportando alguma contribuição ao entendimento do complexo fenômeno da inteligência, a exemplo do Rorschach test, criação do psiquiatra suíço Hermann Rorschach (1884-1922), que se propõe a conhecer os traços estruturais subjacentes à personalidade dos indivíduos, através da descrição de cada um dos dez desenhos seriados que lhes são submetidos.

Adicione-se, em favor dos autores, que, ao tempo de sua proposição, ainda não existiam nem a ciência da cognição, que estuda a mente, nem a neurociência, que estuda o cérebro, sem as quais não teria sido possível alcançar o patamar em que hoje nos encontramos.

O teste Binet-Simon comparava a pontuação alcançada por cada criança com a média obtida por outras da mesma idade.

Onze anos depois, em 1916, o psicólogo norte-americano Lewis Terman revisou a tabela Binet-Simon, ajustando-a a crianças a partir dos 3 anos de idade. Com a revisão de Terman, o teste passou a ser chamado de Stanford-Binet. Revisado mais duas vezes, em 1933 e 1960, o teste continua sendo um dos mais utilizados para medir a inteligência humana, por contar com a inegável vantagem da padronização de suas medidas, com excelente consistência interna e alta confiabilidade.

Estudos iniciados em 1921, na Stanford University, concluíram que os alunos de QI elevado eram não só os que apresentavam melhor rendimento acadêmico, como eram os mais bem-sucedidos na vida real. A partir de certo nível de QI, porém, a repercussão sobre o desempenho na vida real não se verifica com a superioridade que se poderia esperar. Estudos posteriores sugeriram que o ponto de inflexão situa-se em torno de um QI de 120, abaixo do qual é difícil realizar-se alguma contribuição notável. Observou-se, também, que um QI superior a 120 não conduz, necessariamente, a uma maior criatividade. Supõe-se que a causa dessa desconcertante constatação resida na tendência a negligenciar exibida por muitos indivíduos superdotados. Intuindo essa razão, Goethe sustentava ser a ingenuidade ou o despojamento de vaidades intelectuais o mais importante atributo dos gênios.

Contemporaneamente ao surgimento dos testes Alfa e Beta, concebidos para classificar os soldados convocados para a Primeira Grande Guerra, o psicólogo Robert Woodworth concebeu o *Personal Data Sheet*, folha pessoal de dados, pioneiro dos vários testes de personalidade, em uso desde então.

A escala de Wechsler-Bellevue, nascida dos debates sobre a natureza da inteligência, na década de 1930, além de fornecer uma medida geral da capacidade mental, informava a respeito das áreas mais fortes e mais fracas do intelecto, com a vantagem adicional de ser aplicável a todas as idades, da pré-escolar à adulta, alcançando a mesma importância da escala Binet-Simon.

O domínio dos testes mentais ganhou muito prestígio ao servir de instrumento eficaz no processo de seleção das tropas americanas para lutar na Primeira Grande Guerra. A partir de então, popularizaram-se como testes escolares. Os testes de criatividade, porém, nasceram na Segunda Grande Guerra, quando a força aérea dos Estados Unidos atribuiu ao psicólogo J. P. Guilford, da University of Southern California, a tarefa de conceber meios que ensejassem a seleção de pilotos capazes de reagir adequadamente diante de uma emergência, salvando-se e ao avião. Como os testes até então predominantes não abrangiam a avaliação da originalidade, Guilford foi incumbido de desenvolver o que veio a denominar-se de teste de pensamento divergente.

O crescente interesse e valorização da psicanálise possibilitaram a aparição de duas técnicas de projeção para o estudo das motivações inconscientes: o teste das manchas de tinta, do psiquiatra suíço Hermann Rorschach, e o teste de percepção temática, o TAT, de cunho narrativo, dos psicólogos americanos Henry A. Murray e C. D. Morgan, ambos de uso corrente no estudo da personalidade, particularmente na área clínica.

No ambiente educacional, os testes de inteligência, em menor escala, e os de conhecimento, em escala universal, são usados em caráter rotineiro. Nos países que priorizam a educação, independentemente do grau de riqueza nacional, aplicam-se também testes audiovisuais na rede pública de ensino a partir da escola primária, para aferir a capacidade dos alunos de aprender a ler e a escrever.

São de vários tipos os testes de inteligência. Enquanto o Stanford-Binet põe em relevo as habilidades verbais, a escala de Wechsler se divide em duas subescalas para distinguir a inteligência verbal da não-verbal, cada qual com seu coeficiente intelectual específico. Ressalte-se a existência de testes infantis que não necessitam recorrer à linguagem, bem como testes coletivos apoiados em desenhos.

Os primeiros testes de inteligência realizados por Binet-Simon procuraram medir a idade mental, o nível intelectual da criança, comparado à média do grupo de sua idade, para saber se ela se situava abaixo, acima ou na média do grupo. A medida da inteligência seria encontrada pela divisão da idade mental pela cronológica, cujo resultado seria multiplicado por 100, método ainda vigente.

O valor da inteligência média foi arbitrado como sendo 100, encontrando-se cerca de metade da população entre 90 e 110.

Muitas pessoas crescem, vivem e morrem sem jamais tomarem consciência de algumas deficiências natas que comprometem sua capacidade de aprender e de competir pela sobrevivência, sobretudo em países ou regiões do Terceiro Mundo. Não é difícil perceber a importância social, política e econômica do esforço sistemático de prevenir e corrigir essas limitações que impedem os indivíduos de melhor aproveitarem seu potencial emocional e intelectual, bloqueando-lhes o acesso à felicidade.

Não há dúvida de que uma boa educação, como política de superação da pobreza e miséria, deve priorizar a regular, sistemática e universal aplicação dos exames necessários à detecção e superação precoce dessas e de outras deficiências.

As organizações, em geral, públicas e privadas, só têm a ganhar com a extensão desses cuidados ao seu corpo funcional.

Para os indivíduos, o teste de aptidão, destinado a ensejar-lhes o encontro com sua vocação é, sem dúvida, o mais importante de todos, porque não há nada como o encontro redentor do indivíduo com a profissão para a qual foi talhado! Daí o valor da observação de Confúcio no V século antes de Cristo: "Escolha bem a profissão, e você não terá que trabalhar um dia sequer na sua vida".

TESTES DE INTERESSE

Aplicados como meio de orientar vocações, os testes de atitudes e interesses, que são autoaplicáveis, podem antecipar os níveis de satisfação futura no exercício das diferentes profissões ou atividades. Ainda que não se proponham a assegurar o grau de êxito profissional, certamente favorecem um melhor desempenho, aliado a um sentimento de felicidade, por facilitar a identificação daquilo de que se gosta, consoante o já mencionado brocardo: feliz é aquele que encontra no seu dever uma fonte de prazer, como a toda hora dizia de si o velho e saudoso bruxo Ulysses Guimarães, explicando seu invencível gosto pela prática política. O tenista Fernando Meligeni declarou em entrevista televisiva que se sentia um felizardo por ser remunerado para praticar um esporte que era uma de suas maiores fontes de prazer. Lazer e dever conjugados.

Os testes psicométricos da personalidade medem o ajuste emocional e social do indivíduo e definem o tipo de ajuda psicológica requerida, através da descrição do seu comportamento, atitudes e sentimentos, de modo a associá-los a traços marcantes da personalidade, como predomínio da introversão ou extroversão, euforia ou depressão.

Os testes de projeção baseiam-se no fenômeno da projeção, processo descrito por Freud como a tendência para atribuir a terceiros pensamentos e sentimentos que não admitimos possuir. Como são pouco estruturados, esses testes ensejam respostas mais pessoais e profundas, permitindo auscultar as motivações mais íntimas da alma. Os testes mais populares, desse tipo, são o Rorschach, ou teste das manchas de tinta, e o TAT, ou teste da percepção temática. Há também testes que se realizam pela conclusão de frases, associação de palavras e desenhos, dos quais os mais aplicados são o da figura humana – batizado de esquema corporal –, o da árvore e o da casa.

Não obstante as duras críticas metodológicas sofridas por esses testes, por sua excessiva complexidade e subjetividade diagnóstica, além de difícil aplicação em grandes grupos, é inegável sua utilidade na psicologia clínica, que analisa a personalidade individual, por aportarem informações de grande importância, inencontráveis nos testes meramente psicométricos.

INTERPRETAÇÃO DOS RESULTADOS

A etapa mais difícil na avaliação psicológica é a interpretação do resultado que se processa a partir da pontuação alcançada, que situará o indivíduo testado em uma de três posições: acima, abaixo ou no mesmo nível do grupo a que pertence ou da população em geral. Se alcançar 50%, isso quer dizer que ele está acima deste percentual da população, e abaixo do mesmo percentual. Se o percentual for de 95%, o indivíduo estará acima de 95% da população e abaixo de apenas 5%, e assim por diante. O nível intelectual dos indivíduos situados na reduzida faixa de 1% dos mais dotados registra um coeficiente superior a 145 pontos, ao passo que o nível de normalidade começa nos 70 pontos.

O grau de validade dos diferentes testes depende do grau de previsibilidade comportamental dos indivíduos, obtido a partir da pontuação alcançada, independentemente de quem tenha aplicado o teste. Alguns testes cobrem um amplo espectro de habilidades requeridas para o bom exercício de várias profissões semelhantes ou distintas, enquanto outros se concentram na busca de habilidades específicas, como uma vocação artística, matemática, gerencial, esportiva ou linguística.

A confiabilidade ou validade de um teste desdobra-se em três vertentes:

1. A validade interna exige que os dados incorporados a um teste sejam uma amostra suficientemente representativa da totalidade dos elementos que poderiam ser utilizados. Um teste de raciocínio, por exemplo, deve conter questões de diferentes graus de complexidade.

2. A validade externa ou de critério requer que o teste seja capaz de ajustar-se a uma situação futura ou concorrente. Um teste será mais ou menos válido na medida em que os testados numa determinada área obtiverem, na prática, um desempenho compatível com as previsões feitas. Tratando-se de um teste novo, seu grau de validade externa pode ser aferido pela compatibilidade que guardar com um teste clássico de eficácia comprovada.

3. A validade construtiva apoia-se nos traços ou qualidades psicológicas que o teste tenciona medir, demonstrando, a priori, que certas características são condicionantes da pontuação alcançada. Um teste que objetive identificar quem é mais susceptível ao êxito deve relevar a independência psicológica, a persistência na solução de problemas difíceis e elevada competitividade.

A principal crítica à avaliação psicológica se origina de dois aspectos conjugados: o primeiro reside nos defeitos técnicos na elaboração dos testes e nos problemas éticos envolvidos no momento de interpretar os resultados; o segundo está em suas aplicações. Como todos os testes contêm falhas, é imperativo considerá-los como elemento adjutório do difícil processo de avaliação psicológica. A maior parte das críticas que recaem mais acentuadamente sobre os testes que medem a inteligência nasce de sua excessiva quando não precipitada valorização na tomada de decisões de grande significado para a vida das pessoas. Na realidade, os psicólogos chamam a atenção sobre o risco de quebra de ética, quando o diagnóstico, precipitadamente, exclui, do exercício de certas profissões, jovens dos segmentos menos aquinhoados da sociedade, em favor dos membros da classe média para cima, fato que na prática consubstancia odiosa discriminação.

EDUCAÇÃO ESPECIAL

Cabe à educação especial, campo de estudo recente, definir os modos de lidar com as crianças sub e superdotadas. Uma criança é considerada requerente de uma educação especializada quando não se revela capaz de acompanhar o rendimento mínimo exigido dos alunos de sua faixa etária, ou quando, apesar de superdotadas, apresentam uma inadequação comportamental que as torna improdutivas e insatisfeitas, além de um estorvo para o grupo. Os programas educativos convencionais não atendem às necessidades de ambos os grupos: os sub-dotados pela óbvia dificuldade de acompanhar o programa curricular nos diferentes planos, combinados ou isolados, da linguagem, da memória, da audição, da visão, da comunicação, da higidez cerebral e outras limitações; os superdotados pelas razões opostas, ou seja, por possuírem uma capacidade excepcionalmente elevada nos diferentes planos da liderança, da criatividade e do desempenho artístico e acadêmico. Estima-se em 20% o contingente de crianças carentes de algum tipo de educação especializada ao longo de sua formação escolar. A grande maioria desse contingente pode resolver suas carências mediante a utilização de recursos humanos e materiais encontráveis no ambiente escolar. Uma minoria, porém, necessitará de recursos mais caros e mais sofisticados, corriqueiros nos países mais ricos, sobretudo a partir das três últimas décadas do século XX, mas indisponíveis nas nações do terceiro mundo, com a exceção dos pertencentes a famílias abastadas. Ao longo desses anos, operou-se uma alteração radical na postura dos setores públicos e privados, no sentido de promover a integração social, psicológica e econômica das pessoas portadoras de necessidades especiais, com imediata e profícua repercussão sobre as práticas da educação especial dos jovens carentes na rede escolar ordinária. A participação dos pais desses jovens carentes, intervindo, ajudando, questionando, foi da maior importância para o avanço do processo, cuja inexistência, em meados do século XIX, levou ao afastamento da escola, aos 9 anos de idade, de nada mais, nada menos do que Thomas Edison, por alegada incapacidade de acompanhar as aulas...

RAÍZES HISTÓRICAS DA EDUCAÇÃO ESPECIAL

O nome do frei Gilabert Jofré se associa a uma das mais antigas iniciativas no campo do ensino especializado. Já no início do século XV, em Valência, na Espanha, criou ele um centro destinado ao tratamento de pessoas portadoras de problemas psicológicos.

Em meados do século XVI, o monge beneditino espanhol Pedro Ponce de León elaborou, em caráter pioneiro, um método para ensinar a alunos surdos, no que foi acompanhado, no século seguinte, pela ação inovadora de Juan Pablo Bonet, que viria a escrever a primeira obra tendo como tema a educação dos surdos. No último quartel do século XVIII, o francês Valentin Haüy, sensibilizado com a condenação dos cegos às trevas também do conhecimento, passou a ensinar-lhes os rudimentos da leitura básica. Coube a Louis Braille, porém, já em fins do século XIX, a palma do método redentor que leva o seu nome, de prestígio e uso crescentes nos dias atuais.

Foi o médico otologista francês Jean Marc Gaspard Itard, todavia, um dos primeiros a defender a necessidade de uma educação especializada para os jovens portadores de deficiências. (Otologia é a parte da medicina que cuida dos problemas do ouvido em todos os seus aspectos.) Itard aplicou, pioneiramente, sua teoria a um jovem selvagem que havia encontrado, por acaso, vagando pela floresta nas cercanias de sua cidade. Ao rapaz errante, cognominado Victor, Itard aplicou, entre 1801 e 1805, certas técnicas de ensino, destinadas a capacitá-lo à convivência social, como fazer o asseio pessoal, vestir-se e comunicar-se com as pessoas. Suas técnicas, transportadas para os Estados Unidos pelo discípulo Edouard Séguin, conheceram grande progresso.

A ampliação dos serviços sociais e de saúde tem ensejado a valorização de um magistério cada vez mais capacitado a ministrar educação especializada, mediante o esforço de identificar os pontos fortes e fracos dos alunos carentes, individualmente considerados, com o objetivo de maximizar o aproveitamento de suas potencialidades. De um modo geral, o ensino recorre, com acentuada frequência, a métodos relacionados com o meio ambiente ecológico, o lar e a comunidade. As medidas do avanço não devem comparar o desempenho alcançado com os programas convencionais, mas com o programa de estudo especialmente elaborado para o aluno avaliado, em sintonia com o conjunto de suas características individuais, tais como: deficiências mentais, físicas, auditivas e da visão, inadequação de conduta, deficiência para ler, escrever e falar. A regra aqui é a exceção, ou a exceção é a regra. Para o êxito do programa é fundamental o engajamento sacerdotal de um magistério qualificado em técnicas pedagógicas e psicológicas específicas, apoiadas num suporte tecnológico compatível. Qualificação que no Brasil está longe do mínimo desejável. O argumento de que não há recursos disponíveis para o atendimento desses alunos "especialmente capacitados" não resiste ao teste da racionalidade, porque é muito mais barato prevenir do que remediar os males futuros, decorrentes de uma inadequação social de amplos contingentes populacionais. Para todas as deficiências existem técnicas, processos e instrumentos capazes de minimizá-las, superá-las ou, até mesmo, eliminá-las.

O processo está em curso lento, no Brasil. Trata-se de mais uma sinfonia que só Deus sabe até quando permanecerá inacabada. Inevitável, por isso, que nem sempre as boas intenções, nesse campo, redundem em desfechos satisfatórios e felizes.

EDUCAÇÃO PROGRESSIVA

O movimento em favor de uma educação progressiva foi parte de uma reforma social e política mais ampla, denominada movimento progressivo, que ocorreu entre as últimas décadas do século XIX e as primeiras do século XX.

As ideias em torno de uma educação progressiva se instalaram na Europa e nos Estados Unidos, em fins do século XIX, como uma reação orquestrada contra a educação tradicional, julgada limitada e excessivamente formal. Suas origens se confundem com as reformas pedagógicas por que passou a Europa entre os séculos XVII e XIX, sendo *Emílio* (1762) de Rousseau o principal foco de irradiação, repercutindo na obra dos grandes nomes que o sucederam, a exemplo de Johann Bernhard Basedow e Friedrich Fröbel na Alemanha, Pestalozzi na Suíça e Horace Mann nos Estados Unidos. O objetivo comum a todas essas iniciativas era romper com a excessiva rigidez da escola tradicional e alcançar a compreensão dos conceitos e valores em vez de sua memorização por mera repetição. O ensino, em lugar de imposto, deveria ser conduzido de modo a despertar o interesse da criança no desabrochar de suas potencialidades, com base nos princípios democráticos e em sua valorização como ser humano.

A difusão do ensino primário ou elementar por todo o Ocidente declarara guerra ao analfabetismo, contribuindo para elevar, significativamente, o nível de maturidade intelectual das massas. Não obstante todo esse avanço, as escolas não conseguiam corresponder às exigências de um mundo em acelerada transformação social. A insatisfação com o padrão escolar existente levou vários educadores reformistas a implantarem escolas experimentais compatíveis com suas ideias.

Sob a influência do educador americano William Wirt, que implantou seu programa piloto em Gary, Indiana, a partir de 1907, mais de mil escolas experimentais foram abertas para o ensino público em cerca de duzentas cidades. A "Escola Completa" do Plano Gary, nome com que se popularizou, incluía trabalho, estudo e lazer para todas as turmas, o ano inteiro. A ênfase dada às atividades recreativas e vocacionais, ao longo de oito horas de permanência na escola, em vez das seis tradicionais, otimizava o uso das instalações escolares. Antes de morrer, em 1938, Wirt testemunhou, acabrunhado, como a ofensiva irada e injuriosa dos defensores do status quo reduziu o número de suas escolas experimentais a umas poucas. Conservador republicano, Wirt atacou o programa educacional de Franklin Delano Roosevelt, acusando o sistema escolar de fomentar a propagação do comunismo. Uma comissão do Congresso americano, formada para investigar a questão, concluiu pela improcedência da acusação de Wirt.

O núcleo da educação progressiva volta-se para a educação integral da criança, promovendo o seu desenvolvimento no tríplice aspecto: físico, emocional e intelectual. A escola seria um laboratório onde a criança aprende fazendo coisas e desenvolvendo atividades relacionadas ao objeto do seu estudo, sendo a experimentação e o livre pensar implementados através de diferentes práticas criativas, como trabalhos manuais ou intelectuais. A sala de aula deveria ser usada como um microcosmo da democracia, na visão do mais influente dos defensores da educação progressiva, o pensador norte-americano John Dewey.

O movimento proliferou na Inglaterra mediante a implantação de escolas experimentais, estendendo-se desde a de Abbotsholme, de Cecil Reddie, aberta em 1889, até a de Summerhill, de A. S. Neill, inaugurada em 1921. Maria Montessori na Itália, Ovide Decroly na Bélgica, Adolphe Ferrière na Suíça e Elizabeth Rotten na Alemanha foram nomes que se destacaram na Europa como pioneiros na aplicação da educação progressiva. A aceitação do conceito da educação progressiva se acentuou a partir da década de 1920 em praticamente todos os países ocidentais, alcançando sobretudo as escolas públicas.

As ideias inovadoras concebidas em solo americano e mescladas com a tradição europeia não impediram as críticas dos idealistas e humanistas que torciam o nariz para a ênfase rousseauniana posta no fomento do interesse e na libertação da criança de valores tradicionais, como o estudo das línguas e das literaturas clássicas. Alguns dos efeitos mais duradouros do movimento podem ser encontrados nos programas de atividades internas ou voltados para a coletividade, como o incremento da cidadania e responsabilidade social, composições literárias livres, leituras dramatizadas, salas de aula com espaços flexíveis, desenvolvimento de novos métodos de aprendizagem, em parceria com os discentes etc.

EDUCAÇÃO CENTRADA NA CRIANÇA

Os proponentes dessa abordagem sustentam que as escolas devem ser concebidas e administradas para atender às necessidades das crianças e não o contrário, consoante os ensinamentos de Rousseau em *Emílio* e Pestalozzi em *Como Gertrudes ensina seus alunos*. Vários educadores pioneiros aderiram ao método inovador, a exemplo de Francis W. Parker, superintendente das escolas públicas em Quincy, Massachusetts, que atacou o mecanicismo típico da escola tradicional, inspirado nas linhas de montagem industrial, propugnando uma escola comprometida com a "qualidade do ensino", conceito envolvente de atividades, excursões, aprimoramento da própria expressão, compreensão das individualidades e desenvolvimento da personalidade.

Como as escolas ordinárias não aceitavam crianças portadoras de deficiências mentais, métodos especiais foram concebidos para elas, com bons resultados. Questionou-se, então: esses métodos não poderiam ser também utilizados em favor dos alunos normais? No início do século XX, Maria Montessori, na Itália, e Ovide Decroly, na Bélgica, acreditaram que sim e foram bem-sucedidos ao aplicarem seus métodos educacionais ao alunado comum.

A educadora Maria Montessori (1870-1952), primeira mulher italiana a graduar-se em medicina, partiu do pressuposto de que era necessário libertar a criança do jugo dos pais e dos professores para permitir o florescimento do seu potencial criativo, seu impulso para aprender e melhorar a autoestima, pelo reconhecimento dos direitos e valores individuais. O máximo estímulo à iniciativa individual e autocomando compunham o núcleo de sua visão pedagógica, tendo a autoeducação como pano de fundo, devendo a evolução biológica e mental ocorrer de modo harmônico. Versada em antropologia, filosofia, psicologia e educação, Montessori iniciou sua atividade médica como assistente da clínica psiquiátrica da Universidade de Roma, quando começou a interessar-se pelos problemas educacionais das crianças mentalmente retardadas, obtendo grande sucesso na aplicação do método pedagógico que passou a desenvolver. Em 1907, abriu a sua primeira Casa das Crianças (Casa dei Bambini), destinada ao ensino de crianças pobres, mas dotadas de inteligência normal, da periferia de Roma. O sucesso imediato foi tão expressivo que novas escolas foram abertas, processo que se repetiu ao longo dos quarenta anos seguintes, quando sua respeitabilidade como pedagoga levou-a a escrever, coordenar programas de treinamento e a proferir conferências na Europa, Índia e nos Estados Unidos. Segundo ela, as crianças, vítimas infelizes da castração adulta, se veem obrigadas a reagir de um modo alheio à sua verdadeira natureza, como meio de se autopreservarem emocionalmente. O primeiro passo para reformar a educação, portanto, seria dado na direção dos educadores, pelo esclarecimento de sua consciência, abolindo a percepção de sua presumida superioridade, tornando-os humildes e compassivos no trato com as crianças. O passo seguinte consistiria na criação de um ambiente onde a criança pudesse agir livremente, conforme sua natureza, sendo ela mesma, e não "borboletas pregadas na carteira". Montessori percebeu que alguns materiais bastante simples poderiam despertar nas crianças um interesse e uma atenção até então insuspeitados. Uma variada gama de utensílios é utilizada, começando pelos de mais simples manuseio e avançando gradativamente para os mais complexos, de modo a ensejar à criança a satisfação de vencer dificuldades cada vez maiores, a exemplo de contas organizadas em conjuntos numerados, para o ensino de aritmética, pedaços de madeira dispostos de modo a treinar o movimento dos olhos da esquerda para a direita, como na leitura, ou, ainda, pequenos cilindros com pesos distintos para ordenar a prática de pequenos exercícios físicos. Na fase inicial de um novo desafio, o professor comanda nos primeiros momentos, com o intuito de reduzir tensões que possam levar ao desestímulo precoce, saindo, porém, de cena, o mais cedo possível, para deixar o campo livre para a iniciativa infantil. Entre os 3 e os 6 anos, as crianças deveriam brincar livremente com esses materiais. Ao fim das atividades, apresentavam-se calmas e bem dispostas, inclusive as consideradas indisciplinadas, seduzidas pelo desafio e estímulo do trabalho voluntário. Os materiais visavam mais a atividade individual do que a coletiva, ficando esta restrita aos cuidados com a limpeza da escola.

A partir dessas experiências bem-sucedidas, a criança passaria a engendrar processos adequados para lidar com os encargos escolares e da vida diária, notadamente o aprendizado de línguas e aritmética.

Períodos de mais acentuada receptividade ao aprendizado de novos conhecimentos ocorrem em diferentes fases da vida dos jovens. Quando esses períodos são identificados, opera-se o rendimento intelectual máximo.

O prestígio do método Montessori se afirmou rapidamente em razão da velocidade, sem precedentes, com que as crianças aprendiam a ler e a escrever. Acossada pelo fascismo então dominante, deixou a Itália em 1934, indo se estabelecer na Holanda. A explicação detalhada do seu método está nos seus livros *Il Metodo della Pedagogia Scientífica (1909)*, *O método Montessori* (1912), *O método Montessori avançado* (1917-18), *O segredo da infância*, (1936), *Educação para um novo mundo* (1946), *Desenvolvendo o potencial humano* (1948), *A mente absorvente* (1949).

O método de Ovide Decroly (1870-1932) consiste num programa de trabalho baseado em centros de interesse e em jogos educativos. Inicialmente, Decroly era um médico dedicado ao tratamento de crianças excepcionais, de cuja atividade evoluiu para a área educacional, criando em 1901 uma escola onde as crianças se sentiam como se estivessem em casa. O surpreendente foi que suas crianças deficientes chegaram a colher resultados superiores aos obtidos pelas crianças normais, fato que o estimulou a aplicar o seu método às crianças comuns. Sua característica essencial é transformar a sala de aula numa oficina onde as crianças possam se ocupar livremente com seus afazeres e interesses. A partir da análise desse complexo de atividades individuais, organiza-se um bem elaborado esquema de trabalho destinado a atender à satisfação das necessidades e interesses da criança, priorizando-se a percepção do todo sobre as partes isoladas no aprendizado da leitura, da escrita, da aritmética, com ênfase na boa compreensão das experiências existenciais. A busca da satisfação das necessidades infantis compunha o programa escolar anual, apoiado em quatro pilares: alimentação, abrigo, proteção e trabalho.

Tanto quanto o Montessori, o método Decroly ganhou mundo.

PEDAGOGIA DAS COMPETÊNCIAS: CONTEÚDOS E MÉTODOS

As sociedades modernas vivem a síndrome das mudanças contínuas de suas estruturas e relações sociais porque sujeitas a novas tecnologias que permeiam o cotidiano de nossas vidas, sobretudo nos centros urbanos mais densamente povoados. Um fluxo contínuo de novos conhecimentos exige de todos um esforço permanente de atualização em múltiplos domínios. A sociedade moderna é exigente de um número crescente de capacidades para operar terminais bancários, de transportes, de comunicação, como fax, celulares e internet, lidar com um número cada vez maior de pessoas, de diversas origens sociais e culturais, conhecer as estruturas da vida social e tecnológica, cada vez mais complexas, por onde se operam os direitos e deveres de que dependemos para conviver e sobreviver socialmente.

Os indivíduos e os diferentes grupos sociais – sindicatos, empresas e grupos de pressão – elaboram seu ideário, mobilizados pelo desejo de interagir eficazmente com o núcleo social a que pertencem, de modo a extraírem o máximo de benefícios. Predomina a consciência, racional ou intuitiva, de que o êxito depende da darwiniana capacidade de sobreviver ou competir, adaptando-se. Em todo sistema social, como na vida em geral, a sobrevivência, identificada com a continuidade ou o crescimento, depende dessa capacidade de ajustamento às condições do meio. A aspiração de lucro dos agentes econômicos resulta desse desiderato. É por isso que Peter Drucker, o guru da administração, defendeu que o lucro não é o fim das organizações, mas uma condição para continuarem existindo. O fim, segundo ele, seria o atendimento de uma necessidade social.

O extraordinário progresso humano, em todos os planos – social, político, econômico, tecnológico e científico –, advém dessa egoística aspiração de competir e sobreviver que conduz à redução de custos, inclusive à diminuição dos postos de trabalho numa determinada atividade, e ao aumento da produtividade e da qualidade dos serviços e produtos, num moto contínuo de resolução de velhos problemas mediante a criação de novos. O afastamento dos inaptos e a consequente valorização dos melhores, com o estímulo à acumulação individual de riquezas, são os valores que inspiram a sociedade de mercado em que predomina a lógica meritocrática impositiva de desigualdades inelutáveis. Dessa busca permanente da satisfação dos apetites individuais, nascem benefícios que se espraiam por todo o organismo social, como pioneiramente demonstrou o médico holandês Bernard de Mandeville, de origem huguenote francesa, radicado na Inglaterra, a partir dos 23 anos, através de sua obra clássica *A fábula das abelhas* ou *Vícios privados, benefícios públicos*, publicada pela primeira vez em 1705.

Nas camadas de mais baixo rendimento, a crença no valor da competitividade baseada no mérito cede a primazia para a luta em favor da igualdade ou redução da desigualdade entre as classes, mediante o asseguramento de um piso de bem-estar para os trabalhadores que contemple o direito efetivo ao livre usufruto de atividades artísticas e sociais, em complemento à satisfação das necessidades materiais básicas, requisitos essenciais a uma qualidade de vida compatível com uma verdadeira cidadania.

O estabelecimento de um cenário que permita a convivência solidária e cooperativa entre esses segmentos que ocupam polos distintos, frequentemente opostos, na sociedade é o grande desafio dos tempos modernos, não obstante tratar-se de problemática antiga. É por isso que, como se tem verificado historicamente, os estudos no campo da educação e da pedagogia refletem os conteúdos ideológicos dos diferentes grupos sociais.

A conceituação do que seja Pedagogia das Competências não poderia deixar de refletir esse conflito de interesses, razão pela qual as posições variam desde a entronização do primado absoluto da competência, nos processos competitivos, até à utópica visão segundo a qual os benefícios sociais deveriam ser repartidos, independentemente da capacidade individual de competir: "A cada um de acordo com suas necessidades."

A professora Suzana Burnier, em conhecido estudo sobre o tema, destaca que

> muitos dos pressupostos adotados pela chamada Pedagogia das Competências são oriundos de teorias pedagógicas e de experiências do campo da oposição: a Escola Nova, os Ginásios Vocacionais paulistas da década de 1960, as experiências educativas dos trabalhadores e dos movimentos sociais: Movimento dos Trabalhadores Sem-Terra, Escolas Sindicais, programas educativos da Confederação Nacional dos Metalúrgicos, diversas propostas de escolas públicas em gestões populares como a Escola Plural de Belo Horizonte, a Escola Cidadã de Porto Alegre e a Escola Candanga de Brasília, além de inúmeras experiências educativas de ONGs diversas, ligadas à educação popular. Dessas tradições emergem alguns princípios que ajudam a nortear a construção cotidiana de projetos pedagógicos que, dialogando com os aspectos 'luminosos' da chamada Pedagogia das Competências, procura trazê-la para o campo dos interesses democráticos e da cidadania plena.

Essa realidade impõe novos desafios ao professor: romper os limites de nossa formação fragmentada e reconstruir as relações de nossa área específica de conhecimento com outras áreas de saber correlatas. Mais uma vez os educadores dedicados à formação de profissionais têm vantagens: no mundo do trabalho os saberes são necessariamente integrados e as soluções dos problemas estão cada vez mais ligadas a uma visão mais global dos processos. Daí a exigência de os educadores da Educação Profissional trabalharem nesse sentido.

INTEGRAÇÃO DOS CONHECIMENTOS INFORMAIS COM OS ADQUIRIDOS NA ESCOLARIDADE FORMAL

O acervo de conhecimentos com que o aluno chega à escola é de grande significado para o desenvolvimento do seu aprendizado. Uma boa pedagogia não pode olvidar a importância de correlacionar os novos conhecimentos com a experiência existencial do aluno. Só como exceção, os conhecimentos de que nos valemos na condução de nossas vidas são de natureza tecnológica ou científica. Mesmo para os que desempenham atividades acadêmicas, a parcela de conhecimentos mais decisiva para suas vidas não foi aprendida na sala de aula ou na leitura, apenas de bons livros, como sabem os caçadores de talentos, para os diferentes campos das atividades humanas. A partir do momento em que se deu a expansão do ensino superior, pela rede privada, os alunos selecionados pelo sistema de entrevista agendada, em lugar do velho e ineficiente vestibular, revelaram melhor desempenho acadêmico do que os oriundos dos famigerados cursinhos, preparatórios para os testes de escolha múltipla, em que é possível a obtenção de notas altas, mesmo quando não se compreende o que se está respondendo.

Atentos a esse permanente confronto entre velhos e novos conhecimentos, os instrutores, sejam eles pais, professores ou líderes, em geral, devem advertir os instruendos para o fato de que o conhecimento novo, mesmo não sendo original, amplia ou aprofunda saberes anteriores, reformando-os, no todo ou em parte, mas sempre resultando numa construção nova ou numa reconstrução do saber. O impacto nunca será o mesmo para todos os instruendos, porque são diferenciadas suas experiências pregressas, inclusive no plano cultural e afetivo. Independentemente da idade do aluno, grande deve ser a sensibilidade do instrutor para monitorar essa pororoca intelectual.

Todo ensino deve começar com o paciente inculcar de uma atitude recipiendária aberta ao novo.

Os programas destinados à alfabetização ou conclusão de cursos de adultos devem enfatizar a importância dos conhecimentos adquiridos fora da sala de aula, contrariamente à falsa percepção de que tudo o que sabem é de pouco ou nenhum valor científico ou tecnológico. Quase sempre é possível, dependendo apenas da qualificação do instrutor, referir os assuntos acadêmicos à experiência passada do instruendo, mesmo quando os temas se conectam às ciências exatas. No campo das humanidades essa possibilidade é ilimitada. Ao estudo teórico cumpre o papel de iluminar, organizar ou esclarecer as anteriores experiências existenciais, em qualquer domínio da vida. Daí a importância de identificar as inclinações dos instruendos, de modo a priorizar, como campo de estudos, as áreas sobre as quais revelem mais acentuados pendores: pesquisas para uns, língua e literatura para outros, liderança para outros tantos etc. Para habilitar-se ao cumprimento, de modo superior, de sua missão de ensinar e formar caracteres, é necessário que o professor desenvolva o hábito e a prática de observar mais e melhor o que acontece com os alunos. As aulas partilhadas por dois ou mais professores oferecem amplas possibilidades de aprimoramento dessa capacitação, raramente encontradiça no magistério convencional de nossas escolas. Sem excluir os individuais, os trabalhos em grupo oferecem aos instruendos a possibilidade de incorporar, a um só tempo, novas perspectivas, novos valores sociais e morais A elevação da autoestima decorrente dessa postura constitui poderosa fonte de incentivo ao aprendizado.

Nesses tempos de lassidão moral, fruto de uma generalizada lenidade com o crime e o erro, é imperativo, para a continuidade e sobrevivência de um processo civilizador saudável, que os valores éticos sejam resgatados, discutidos e erigidos ao mais alto posto nas relações dos indivíduos entre si e com o mundo físico.

A ESCOLA, SEU TEMPO E LUGAR

O papel fundamental da escola é o de preparar o indivíduo para a vida, aperfeiçoando seu desempenho. Essa preparação compreende a construção do conhecimento e a integração social, consoante a ordem de saberes desejados e os valores sociais vigentes. O papel da escola, portanto, varia no tempo e no espaço. Por isso, em lugar de absolutas, as certezas enunciadas devem ser relativísticas, em razão do caráter essencialmente mutatório do conhecimento. Aqui, como em outros domínios, aplica-se a lição de Nietzsche que ensina ser a convicção e não a mentira o maior inimigo da verdade. Segundo o sociólogo e educador Pedro Demo, "aprender não é acabar com dúvidas, mas conviver criativamente com elas. O conhecimento não deve gerar respostas definitivas, e sim perguntas inteligentes".

Perguntar é colocar-se em posição de investigação. É reconhecer que o que se sabe é sempre questionável e que em qualquer ponto que estejamos é possível mudar ou crescer. Mas só cresce ou muda quem carrega a humildade do aprendiz. Quem tem a arrogância de tudo saber, não acrescenta mais nada ao seu arsenal de informações, porque se impermeabiliza para a possibilidade de recepcionar o novo. No entanto, a cultura escolar brasileira construiu, por receio de parecer ignorante, um antivalor que empesta e domina nossas salas de aula: a ética antipergunta, o deboche da dúvida e do desconhecimento. Perguntar é motivo de ansiedade para o aluno, de medo de exposição ao ridículo, quando deveria ser encarado como habilidade, coragem moral, sinal de inteligência, capacidade de questionamento, de busca ativa pela informação.

Como valorizar o saber e construir a capacidade de pesquisa e aprendizagem entre alunos que se envergonham de perguntar? Que atitude educativa deve tomar o professor quando, diante da pergunta de um aluno ou colega, os pares o ridicularizam? Como resgatar a valorização da capacidade de questionar, de indagar?

O primeiro passo é a construção, pelo professor, da própria capacidade de investigação. Ele deve ser um inquiridor da prática a que se dedica, sempre com a ajuda de terceiros, colegas ou não, e tem que ser também um investigador permanente de sua área de conhecimento, de seu campo profissional. Para isso, deve ter tempos remunerados e espaços especiais para pesquisa. Seus contratos de trabalho devem prever, obrigatoriamente, tempo para pesquisa e aprimoramento profissional: tempo para leitura, para frequentar bibliotecas, conselhos profissionais, órgãos governamentais especializados, universidades e, obviamente, para visitas periódicas a entidades e profissionais de notória competência em sua área de atuação. O educador deve conhecer as principais fontes de conhecimento em sua área: congressos, revistas e jornais, empresas que ministram cursos de atualização, órgãos de pesquisa governamentais e universitários, e acessá-los periodicamente.

O educador, como profissional do conhecimento, deve dominar ainda as técnicas e os métodos básicos de pesquisa: como fazer levantamento de dados através de diferentes tipos de fontes; como sistematizar e analisar dados; como reelaborar e sintetizar os dados a partir de uma perspectiva própria e, finalmente, como socializar esse conhecimento investigado entre colegas e alunos. Há inúmeras técnicas para isso que precisam conhecer e experimentar. Dominando esses procedimentos, o educador poderá planejar atividades que favoreçam o desenvolvimento dessas habilidades fundamentais por seus alunos.

O MÉTODO DE PROJETOS

Nos últimos anos, vimos assistindo ao resgate de uma metodologia de trabalho antiga: o Método de Projetos. Os projetos são orientadores básicos das atividades no mundo do trabalho. Autores clássicos, como Karl Marx, já reconheceram o fato de que o trabalho é dignificante e constitutivo do ser humano por seu caráter inventivo, que parte de uma antecipação mental daquilo que se pretende: o projeto em si mesmo. Tudo que o homem acrescenta à natureza, ou seja, o fazer cultural, é produto de uma dupla existência: a primeira é puramente mental, restrita à concepção; a segunda é de cunho material, concreta, real.

Projetar é planejar um conjunto de ações com vista ao alcance de um ou mais fins. No campo da educação, clássicos como Dewey e Freinet já apontavam, na virada do século XIX para o XX, para o valor educativo de atividades de caráter global por sua vinculação com o mundo real. O campo da educação vem reconstruindo e dando significados novos às diferentes concepções acerca do Método de Projetos.

Passamos, a seguir, a apresentar, em linhas gerais, o que vem a ser, no cotidiano dos processos educativos, o tal método, suas virtualidades e alguns de seus prováveis limites.

Podemos pensar em termos de Método ou de Pedagogia de Projetos. O que muda, entre um e outro, é a abrangência da implantação da metodologia, podendo chegar a uma mudança total na orientação filosófico-pedagógica da escola. O Método de Projetos pode ser implementado numa escola tradicional ou inovadora como mais uma técnica de ensino utilizada periodicamente, conjugado com outros procedimentos, ou pode ser a ação principal e definidora do método da pedagogia da escola. No final das contas, o que definirá a pedagogia da escola será o conjunto de seus objetivos e propostas que orientarão, na prática, o tipo de educação que estará sendo oferecida aos alunos.

Dessa forma, quando falamos em Pedagogia de Projetos, estamos nos referindo a uma lógica educativa bastante diferenciada do que se vem fazendo na maioria dos processos educacionais. Mudar a lógica educativa significa romper com tradições, e a Pedagogia de Projetos apresenta diversas propostas de ruptura: romper com a desarticulação entre os conhecimentos escolares e a vida real; com a fragmentação dos conteúdos em disciplinas, em séries e em períodos letivos predeterminados, como horários semanais fixos e bimestres; romper com o protagonismo do professor nas atividades educativas, com o ensino nivelador e com a avaliação exclusivamente final, centrada nos conteúdos assimilados e voltada exclusivamente para selecionar os alunos que conquistem notas mais altas.

A ideia central da Pedagogia de Projetos é articular os saberes escolares com os saberes sociais de maneira que, ao estudar, o aluno não sinta que aprende algo abstrato ou fragmentado. O aluno que compreende o valor do que está aprendendo, desenvolve uma consciência indispensável: a importância e a necessidade de aprender. Assim, o professor planeja as atividades educativas a partir de propostas de desenvolvimento de projetos com caráter de ações ou realizações com objetivos concretos e reais: montar uma empresa, organizar um serviço de saúde, debelar uma crise financeira da instituição, identificar problemas em processos diversos, elaborar uma campanha educativa, inventar um novo produto e planejar sua comercialização.

Os conteúdos profissionais serão trabalhados não mais a partir de uma organização prévia, sequenciada e controlada pelo professor, mas vão sendo pesquisados e incorporados à medida que forem demandados pela realização dos projetos. Isso exige do professor um acompanhamento cuidadoso dos planos dos alunos, de modo a prover os conhecimentos necessários relativos tanto aos conteúdos disciplinares (saber), aos saberes e competências referentes à vida social e à subjetividade (saber ser) quanto ao domínio de métodos e técnicas diversos, relativos tanto às competências de aprendizagem autônoma quanto às profissionais. Esse acompanhamento é fundamental porque um dos alertas que fazem alguns que já implementaram a Pedagogia de Projetos é para o risco de aligeirar o ensino, com redução ou superficialidade das informações acessadas pelos alunos, ou com ênfase de foco no desenvolvimento de competências (saber fazer), sem a necessária fundamentação científica, instrumento indispensável para a real flexibilidade e criatividade do trabalhador.

Como enfatiza Suzana Burnier, os projetos implicam pelo menos quatro etapas:

a) A *problematização*: quando se define o problema a ser investigado ou o empreendimento a ser realizado. Nessa etapa, o fundamental é conseguir que o problema ou empreendimento seja assumido por todos os alunos como seu, implicando-os em seu desenvolvimento. Para isso, o professor pode envolver os alunos na escolha do projeto, desencadear técnicas participativas com vista a envolver os alunos com a problemática: debates, júris simulados, excursões, entrevistas com pessoas da comunidade, levantamento de dados estatísticos sobre o tema ou problema etc. Há que se investir tempo na problematização, tanto para possibilitar o envolvimento de todos os alunos como também para construir as questões de investigação, que serão o guia principal do projeto.

b) A etapa seguinte é a do *desenvolvimento do projeto*, quando se faz o planejamento do caminho a ser percorrido, definindo-se as fontes a serem investigadas, os recursos necessários, o cronograma do trabalho e, se for o caso, a atividade de culminância do projeto. O professor deve estar cuidadosamente atento, nessa etapa, para o desenvolvimento de importantes habilidades dos alunos, possibilitadas pela vivência de um processo de planejamento coletivo: negociação, definição de metas e prioridades, ajuste de cronograma, definição de estratégias de ação, divisão de tarefas com trabalho integrado.

c) A terceira etapa é a *sistematização ou síntese*. É o momento em que se retomam os passos dados, assumindo-se consciência do caminho percorrido, quase sempre invisível para quem estava diretamente envolvido nele. É quando se exercitam as habilidades de síntese, selecionando os conhecimentos mais importantes trabalhados ao longo do projeto e organizando-os segundo a forma previamente combinada, que opera como ponto culminante do projeto, que poderá ser, dependendo da área, a produção de um material instrucional ou técnico, uma apresentação pública dos resultados, no estilo de uma mostra ou feira, ou qualquer outro tipo de evento ou relatório que possibilite o exercício da síntese. Mais uma vez o professor deverá estar atento para estimular, questionar, intervir e orientar o desenvolvimento das habilidades envolvidas nos processos de síntese, em geral ausentes dos processos educativos tradicionais, fundamentais para a aprendizagem: registrar, selecionar, classificar, hierarquizar dados, construir uma apresentação clara, enxuta e criativa. Isso implica construir critérios que definam a qualidade das habilidades trabalhadas: o que pode ser considerado uma boa apresentação oral ou escrita? O que pode ser considerado uma boa síntese de dados?

d) A outra etapa dos projetos, que na verdade deve acontecer entremeada com as demais e ainda ao final de toda a tarefa, é *a avaliação*. Aqui se pretende aplicar todo um conjunto de ideias que vêm sendo longamente construídas ao longo da história da educação acerca do que seja avaliar um processo de aprendizagem. Pretende-se, com a avaliação, melhorar o processo, aprimorando as habilidades e os instrumentos envolvidos. Os processos educativos não podem ter compromissos com avaliações que visem a distinguir os mais dos menos capazes. Não é essa a tarefa da educação. Ela deve visar sempre e tão somente ao desenvolvimento do ser humano pleno, integral. Para isso, é preciso desenvolver habilidades e traços de personalidade muito complexos como: autoavaliação rigorosa aliada a uma boa autoestima, humildade, vontade de crescer, compromisso com o desenvolvimento dos colegas e também dos professores, visão de conjunto do processo que enseje perceber os múltiplos fatores que intervieram em seu desenrolar, abertura de espírito para avaliações diferentes da nossa, definição coletiva de critérios comuns de avaliação. A etapa da avaliação não deve, portanto, se restringir a um único momento, quase sempre o momento final da atividade. Ela deve perpassar todo o processo, tendo tempos reservados para isso nos encontros da turma. É o momento de analisar as atitudes de todos os envolvidos, apresentando sugestões de como aperfeiçoá-las: alunos, professores, instituição, mundo social, tudo e todos devem ser avalia dos, construindo-se, nessa avaliação, critérios e valores para o trabalho e a convivência humana.

A metodologia de projetos interessa, assim, a diversos pressupostos da aprendizagem:

1) Partir de uma visão sincrética do assunto, passar por uma etapa analítica e fechar com uma visão sintética do problema estudado (sincretismo é a fusão de temas, concepções ou imagens distintas);

2) Proporcionar experiências de contato, de uso e de análise das informações acessadas;

3) Partir de situações propostas pela prática, questioná-las e ampliá-las à luz da teoria, e retornar à prática a fim de intervir na realidade, transformando-a;

4) Trabalhar objetivos relacionados ao saber puro, ao saber fazer e ao saber ser.

Essa metodologia, caracterizada por sua flexibilidade e complexidade, implica, segundo o educador francês Louis Not, exigências elevadas em relação aos educadores: passa a ser exigida deles uma grande cultura geral que vai muito além de uma única área de formação. Também é necessário que os educadores possuam uma grande disponibilidade de tempo e de envolvimento com os alunos e seus diversificados projetos, apresentando inúmeras e diferentes demandas. O professor deverá ainda ser um observador vigilante e constante das conquistas dos alunos, avaliando sua autenticidade e provendo atividades e ensino complementares que incentivem os desenvolvimentos necessários.

AS NOVAS PEDAGOGIAS EXIGEM NOVAS INSTITUIÇÕES DE ENSINO

Qualquer implantação de uma nova proposta pedagógica como a Pedagogia das Competências exige uma reorganização das instituições de ensino comprometida com a formação em serviço de seus educadores, com a ampliação de seu campo de experiências culturais, de modo a propiciar tempos e espaços para o planejamento e a avaliação coletivos, para o desenvolvimento de atividades integradas, o compartilhamento de experiências bem como a pesquisa acadêmica e de campo. O estímulo à educação continuada dos professores deve ser total e incluir obviamente seu reconhecimento em termos de remuneração. Como nos alerta Morin: "Não se pode reformar a estrutura do ensino sem uma reforma anterior das mentes, do mesmo modo que não se pode reformar as mentes sem uma prévia reforma das estruturas". Estamos, portanto, gravitando num inexorável mas saudável círculo vicioso.

Os contratos de trabalho dos professores devem ser repensados, incluindo tempos remunerados para todo esse novo conjunto de atividades de preparação, desenvolvimento e avaliação: pesquisa de campo, pesquisa de informações, elaboração de recursos de ensino, preparação de aulas com estratégias diversificadas, registro cuidadoso do desenvolvimento de cada aluno e de cada grupo ao longo do processo, com observações acerca do que é necessário estimular em cada caso, busca de contatos com profissionais, empresas e instituições ligadas à área de trabalho, reuniões sistemáticas com colegas.

Além disso, as instituições verdadeiramente comprometidas com uma Pedagogia das Competências precisam avaliar e reestruturar as condições materiais que proporcionam como suporte aos processos educativos: nenhum professor pode implantar essas novas estratégias de ensino-aprendizagem se não contar com amplo acesso à internet e ou a bibliotecas amplamente equipadas e atualizadas, laboratórios e oficinas com espaços e infraestrutura física adequados, número razoável de alunos em cada turma, relações sistemáticas com o mercado através de pesquisas, trocas de serviços e contatos diretos com profissionais, diálogos sistemáticos com outras instituições irmãs para intercâmbio de experiências pedagógicas e gerenciais.

Isso significa ainda que a organização gerencial deve prover uma ampla circulação de informações que não sejam apenas uma tomada de conhecimento, mas que promova, também, estudos e debates em torno dessas mesmas instituições. Precisamos pensar igualmente no modelo de gestão da instituição: se queremos formar alunos participativos e criativos, precisamos de professores participativos e criativos, e isso só se cria e se fortalece em instituições participativas e criativas. Segundo o psicólogo canadense Luc Brunet, "o clima do ambiente de trabalho determina a qualidade de vida e a produtividade dos docentes e dos alunos. O clima é um fator crítico para a saúde e para a eficácia de uma escola". Pensar no clima organizacional, além de todos os aspectos já mencionados, significa também pensar na qualidade das relações do cotidiano, do estilo de gestão e de tomada de decisões e da dinâmica de interação entre os diferentes grupos e segmentos da instituição, com suas naturais disputas e divergências.

Um outro aspecto característico das "organizações de aprendizagem" é a avaliação institucional participativa, sistemática e periódica, oportunidade em que todos os envolvidos se expressam acerca dos processos ali vivenciados com o objetivo de aperfeiçoá-los. Para isso, todos os projetos devem ser acompanhados, os profissionais mobilizados, ouvidos e comprometidos com a elaboração de propostas de crescimento da instituição, desde a coordenação ou chefia mais imediata até seus objetivos estratégicos.

Se, conforme mostram a Antropologia e a Sociologia, somos fruto de nosso trabalho e de nossas rotinas, construir uma organização de aprendizagem é, portanto, condição e produto da implantação de uma Pedagogia das Competências, de forma que o trabalho em "sala de aula" espelhe os processos criativos e inovadores vividos pelos profissionais no seu cotidiano.

O FIM ÚLTIMO DA EDUCAÇÃO

A tarefa da educação consiste em desenvolver o ser humano em todas as suas potencialidades, a partir da ordem de conhecimentos predominantes na sociedade. É imperativo, em consequência, levar em conta que o implemento desse plano depende da qualidade de vida que o educando usufrui diuturnamente: alimentação, moradia, direitos de cidadania, lazer, cultura etc..

Contrariamente à crença generalizada de que o objetivo maior da educação é preparar os indivíduos para o mercado de trabalho, a meta primacial do processo educativo é a de preparar para a vida, tomada a expressão no seu sentido mais largo de busca da felicidade.

É verdade que não seria realístico desconhecer que, do ponto de vista pragmático, o pensamento dominante é o de que a preparação para o trabalho, na empresa pública, privada ou para o trabalho autônomo, corresponde às expectativas da maioria esmagadora das pessoas. É indispensável, portanto preparar os educandos para esse quase inevitável encontro.

O VALOR DA AUTOESTIMA DO PROFESSOR

Aos pais e aos professores cabe responsabilidade ímpar na preparação dos jovens para a vida social, moral, intelectual e emocional. Para a construção dos povos, portanto. Para que sejam disciplinados, realizadores, compreensivos, leais, abertos, confiantes, respeitadores, proativos e muito mais, ou o oposto de tudo isso, depende, em grandes proporções, da natureza do tratamento que receberem dessas duas fontes nutrientes originais: pais e professores. Por isso, nem todas as profissões reunidas serão capazes de competir em importância para a vida dos indivíduos e da sociedade com estas duas matrizes essenciais: o berço e a escola. Tem sido assim desde que o homem passou de nômade a sedentário.

Em sua *Análise transacional*, Eric Berne sustenta que em todas as fases mantemos viva a "criança interior", ou seja, sempre estaremos sujeitos à influência das emoções que experimentamos ao longo das relações com pais e mestres. Daí a existência de uma faceta infantil imorredoura em cada um de nós, influindo ora positiva, ora negativamente em nossa conduta, como pais, professores, crianças ou simplesmente adultos, em função da qualidade daquelas primeiras experiências na família, no meio ambiente e na escola. Dessa pluralidade de "eus" nasce o paradoxo de sermos sucessiva e simultaneamente dependentes e independentes, maduros e imaturos, autoritários e permissivos, secos e carinhosos, otimistas e pessimistas, verdadeiros e hipócritas, responsáveis e omissos, corajosos e covardes etc., ora facilitando, ora dificultando nossas relações conosco, com terceiros e com o meio. Não é por acaso que um adulto pode escandalizar, ao mesmo tempo, outro adulto e uma criança de 10 anos ao assumir um comportamento de uma criança de cinco. Como a heterogeneidade é a regra em matéria de berço – condições familiares sob as quais nascemos –, o destino das pessoas, estatisticamente, depende muito dessa circunstância inteiramente alheia à sua vontade. É por isso que uma boa experiência escolar é, na maioria esmagadora dos casos, a última oportunidade de crescimento saudável para as crianças mal nascidas. Se acrescermos às injunções de um berço precário as desvantagens de uma pedagogia nociva nos primeiros anos da vida, fonte geradora do sentimento de vergonha, culpa, ressentimento, ódio e comprometedora da evolução saudável do caráter, só o improvável concurso de uma ativa e meritória pedagogia posterior, formal ou informal, poderá salvar o indivíduo da mais completa marginalidade existencial.

A mais importante ação pedagógica na família, na escola ou no trabalho consiste em ressaltar as ações construtivas e as qualidades positivas da criança ou do adulto com quem se lida. Por isso, tende a resultar em fracasso todo controle exercido sem levar em conta o princípio básico de preservação do amor próprio do controlado.

Com a intenção de enfatizar a importância do berço na construção do processo civilizador, a antropóloga Margaret Mead criticou o paradoxo de se exigir carteira de habilitação para que as pessoas possam dirigir, enquanto nada se pede como comprovação de maturidade para que se casem ou tenham filhos. Ela quis dizer que maior do que a inquestionável necessidade da exigência de habilitação para dirigir é a necessidade de preparação dos jovens para o exercício da paternidade. A triste e trágica realidade é que é muito expressiva a maioria dos casais sem qualquer preparo para o exercício da paternidade minimamente responsável.

REITERANDO A IMPORTÂNCIA DO PROFESSOR

Quanto ao magistério, a dependência do alunado em relação ao professor, ainda que quase nunca seja total como a dos filhos em relação aos pais, se dá também na proporção inversa da idade: quanto mais jovem, maior é a dependência do indivíduo da qualidade de sua convivência na escola. Os que não gozaram, portanto, da fortuna de um berço acolhedor estarão em maus lençóis, enquanto os privados de ambas as fontes – um bom berço e uma boa escola – dificilmente escaparão de uma vida de sofrimento e marginalidade existencial. Em qualquer hipótese, o professor é, depois dos pais, o mais importante e eficaz instrumento de que a sociedade pode dispor para transformar-se, avançando materialmente e promovendo o sentimento de felicidade do seu povo.

Comparando a influência do professor sobre o alunado à do hipnotizador sobre o hipnotizado, Émile Durkheim observou em *Educação e sociologia*:

Esta comparação mostra quanto é necessário que o educador seja sereno; porque conhecemos toda a força da sugestão hipnótica. Se, então, a ação educativa tem, mesmo em menor grau, uma eficácia análoga, é permitido esperar mais dela, desde que saibamos utilizá-la. Longe de ficarmos desencorajados pela nossa incapacidade, teremos, em vez disso, de nos espantar com a extensão do nosso poder. Se professores e pais sentissem, de um modo mais constante, que nada pode acontecer diante de uma criança sem deixar nela alguma marca, que o moldar do seu espírito e do seu caráter depende desses milhares de ações insensíveis que se produzem a cada instante e aos quais não prestamos atenção por causa de sua aparente insignificância, como zelariam mais pela sua linguagem e conduta!

Em outro passo desse mesmo livro, discorrendo sobre a importância de um magistério esclarecido e valorizado, aduziu o pensador francês:

Daí resulta que o professor se pergunte frequentemente, com inquietude, para que serve e para onde tendem os seus esforços, que não veja claramente como as suas funções se ligam às funções vitais da sociedade. Daí uma certa tendência para o cepticismo, uma espécie de desencantamento, um verdadeiro mal-estar moral que, numa palavra, será perigoso se se desenvolver. Um corpo docente sem fé pedagógica é um corpo sem alma.

A importância do professor na formação do indivíduo é reconhecida desde sempre. Hoje esse reconhecimento é ainda maior em razão da velocidade das mudanças e da complexidade da tecnologia e da vida social em toda parte. No plano do ensino ou do aprendizado, a necessidade de compreender, como instrumento de interpretação do novo, é cada vez maior. Não se espera que o professor seja um mero veículo de informações novas. Esse papel é cumprido com vantagem imbatível pela multimídia, inclusive pelo velho e bom livro. Espera-se que ele faça da sala de aula uma oficina de reflexão, em que os alunos participem mais do que escutem, o oposto do que sempre foi a prática do ensino tradicional, que pouco evoluiu desde que a Universidade de Bolonha, no século XI, substituiu o estilo peripatético, quando o professor expunha o assunto enquanto caminhava com os discípulos a acompanhá-lo, pelo sedentário, em que o professor fala enquanto os discentes, sentados, escutam. Sobre as aulas expositivas no estilo tradicional, Charles Darwin foi taxativo:

> Em minha opinião não há vantagens e são muitas as desvantagens das preleções comparadas à leitura. É assustador lembrar as palestras do dr. Duncan sobre matéria médica, às oito horas de uma manhã de inverno. O dr. Munro tornava suas preleções sobre anatomia humana tão maçantes quanto ele, e o assunto me repugnava. Um dos piores prejuízos para minha vida foi não me haverem exigido praticar dissecações, pois eu teria superado rapidamente minha repugnância, e essa prática teria sido de valor inestimável para meu trabalho futuro. Foi um prejuízo que nunca consegui superar, só comparável à minha incapacidade de desenhar.

Sobre o desestímulo produzido por um magistério equivocado, Darwin fulminou:

> Durante meu segundo ano em Edimburgo, frequentei as aulas de Jameson sobre geologia e zoologia, mas elas eram muito maçantes. O único efeito que produziram em mim foi a determinação de nunca ler um livro de geologia nem estudar essa ciência,

ojeriza da qual se libertou mais tarde pelo convívio com um velho mestre, habilíssimo na arte de despertar nos discípulos o desejo de realizar experimentos.

A indiscutível supremacia do ensino participativo sobre o tradicional *magister dixit* tem sido comprovada em inúmeras pesquisas de campo, a exemplo da levada a efeito pelo renomado NTL Institute for applied Behavioral Sciences, cujo resultado é conhecido como a Pirâmide do Aprendizado, onde o índice do rendimento escolar sobe de 5%, atribuído às aulas expositivas, para 90%, quando o aprendiz é incumbido de dar aulas, passando por estágios intermediários de eficiência, conforme o gráfico autoexplicativo exposto a seguir:

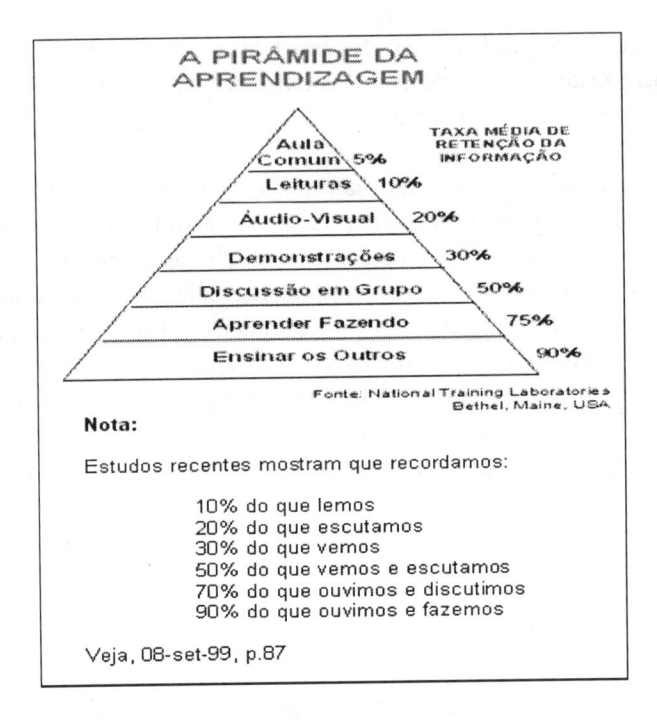

```
A PIRÂMIDE DA
APRENDIZAGEM

                              TAXA MÉDIA DE
      Aula                    RETENÇÃO DA
      Comum    5%             INFORMAÇÃO
     Leituras    10%
    Áudio-Visual    20%
   Demonstrações    30%
  Discussão em Grupo    50%
  Aprender Fazendo    75%
  Ensinar os Outros    90%

                   Fonte: National Training Laboratories
                           Bethel, Maine, USA
Nota:

Estudos recentes mostram que recordamos:

    10% do que lemos
    20% do que escutamos
    30% do que vemos
    50% do que vemos e escutamos
    70% do que ouvimos e discutimos
    90% do que ouvimos e fazemos

Veja, 08-set-99, p.87
```

A IMPORTÂNCIA DE SABER OUVIR

Desgraçadamente, o sistema educativo vigorante restringe a avaliação do professor à medida dos conhecimentos da disciplina que ensina, conforme os títulos acadêmicos que haja conquistado, muitas vezes só Deus sabe como. Pouca ou quase nenhuma atenção é dada à competência para alcançar o aluno em sua dimensão humana, com ele interagindo para promover o seu crescimento intelectual e psicológico, a partir do conjunto de suas características e atributos individuais, evitando, assim, que tendo nascido original se transforme numa mera cópia, como vergastava o poeta romântico inglês Edward Young (1683-1765), ensejando que um falso "eu" predomine sobre o "eu" verdadeiro. Como a personalidade individual é elemento básico da formação intelectual e moral da humanidade, a partir do Renascimento, o educador não pode ignorar as características individuais dos alunos que compõem a sala de aula, universo a que destina o seu magistério, como foi regra ao longo de toda a Idade Média, quando o indivíduo se dissolvia no coletivo ou no social. Essa atitude, exigente de contínua reflexão, impede que o tédio desanimador e degenerescente se instale como o traço de união entre professores e alunos. A reflexão, portanto, afasta a rotina maquinal que destrói o progresso intelectual.

Um dos pontos nevrálgicos da baixa empatia resultante do menosprezo pelos valores individuais reside na generalizada incapacidade de ouvir. Escuta-se muito, mas ouve-se pouco. Ouvir, no caso, deve ser tomado como sinônimo de entender ou procurar entender. Nesse sentido, identificamos o que tocamos, com olhos fechados, quando "ouvimos" a mensagem de sua forma, temperatura, espessura, solidez, dimensão, e tudo o mais que importe para uma correta avaliação táctil. Uma coisa é deixarmos que nosso olhar se derrame sobre os objetos à nossa volta. Outra, bem diversa, é quando olhamos com o propósito de ver para "ouvir" o que têm a nos dizer, como o fazem os cientistas de todas as áreas do conhecimento. Quando o poeta Manuel Bandeira disse "Prova. Olha. Toca. Cheira. Escuta. Cada sentido é um dom divino", ele queria chamar a atenção para a importância de estarmos atentos para ouvir, compreendendo, as mensagens que a vida nos transmite a cada passo. Foi ouvindo o mar que os portugueses, a partir da Escola de Sagres, criada pelo Infante Dom Henrique, no início do século XV, aperfeiçoaram a arte/ciência da navegação que os habilitou a dilatar os horizontes do mundo, apesar do sofrimento, que levou Fernando Pessoa a exclamar: "Oh mar salgado, quanto do teu sal são lágrimas de Portugal".

Antes de aprendermos a ouvir o mundo e os outros, porém, devemos aprender a ouvir a nós mesmos, consoante a lição que Sócrates nos legou, colhida no frontispício da casa do oráculo Delfos, no século V antes de Cristo: *Gnôthi seauton, Conhece-te a ti mesmo*, que nos chegou através do latim *nosce te ipsum*. O autoconhecimento é o ponto de partida para o conhecimento da alma dos outros e do mundo em que habitamos. A verdade é que a maioria das pessoas não sabe ouvir de modo produtivo, e morre sem saber que essa é uma técnica susceptível de ser aprendida, apesar de testemunharem o prestígio generalizado de que gozam aqueles que sabem ouvir, cujos exemplos máximos são oferecidos pelo confessor da Igreja Católica e pelo psicanalista, o "amigo" que, apesar de pago, tende a exercer sobre nós um fascínio quase irresistível.

A milenária sabedoria chinesa ensina que, "se temos dois ouvidos e uma boca, é para ouvir mais do que falar". Em geral, a competência para escutar é cultivada e utilizada para articular o revide, valorizado na direta proporção de seu poder ofensivo, em desfavor da audiência empática e voltada para o alargamento da compreensão e do aprendizado.

O CAMINHO PARA O AUTOCONHECIMENTO

O meio mais eficaz para chegarmos ao autoconhecimento consiste no cultivo do hábito de analisarmos nossos numerosos diálogos interiores. Grande parte de nossos pensamentos, conscientes ou não, se refere a nós mesmos, sendo de observar nossa tendência natural de preservarmos de modo inconsciente os pensamentos negativos que nutrimos a nosso respeito, como meio de autoproteção emocional contra as autopercepções desfavoráveis inoculadas em nosso espírito pelas experiências infantis com pais, professores e colegas. O diálogo interior é, portanto, o marco zero de todo programa de crescimento individual. Uma vez tomada a decisão de monitorar e modificar esses diálogos interiores negativos, habilitamo-nos a questioná-los a partir de uma reflexão que interrompe a força do automatismo que desde muito opera sobre nosso ânimo. Atenção especial deve ser dada à tendência para precipitadas generalizações do tipo "sempre" e "nunca"

É bom ter em vista que o humor é um meio reconhecidamente eficaz para desarmar sentimentos negativos porque nos ensina que não devemos levar-nos excessivamente a sério ou à ponta de faca, como ensina a experiência popular. À medida que aprendermos a modificar esses diálogos interiores negativos, nossa conduta sofrerá alterações compatíveis com as mudanças operadas, contribuindo para melhorar a qualidade de nossas relações com terceiros, fonte geradora de autoestima e bem-estar, que se transformam em fontes de estímulos para novas mudanças, instalando-se, então, um círculo virtuoso que nos conduz à reformulação de nossos paradigmas, principal matriz de nossa conduta geral. A manutenção de um diário das emoções pode ser de grande valia no processo de monitoramento de nossos avanços e recuos. Melhor ainda se formos capazes de operar uma parceria de mútua ajuda, porque nada como ajudar os outros a mudar como meio de operar nossas mudanças pessoais.

Os que se educam para extrair os elementos positivos presentes nas críticas que lhes são feitas, com boas ou más intenções, levam desmesurada vantagem sobre o comum das criaturas, intolerantemente reativas à mínima admoestação.

O MAGISTÉRIO DO EXEMPLO

Em princípio, ninguém mais qualificado do que o professor para ensinar aos jovens, a partir do seu exemplo pessoal, o valor de uma troca de relações marcadas pela afetividade e respeito, em que todos ensinam e aprendem simultaneamente. Num tal contexto, os eventuais erros cometidos e reconhecidos com natural espontaneidade serão vistos como inestimável fonte de aprendizado, em lugar de pomos de discórdia. A tradicional postura de buscarmos nos eximir da responsabilidade dos erros que praticamos na vida adulta decorre da imemorial e dolorosa experiência de termos sido inculpados, humilhados e punidos quando dos erros praticados na infância. Se somos susceptíveis de aderir a condutas instruídas pelo preconceito e ignorância, é igualmente verdadeiro que podemos modificá-las a partir de paradigmas apoiados em valores promotores da dignidade humana. E só nós mesmos, e mais ninguém, seremos capazes de realizar essa faxina interior, indispensável ao nosso crescimento, ainda que, eventualmente, possamos ou devamos nos apoiar em terceiros, como o fazem com grande êxito as comunidades dos anônimos de que o AAA é o exemplo mais amplamente festejado.

O recurso frequente ao argumento da falta de tempo para aprender tanta coisa, da escassez de meios ou de motivação econômica, vem a calhar quando o professor tem consciência de suas limitações pessoais para desempenhar, a contento, uma profissão que exige vocação sacerdotal e alma de estadista. Ainda que a remuneração do professor seja um aspecto da maior importância, a verdade é que sua preparação, com a abrangência requerida, depende da prioridade que ele mesmo e a sociedade deem a ela. É imperativo, portanto, universalizar a habilitação do professor, os já em exercício e os novos, para um magistério voltado para permitir a cada aluno o aproveitamento de suas potencialidades, em vez de uma mera disputa quantitativa por notas mais altas. Essa preparação deve valorizar o autoconhecimento do professor e do aluno, levando na devida conta a tendência humana de reagir ou fugir ao autoconhecimento social ou psicológico. Como não é possível modificar de modo efetivo o que não se conhece, o autoconhecimento é imprescindível ao desenvolvimento do espírito cooperativo, do poder de comunicação, inclusive a habilidade para falar em público, a construtiva canalização de conflitos, o respeito à diversidade ou às diferenças, a promoção da paz. Numa palavra: o incremento da competência emocional indispensável ao exercício pleno de uma cidadania superior. E a capacidade de cumprir essa tarefa essencial não é inerente, necessariamente, a quem pode, até, ser um excelente profissional em qualquer dos outros campos da atividade humana, onde não se exigem predicados tão completos e complexos como os requeridos pela profissão de professor. Os educadores, mais do que os profissionais de todas as outras áreas, atuam como reflexo de sua autoestima, autoconceito, autoconhecimento e desejo de autorrealização. Em suma: atuam em consonância com o modo como se sentem como seres humanos, porque a autopercepção de sua arraigada baixa autoestima, quando existe, é muito intensa, como resultado da repetida prática do juízo crítico. E a imagem que projetam sobre o alunado interfere, decisivamente, na qualidade de sua liderança e na eficácia do seu magistério. O assunto, aliás, tem sido explorado numa rica filmografia que exibe a estreita dependência entre o valor que o alunado atribui ao mestre e seu comportamento no espaço discente: cooperativo, disciplinado e produtivo quando o mestre é percebido como intelectual e emocionalmente competente, e indisciplinado, desagregador e improdutivo quando visto como um indigente barnabé da inteligência, desatualizado e rancoroso.

Quando inexistem ou se rompem os vínculos afetivos entre professor e aluno, o aprendizado flutua entre o difícil e o impossível.

A REMUNERAÇÃO DO MAGISTÉRIO

O tema polêmico, tão recorrente, da remuneração do professor como um dos obstáculos à melhoria do ensino pode ser apreciado a partir de três pontos de vista distintos.

O primeiro sustenta que, em média, a remuneração do professor brasileiro é satisfatória, razão pela qual o diagnóstico da improdutividade do nosso ensino há de ser feito a partir de outras razões.

O segundo patrocina o entendimento de que, com a baixa remuneração praticada no país, não há como alcançarmos o patamar já atingido pelas nações mais desenvolvidas.

Uma terceira visão advoga que a verdade está equidistante dos extremos, reconhecendo que é necessário racionalizar o sistema remuneratório do magistério, a partir da adoção de uma postura meritocrática.

O ponto de vista que sustenta ser satisfatória a remuneração atual apóia-se em pesquisas recentes, segundo as quais a remuneração do professor brasileiro é relativamente superior à de muitas categorias profissionais, bem como supera, relativamente, a remuneração de muitos países desenvolvidos, conforme sustenta o economista Gustavo Ioschpe, em bem documentado artigo na revista *Veja*, sob o sugestivo título "Professor não é coitado". Segundo dados colhidos da Sinopse Estatística do Ensino Superior, as matrículas na área da educação, em 2001, somavam 653 mil alunos, subindo, em 2005, para 904 mil, correspondendo a 20% do total da população acadêmica do país, superando administração e direito, com, respectivamente, 704 mil e 565 mil alunos. Em apenas quatro anos, portanto, registrou-se o crescimento de 40% nas matrículas voltadas para a educação. Refletindo essa supremacia preferencial, os educadores lideravam numericamente no mercado de trabalho, com 2,9 milhões em todo o Brasil.

Diante de tais números, pergunta Ioschpe: se o magistério é vítima de tanto vilipêndio, com salários baixos e sobrecarga desumana de trabalho, com salas superlotadas, como explicar que tanta gente queira ser professor? Tratar-se-ia de um exército de masoquistas e de desinformados? A conclusão, segundo sustenta o economista, é que as condições de trabalho dos profissionais do ensino são bem melhores do que se propala.

De acordo com o Perfil dos Professores Brasileiros, produzido pela Unesco, 58,5% têm apenas um emprego, 32,2% respondem por trabalhos em dois locais e somente 9% têm mais de dois empregos. Quanto à carga horária de trabalho, 31% ministram entre uma e vinte horas de aulas semanais; 54% dão entre vinte e uma e quarenta horas de aulas por semana, ficando os remanescentes 13,8% com mais de quarenta horas de trabalho hebdomadário. Não seria pelo trabalho realizado fora das salas de aula que se poderia medir as penas do professor, uma vez que médicos, advogados, engenheiros e tantos outros profissionais liberais também, rotineiramente, levam trabalho para casa.

O conjunto de vantagens auferidas pelos educadores quase nunca se menciona, continua Ioschpe, como a fruição de longas férias, a estabilidade no emprego e o regime especial de aposentadoria, que favorece 80% da categoria, representados pelos que são funcionários públicos. Isso sem falar no lasso controle da frequência a que estão sujeitos. Treze por cento dos professores da rede pública de São Paulo, por exemplo, faltam ao trabalho sem que haja qualquer tipo de punição, contra apenas um por cento da rede privada. As condições de conforto, incluindo higiene e segurança do ambiente de trabalho, são bem melhores do que se alardeia. As distorções que impedem a pintura de um quadro verdadeiro decorrem, sobretudo, da tendência de se generalizar a partir das exceções, como ameaças e agressões a professores.

A baixa remuneração do professor, quando ocorre, segundo a pesquisa, resultaria menos de uma eventual falta de reconhecimento do valor do seu trabalho e muito mais da condição subdesenvolvida do país, como se pode aferir, também, do salário dos profissionais da saúde e das forças armadas. Quando se levam em conta os benefícios já mencionados, exclusivos do magistério, como extensão de férias, jornada de trabalho e negligente cobrança de rendimento, conclui-se que essa é uma categoria profissional que se encontra até em vantagem quando comparada a várias outras, não só no Brasil como em toda a América Latina, sobretudo quando a comparação é feita com o salário-hora. A parcela do magistério verdadeiramente mal paga é exceção e não a regra apregoada. O que não comporta discussão é o fato de que a qualidade média do ensino é inferior à média da remuneração, sobretudo no ensino público, onde, também na média, a remuneração é ligeiramente superior à do magistério privado, cujo alunado apresenta, paradoxalmente, rendimento superior, conforme demonstrado em pesquisa. Cláudio de Moura Castro aponta um exemplo da indiscutível fragilidade do argumento que pretende estabelecer uma correlação necessária entre remuneração dos professores e qualidade do ensino, ao dizer que, enquanto nos estados do Amazonas e Alagoas o ensino é de má qualidade, apesar da boa remuneração dos professores, em Santa Catarina e Minas Gerais o ensino é bom, não obstante os baixos salários praticados.

A qualidade do ambiente de trabalho é apontada em pesquisa como o fator primordial no rendimento escolar. Onde critérios meritocráticos definem as promoções, como ocorre no ensino privado e em alguns setores do ensino público, o rendimento é bom. Quando esses saudáveis parâmetros promocionais são substituídos pela prática político-clientelista, tendência predominante nas regiões mais atrasadas, o rendimento é ruim, operando como fator de perpetuação da pobreza.

A secretária de Educação de São Paulo no governo de José Serra (2007-2009), Maria Helena Guimarães de Castro, resolveu adotar critérios meritocráticos para premiar os operadores das escolas que apresentarem melhor desempenho acadêmico, inspirada nos resultados bem-sucedidos dessa prática, contrariando os adeptos da isonomia salarial de índole corporativo-sindicalista, que defendem igualdade de vencimentos, independentemente da assiduidade na sala de aula e dos resultados alcançados. Adverte a educadora que essa orientação equivocada "deixa de jogar luz sobre os mais talentosos e esforçados, contribuindo, com isso, para a acomodação de uma massa de profissionais numa zona de mediocridade". Lembra, ainda, que em toda escola de alto rendimento registra-se a presença de um diretor competente e com capacidade de liderança "semelhante ao de qualquer chefe numa grande empresa". Além disso, visando a melhorar o desempenho acadêmico, definiu critérios curriculares a serem observados, de modo a evitar iniciativas idiossincráticas de professores extravagantes, destituídos do mínimo de sensibilidade pedagógica.

Segundo *Veja*, a reação de alguns professores ligados a Apeoesp, o maior sindicato de professores do estado de São Paulo, se deu no estilo da Inquisição medieval ou das piores ditaduras, como a nazista. Sob os gritos de "queima, queima!", fizeram arder em praça pública centenas de livros e apostilas distribuídos pelo governo. Para esses professores, usar a educação para fazer política é prioridade superior à busca da excelência do ensino.

Ainda segundo a mencionada pesquisa, na comparação com outros países, os professores brasileiros se encontram em vantagem relativa, como o demonstraram os pesquisadores da FGV, Samuel Pessoa e Fernando de Holanda. Enquanto os professores da Comunidade Europeia, que possui a melhor educação do mundo, ganham 1,3 vezes a renda média do continente, os brasileiros auferem 1,5 vezes a renda nacional, bem acima, também, dos países da América do Sul que têm melhor padrão educacional que o nosso, como é o caso do Chile, com 1,25, da Argentina, com 0,85, e do Uruguai, com 0,75, conforme atestam dados de 2005.

A boa notícia é que, diante do clamor crescente pela melhoria do ensino como condição básica para a efetiva superação de nossos grandes problemas, que deitam raízes na precariedade de nossa infraestrutura educacional, generaliza-se a tendência de melhoria desse quadro, em razão da política em curso de treinamento e valorização dos educadores, sobretudo os voltados para o ensino fundamental.

O ponto de vista que denuncia a insuficiência salarial como a causa maior de nosso atraso pedagógico se confirma pelos níveis mendicantes de remuneração do ensino básico, parcela mais alta do magistério, responsável pelo desenvolvimento do gosto pelo estudo na fase fundamental da vida. Essa elevada percentagem de professores aufere salários insuficientes, incompatíveis com sua elevada missão de guiar as pessoas na fase crucial do desenvolvimento de suas aptidões. Os erros cometidos nessa fase tendem a gerar consequências graves e duradouras. Na medida em que o aperfeiçoamento do ensino é a pedra de toque da sociedade moderna, baseada no conhecimento como a principal fonte de crescimento e poder, impõe-se a elevação da renda dos professores para que, livres das absorventes pressões pela busca da sobrevivência, possam eles se dedicar, com a plenitude de suas energias, ao superior mister de preparar as gerações que responderão pelo amanhã.

A terceira visão, equidistante dos extremos, reconhece que se chega à verdade quando banimos os excessos das correntes expostas e juntamos, de modo sinérgico, o que nelas há de positivo.

A subjetividade da avaliação do que seja o padrão ideal de renda é absoluta, embora todos concordem que o subjetivismo se situe sempre acima do piso mínimo necessário à preservação da dignidade humana, não havendo limites, porém, na fixação do teto, que pode variar ao infinito. Até mesmo a fixação do piso mínimo se sujeita a grandes oscilações no tempo e no espaço. Comparem-se, por exemplo, os conceitos de pobreza predominantes nos países ricos de hoje com os de cem anos atrás, ou com os dos países subdesenvolvidos ou, como se diz de modo eufêmico, em desenvolvimento. Os pobres dos países ricos integrariam a classe média, quando não as afluentes, de muitas nações pobres.

Para vencer a batalha do desenvolvimento integral, o Brasil precisa colocar o magistério em patamar compatível com essa grande razão de Estado. Não é possível, por exemplo, conviver com os miseráveis salários que remuneram a maior parcela dos professores brasileiros do primeiro grau. Não deve causar estranheza que em sua maioria sejam eles extremamente despreparados, incapazes de compreender simples textos de jornais ou revistas, quanto mais de livros de mínima complexidade, quando sabem que o seu esforço, por maior que seja, não resultará em qualquer benefício próprio. Basta ver a prática corrente de se confiar os cargos de direção escolar a apaniguados políticos, no mais das vezes destituídos de qualquer preparo. Em tais circunstâncias, o professor percebe que para crescer é indispensável se colocar a serviço dos políticos, mesmo que sejam ladrões.

O EXEMPLO DA FINLÂNDIA

A superior qualidade do ensino finlandês tem sua base na preparação dos professores e no prazer dos alunos de permanecerem na escola por considerá-la um espaço agradável (os alunos na Finlândia têm uma carga horária 24% superior à brasileira, segundo dados de 2008), desfazendo o mito de que a parafernália tecnológica disponível e os salários dos professores sejam a causa de um elevado desempenho escolar. De fato, os professores brasileiros ganham, no seu conjunto, 56% acima da média da renda nacional, ficando os finlandeses com uma superioridade de apenas 12%, embora os números absolutos, pouco mais de R$12.000,00 anuais para os brasileiros e pouco menos de R$32.000,00 para os finlandeses, números de 2008, possam induzir a erro de interpretação.

Por outro lado, enquanto entre nós é de 2% o percentual de professores com mestrado no ensino fundamental, esse índice é de 100% na Finlândia. Aliás, só em 2007 se tornou obrigatória no

Brasil a exigência do mero nível superior para o magistério básico. Diferentemente do que se acredita e se pratica no Brasil, a qualificação a se exigir do professor do ensino básico, etapa fundamental para que o gosto pelos estudos e a reflexão não se perca por ação de um mau magistério, deve ser a máxima possível.

Não se estranha que a diferença nos resultados alcançados pelos dois países seja gritante. Segundo pesquisa realizada pela OCDE – Organização para Cooperação e Desenvolvimento Econômico, com 400 mil alunos de 57 países, a Finlândia ocupa o primeiro lugar na qualidade de ensino, disputando o Brasil as últimas posições. No aprendizado de ciências, matemática e leitura, o Brasil aparece, respectivamente, na 52ª, 53ª e 48ª posições.

O céu nem sempre foi azul para os finlandeses em matéria de ensino. No início do último quartel do século XX, a educação na Finlândia, que tinha 40% de sua população vivendo no ambiente rural, era a pior entre os países nórdicos. A ênfase na preparação do magistério, com cinco anos de formação universitária, foi a pedra de toque dessa revolução redentora, responsável pelo grande prestígio que desfrutam hoje os profissionais do ensino naquele país, refletido na preferência majoritária que lhe dedicam os alunos do curso médio, dos quais somente 10% dos que tentam conseguem aprovação no teste de ingresso na carreira.

Com um magistério tão qualificado e treinado para atuar de modo independente, tendo o professor como o responsável pelo rendimento dos seus alunos, a prática pedagógica descentralizada vem alcançando grande êxito. O Ministério da Educação define as linhas gerais do conteúdo programático, ficando os professores e dirigentes locais com a flexível tarefa de ajustar ao interesse do alunado as diferentes disciplinas, respeitado o aprendizado de um mínimo de dois idiomas estrangeiros, aulas de ecologia, ética, música, artes e economia doméstica. Em apoio ao monitoramento dos pais, o Ministério da Educação faz uma avaliação do desempenho de cada unidade de ensino, de três em três anos, disponibilizando-a para conhecimento geral.

Conscientes dos deletérios efeitos da repetência escolar sobre a autoestima dos discentes, os finlandeses dão aulas de reforço aos 20% dos alunos de mais baixo desempenho acadêmico, contra os 6% da média mundial.

A força da Vocação

O resultado prático desse bem-sucedido esforço nacional tem sido a transformação da economia finlandesa de rural, baseada sobretudo na exportação de madeira, para uma economia moderna, apoiada em sofisticada tecnologia, de que é o símbolo maior a Nokia, responsável também pela produção de 40% dos celulares em uso no mundo.

Enquanto nosso hino nacional reforça a lembrança de que estamos "deitados eternamente em berço esplêndido", a letra do hino finlandês adverte que "somos um país pobre que não tem ouro. O recurso que temos é o nosso povo. Por isso investimos na preparação de todas as pessoas para que possam ir tão longe quanto sua capacidade permitir". Bem diferente de nossa prática, que se contenta com o incalculável desperdício nacional de possibilitar a plena formação a apenas algumas pessoas, enquanto a grande maioria, à míngua de uma educação compatível com seus talentos, recebe uma instrução precária que a condena ao subdesenvolvimento de suas potencialidades e à abusiva corrupção dos seus dirigentes. Um povo educado escolhe melhor seus representantes, porque apto a distinguir entre a ilusão do populismo barato que promete a partilha do céu na terra e a verdade operacional que se apóia na realidade dos fatos. Um povo educado prospera na adversidade e na ausência de riquezas naturais, do que dão exemplo a Inglaterra, a Alemanha, o Japão, a Coreia do Sul e a própria Finlândia. No outro extremo, o Brasil, não obstante suas grandes riquezas, tem suas possibilidades de crescimento limitadas pelo baixo nível educacional de seu povo. Por isso, continuamos a ser o país do futuro, conforme expressão título do livro de Stefan Zweig, escrito durante a ditadura varguista.

Não é à toa que a Finlândia, além de rica, figura como a menos corrupta nação do mundo.

Como se vê, a lengalenga populista do professor coitadinho, que atribui ao estado a responsabilidade exclusiva pelo mau desempenho escolar, não encontra respaldo na realidade dos fatos, diagnóstico que é de crucial importância para que possamos fazer da educação a primeira das prioridades, como fator de peso incomparável e insubstituível no processo de alavancagem do nosso desenvolvimento.

O MAGISTÉRIO E O CONSUMISMO

Até a década de sessenta do século XX, os hábitos de consumo predominantes no Brasil não requeriam ganhos elevados para que um profissional pudesse ser visto como pertencente aos escalões economicamente superiores da sociedade. Viajava-se pouco; comer fora de casa, só de raro em raro; era menor a oferta e o consumo de bens e serviços aferentes do status social; escolas de boa qualidade para os filhos eram providas pelo poder público; ainda não se universalizara a propriedade do transporte individual, que só as famílias muito ricas estendiam aos filhos maiores de 18 anos. Os carros só eram trocados a cada dez anos, em média.

Desde então, esses padrões de consumo vêm sofrendo profunda alteração. Usar um carro hoje com mais de cinco anos, não ensejar aos filhos adolescentes uma ida a Disney, não vestir os artigos da moda, não conhecer os restaurantes badalados ou não fazer viagens periódicas dentro e fora do Brasil passaram a ser encarados como motivos de desprestígio social.

SALÁRIO E PRODUTIVIDADE

O problema dos rendimentos do professor do ensino público é agravado pela patológica ausência de critérios meritocráticos, gerando, como consequência, níveis crônicos de crescente improdutividade. Um exemplo comparativo da produtividade do ensino universitário público brasileiro com a média das melhores universidades privadas norte-americanas serve para ilustrar a afirmação. Enquanto, em média, as boas escolas americanas, como Stanford, mantêm a relação de um para dez entre o somatório de professores e funcionários em confronto com o total de alunos, essa relação no ensino universitário público brasileiro não chega a cinco, sendo que há casos, como o da Universidade Federal do Rio de Janeiro, a maior do país no setor público, em que é de um para pouco mais de dois, conforme depoimento do reitor José Henrique Vilhena nas páginas amarelas de *Veja*, edição 1722 de 17 de outubro de 2001. Segundo ele, currículos antiquados e estrutura emperrada estariam entre os fatores responsáveis pelo fracasso da universidade pública brasileira em cumprir sua função de educar a população. A UFRJ contava com 3 mil professores e 9 mil funcionários para pouco mais de 25 mil alunos. Ao tempo da Constituinte, em 1987, essa relação era de um para quatro, conforme os defensores do monopólio do ensino pelo setor público exibiam nos cartazes com que pressionavam os constituintes a votar em favor da tese de interdição do setor privado ao acesso ao ensino superior. Ignoravam aqueles panfletários que a relação de quatro alunos para cada funcionário constituía prova irrefutável da improdutividade do ensino público.

Nos treze anos que separaram a Constituinte do depoimento de Vilhena, verificou-se uma queda de 50% nessa relação, aumentando ainda mais os já elevados índices de improdutividade reinantes. Ainda segundo o reitor Vilhena, o corporativismo e o abuso grevista, impeditivos da aprovação de propostas de mudanças, respondem pela baixíssima produtividade da universidade pública brasileira, representativa de apenas um quarto da produtividade média internacional. Enquanto no Brasil as universidades públicas registram, em média, a relação de um graduado para cada professor a cada ano, essa relação é de quatro para um nas grandes universidades internacionais. Com tanta gente produzindo tão pouco, é improvável o aumento dos salários, até porque o custo por aluno no Brasil é o mais alto do mundo, entre as universidades públicas. Vilhena ressalvou da derrocada a rede de pós-graduação, marcada pela excelência em ambos os quesitos, qualidade e produtividade.

Posta à margem a aludida improdutividade, a questão dos rendimentos do magistério tem sido objeto de contínua e emocionada discussão no mundo ocidental.

A conclusão a que se chega em toda parte é que se trata de uma profissão que deve desencorajar sua escolha por motivações de ordem material, sendo a vocação quase sacerdotal requisito indispensável para que se encontre plena satisfação no seu exercício.

É inegável, porém, que a situação econômica do professorado está muito aquém do significado de sua missão na construção do processo civilizador. Todavia, a abordagem dos diferentes mecanismos acionáveis para promover a melhoria de suas condições materiais ultrapassa os objetivos do presente trabalho. Adiante-se, contudo, que há, no mundo, centenas de empresas que investem mais em tecnologia do que muitos países. Essa realidade, por si mesma, está a recomendar uma política de mãos dadas entre empresas de ponta e as universidades. Não é por acaso que essa frutuosa aliança vem operando, com grandes resultados, nos países mais desenvolvidos e nos mais promissores emergentes, com a Coreia do Sul à frente.

Seria extremamente útil que se fizesse uma pesquisa para identificar os gritantes desníveis de operosidade entre as universidades federais brasileiras instaladas nas diferentes unidades da federação. Os centros dominados pelo esdrúxulo preconceito de que a reflexão acadêmica não pode desenvolver parcerias com o que denominam "capitalismo selvagem" comandam o atraso, na contramão de unidades, como a de Santa Catarina, que, criando riqueza, contribuem com ponderável parcela de seu orçamento, a partir de saudável relação com o setor privado, através da prestação de serviços à sociedade.

COMO OPERAR MUDANÇAS

Não obstante a presença dessa dificuldade, que pode passar a ser um fato positivo, em médio e longo prazos, na medida em que seja encarada como um saudável desafio a vencer, nada há de mais prioritário para a sociedade do que essa necessária revolução pacífica na preparação do professorado. E tudo tem que começar pela promoção de sua autoestima, sentimento que é a base da paz interior e consequentemente da felicidade, e que pode ser aprendido, como tem sido observado por psicólogos, sociólogos e pedagogos. A qualquer pessoa que tome consciência do seu valor e de sua necessidade de mudar para crescer é possível a elaboração e implementação do processo de elevação de sua autoestima. E ninguém melhor do que o professor para promover esse aprendizado, que se inicia pelo reconhecimento da necessidade de mudar, passando para o desejo ou a determinação de mudar, culminando com a prática gradual das mudanças desejadas.

A experiência comprova que as mudanças, além de possíveis, podem ser muito agradáveis. São menos custosas do que se imagina e muito gratificantes. Uma prova adicional da plasticidade de nossa conduta diante das demandas existenciais, é que pautamos nossas ações mobilizando nossas energias, relações, inteligência, criatividade, entusiasmo e recursos, como consequência de fatores como a urgência, o risco e o valor que supomos estarem em jogo. As irreais expectativas das milagrosas transformações instantâneas são a causa mais frequente da precoce desistência do desejo de mudar, porque os indivíduos não levam em conta a força adquirida pelos velhos e arraigados hábitos dominantes ao longo do seu processo de formação.

O grande obstáculo reside na insegurança de alguns em aceitar que precisam mudar para possibilitar o próprio crescimento, renunciando a valores equivocados que têm orientado suas vidas até então. Essa é uma façanha exigente de muita força interior, moral e espiritual. Nada, porém, como a reflexão para redimir os conflitos do espírito.

Meditar é um modo superior de relaxar e descansar o corpo e o espírito. Contudo, só é possível vencer as limitações que entorpecem o florescimento de nossas potencialidades quando a decisão de fazê-lo nasce da consciência e da vontade individual. Por isso, a coação moral externa para que o façamos será de pouca ou nenhuma valia, enquanto o encorajamento afetivo é muito útil mas insuficiente por si só para assegurar a plena promoção dessa mudança redentora. A compreensão do profundo significado dessa lição e o compromisso de praticá-la deveriam constituir o primeiro mandamento de uma pedagogia verdadeiramente libertadora e promotora da constituição de fortes vínculos afetivos entre alunos e professores, porque ausentes o autoritarismo, a indiferença e os ressentimentos, substituídos por sentimentos marcados pela empatia e respeito recíprocos, como o diálogo aberto e construtivo, a parceria e a solidariedade fraterna. Nada mais distante do caráter mecanicista, burocrático, autoritário e indiferente de parcela ponderável do magistério em ação, responsável pelo elevado percentual do ensino que se perde ou fica arquivado no recesso de nossa memória profunda, insusceptível de evocação para uso prático, dentre outras razões, pela teimosa insistência em acreditar na possibilidade de se aprender o que não é compreendido!

A autoestima elevada gera a segurança necessária para essa comunicação aberta à livre expressão dos sentimentos e emoções, fraterna, cooperativa, tolerante, afirmativa, isenta, otimista, construtiva e promotora do sentimento de pertencer e de integrar, que eleva nossa generosidade, honestidade e coragem, enquanto uma baixa autoestima produz insegurança e seus consectários: timidez, nervosismo, desconfiança, dúvida, amargura, intolerância, autoritarismo, parcialidade, divisionismo, ódio, inveja, pusilanimidade, mesquinhez, isolamento físico e emocional, e um sentimento de inadequação derivado da sensação de não integrar ou não pertencer. Mesmo quando competentes, os indivíduos com baixa autoestima tendem a se considerar incompetentes, passando a desenvolver dependências de terceiros; a não confiar em sua capacidade criativa; a julgar insuficientes ou destituídos de mérito os pequenos progressos alcançados; a culpar os outros e as circunstâncias pelo que de ruim lhes ocorre; a não assumir responsabilidade pelo curso de suas vidas.

Quando se trata de um professor, este tende a ver a escola, os alunos, os pais e a sociedade como seus algozes. Daí a introjetar a crença perversa de que o sucesso depende menos da capacidade e mais da sorte e de padrinhos dista apenas um passo.

O indivíduo dotado de autoestima elevada, ao contrário, integra-se facilmente ao meio e é percebido, por seu entusiasmo, por suas aspirações e expectativas, como uma força positiva na construção do bem-estar geral, criando um círculo virtuoso no plano das relações, o oposto da baixa autoestima, matéria-prima potencialmente implosiva da convivência saudável. Progride com facilidade porque se dispõe a continuamente correr os riscos inerentes à busca da autossuperação, pela elevação do nível de suas aspirações e expectativas. Utiliza-se dos erros cometidos e das fraquezas percebidas como mecanismo promotor do autodesenvolvimento. Alude com desapaixonado senso objetivo às conquistas e derrotas, como ocorrências inelutáveis do obrar humano. Percebe por via analítica ou intuitiva que de nada adianta se autoflagelar, porque sua maneira de ser resulta, em grande parte, de um mecanismo infantil de defesa que deita raízes em suas primeiras relações com os pais, professores, terceiros e o meio ambiente. A partir desse entendimento, encontra estímulo para trabalhar sobre si mesmo, com o desiderato de mudar os maus hábitos e elevar sua autoestima, tarefa facilitada quando não se julga negativamente, posto que não confunde os seus atos e hábitos, mutáveis por via da vontade e da disciplina, com a essência profunda de si mesmo. A percepção da possibilidade dessas favoráveis alternativas de mudanças liberta-o do jugo do medo e dos ressentimentos que predominaram em seu passado.

Em suma: com maturidade, compreende que crescer é um processo que consiste em vencer gradualmente limitações que são naturais da experiência de viver. Tem razão Pestalozzi quando disse que "a maior vitória que se pode alcançar é a vitória sobre si mesmo".

Como essa tem sido uma postura ausente na formação do magistério, não é de estranhar que tantos professores exibam em sala de aula um padrão mendicante de preparo geral e de grandeza humana, que só chega ao conhecimento da direção da escola quando o estrago ganha proporções rocambolescas ou escandalosas.

Os habituais destemperos de um professor, havido como bastante conhecedor da disciplina que ministrava em uma instituição de ensino sob nossa direção, só chegaram ao nosso conhecimento por intermédio da queixa de uma aluna que, ao divergir dele numa questão disciplinar, ouviu como resposta, em plena sala de aula e a plenos pulmões, um sonoro: "Foda-se". Por maior que seja a simpatia que se possa ter pelos problemas subjacentes a uma conduta de tal sorte malsã, não é possível manter alguém assim tão destemperado nos quadros de uma instituição educacional sem o total comprometimento do moral indispensável à preservação do seu mínimo conceito.

Ainda que a autoestima seja fator de importância determinante no êxito de qualquer profissional, abordamos a do professor apenas por ser destinado ao exercício do magistério, atividade que influi direta e significativamente na vida dos discentes, exigindo múltiplas habilidades especiais e a disposição de permanente busca de aperfeiçoamento, inclusive o domínio do maior número possível de práticas, dinâmicas e técnicas didáticas eficazes.

Do mestre moderno, cidadão-estadista por excelência, exige-se que saiba ensinar, fazer o que ensina e ser respeitável, um marco referencial para seus alunos.

Na experiência diuturna, observa-se que, como em todas as áreas, há bons e maus professores, gradação que envolve não só o nível de conhecimento da disciplina ensinada, como sua conduta ética, temperamento, autoconhecimento, maturidade emocional, responsabilidade social, bom gosto e todo tipo de valor. Oscila, portanto, o professor desde o operário intelectual, passando pelo burocrata bilioso, autoritário, imaturo e pobre de ideais e conhecimentos, sem a mínima vocação para um magistério que realiza mal, porque sem motivação interior, até o mestre culto, inteligente, aberto, autoconfiante, que ensina por genuíno prazer, dotado de verdadeira vocação de estadista, no que a palavra contém de mais nobre significado. O primeiro grupo – cego guiando cego – responde pelo que psicólogos, educadores e outros cientistas sociais denominam "pedagogia nociva e perniciosa", promotora do sentimento de vergonha e de culpa, impositiva de uma disciplina e resultados acadêmicos que não priorizam a construção do conhecimento, porque correspondentes, apenas, às expectativas de pais e professores equivocados; o segundo é responsável pela formação da elite pensante que constrói a grandeza e a prosperidade dos povos. Cada um de nós há de ter retida na memória a lembrança de ambos os protótipos. Quando o então presidente Fernando Henrique Cardoso disse que se dedica ao ensino quem não dá pra nada, quis, certamente, referir-se à categoria dos professores destituídos de autoestima, de vocação e de competência, forja da máxima frustração.

Essa subestimação do docente, como sujeito do processo de seu crescimento emocional e intelectual, responde pelo enorme desperdício de recursos ocasionado pelo sistema educativo que se propagou por todo o mundo ocidental, a ponto de levar o educador e pedagogo Ivan Illich a propor uma sociedade sem escolas, proposição endossada por Paulo Freire quando disse que "pior do que crianças sem escola são crianças nessas escolas que estão aí...", ao concluir que o saber transmitido era desatualizado, quando não prejudicial e inútil. Charles Darwin expressou semelhante opinião ao falar da improdutividade de um período escolar de sua vida:

> Nos três anos que passei em Cambridge, meu tempo foi tão completamente desperdiçado, no que diz respeito aos meus estudos acadêmicos, quanto em Edimburgo e na escola. Experimentei a matemática e, durante o verão de 1828, cheguei a ir a Barmouth com um preceptor particular, um homem muito chato, mas meus progressos foram lentos. O trabalho me repugnava, principalmente por não conseguir perceber nenhum sentido nos primeiros passos da álgebra. Essa impaciência foi uma grande tolice. Em anos posteriores, lamentei não ter seguido adiante, pelo menos o suficiente para compreender um pouco os princípios centrais da matemática, pois os homens dotados desse conhecimento parecem dispor de um sentido a mais.

O romancista e aforista americano Mark Twain não deixou por menos: "Nunca deixei que a escola interferisse em minha educação".

A IMPORTÂNCIA DA EDUCAÇÃO

Com o advento da quarta globalização, que para muitos se confunde com uma nova era, a do conhecimento, a educação é tida como o maior recurso de que se pode dispor para enfrentar essa nova estruturação do mundo. Dela depende a continuidade do atual processo de melhoria econômica e social, também denominado era pós-industrial, em que notamos claramente um declínio do emprego na indústria e a multiplicação das ocupações em serviços diferenciados: comunicação, saúde, turismo, lazer e informação.

A tudo que o homem agrega ao mundo chamamos de cultura. Comum a todas as épocas e civilizações é a dual criação das manifestações culturais: antes de sua existência real as coisas têm que ser concebidas, pensadas; necessariamente têm que ter uma existência prévia, de natureza virtual ou mental. Todas as coisas, portanto, têm duas existências: a mental, que corresponde ao projeto, e a real, uma vez executada. Sem essa capacidade de pensar e executar o que concebe, o homem seria, como todas as espécies do reino animal, sujeito às ineslutáveis leis naturais. Explica-se por que mentes cultivadas pela educação constroem comunidades prósperas em territórios naturalmente pobres, enquanto populações intelectualmente atrasadas mourejam na pobreza de territórios dotados de considerável riqueza natural.

O fator essencial, portanto, para a riqueza dos povos brota da mente sob a forma de educação. Hoje, mais do que nunca, quando o conhecimento é incontestavelmente a mais importante fonte de poder, a educação figura como o recurso supremo. Não há contestação possível a essa máxima de aceitação universal, como a corroboram os mais influentes pensadores modernos. Vide o extraordinário surto de desenvolvimento do Japão e dos países europeus do pós-guerra e dos tigres asiáticos de nossos dias. Sem uma educação de boa qualidade, a Argentina não teria saído da crise cambial do fim do milênio, que levou à queda colossal do seu PNB e a um estratosférico desemprego.

É essa primazia do conhecimento sobre todas as outras fontes de poder o fator responsável pela crescente redução das jornadas de trabalho e o consequente desenvolvimento do lazer em todo o mundo, desde fins do século XX e ao longo deste, tendência que se amplia com o aumento generalizado da expectativa de vida proporcionado pelo aperfeiçoamento da infraestrutura, das práticas higiênicas, da alimentação e da medicina. O estudo, portanto, deixa de ser episódico ou temporário para se constituir numa necessidade permanente. Tem razão Peter Drucker quando ensina que

> na sociedade do conhecimento, as pessoas precisam aprender como aprender. Na verdade, na sociedade do conhecimento as matérias podem ser menos importantes do que a capacidade dos estudantes para continuar aprendendo e do que a sua motivação para fazê-lo. A sociedade pós-capitalista exige aprendizado vitalício. Para isso, precisamos de disciplina. Mas o aprendizado vitalício exige também que ele seja atraente, que traga em si uma satisfação.

A realização do conselho de Drucker exige maior ênfase numa pedagogia informal, alegre e otimista, como sugerem autores como Georges Snyders e Francisco Gomes de Matos. Para alcançar esse desiderato, nada mais eficaz do que imprimir ao estudo-ensino um caráter eminentemente lúdico, de que é exemplo de eficácia máxima o modo prazeroso de aprender próprio das crianças e de todos que se encontraram com suas vocações. Registramos sem maior esforço as experiências que nos divertem ou nos dão prazer, e esquecemos quase tudo que estudamos de modo maquinal, sem o aguilhão do interesse. Por isso, com intervalo de dezoito séculos, o poeta grego Píndaro e o teólogo romano Santo Tomás de Aquino advertiram que o "homem é um ser que esquece".

A necessidade da incorporação do prazer aos processos de aprendizagem cresce à medida que aumentam as exigências de rápida intelecção e adaptação às mudanças cada vez mais abruptas e aceleradas, como resultado da emergência de novas práticas e novas tecnologias. A qualidade do desenvolvimento cognitivo, por sua vez, depende da qualidade da interação do corpo e do cérebro com os vários ecossistemas que integram a vida social, como a família, a igreja, o trabalho, a escola, o clube etc... A humana é a única espécie do reino animal sujeita a essa veloz e, não raro, multímoda adaptação ecológica.

OBJETIVIDADE E SUBJETIVIDADE NO ENSINO-APRENDIZAGEM

É oportuno observar que o ensino-aprendizado consiste essencialmente em ensejar aos discentes a incorporação daquilo que é parte do conhecimento estratificado. Trata-se, portanto, de um modo vicário de lembrar o que já é conhecido por terceiros. É a partir da construção do conhecimento, do já experimentado e sabido, que as pessoas evoluem para fazer novas descobertas. Como já vimos, as realidades existem mais em razão do modo como as percebemos do que em função de sua presumida objetividade intrínseca. Uma mudança de percepção, portanto, pode corresponder a uma mudança da realidade percebida. É por isso que as realidades imaginárias se impõem mais fortemente sobre nossa conduta do que as realidades reais. Isso explica porque nossa percepção do mundo depende de nosso estado de espírito. Essa plasticidade perceptiva, objeto de interesse dos estudiosos do comportamento humano, do marketing político como do empresarial, responde também pelos preconceitos, discriminações e incompreensões, fontes da maioria dos conflitos. Enquanto o filósofo estóico grego Epicteto, que viveu entre os dois primeiros séculos da era cristã, sustentava que "o que perturba os indivíduos não são as coisas como elas são, mas a idéia que formam delas", Lacan observou que as crianças em sua fase de transição, a que denominou de "transitivismo normal", podem confundir situações distintas, como alegar que estão apanhando quando, em verdade, são elas que batem, ou sofrem como se fosse sua a queda de outros. A consciência dessa realidade imaginária e plástica, que anula as preconceituosas noções de determinismos subjugantes, nos protege contra o desespero e nos enseja a utilização de uma variedade de recursos, métodos ou meios nos modos como lidamos com as injunções da vida. Aaron Beck, o iconoclástico psicanalista que se insurgiu contra a fórmula freudiana da depressão-ódio e criou, com outros, a chamada escola da terapia pelo conhecimento, menciona a alternância de sentimentos de ódio e tristeza em um homem relativamente à sua mulher: ficava irado quando pensava no quanto ela era injusta para com ele; ficava triste, em seguida, quando percebia que iria perder sua afeição. Beck explica o caráter automático dessas reações cognitivas como um recurso do cérebro para suprir sua incapacidade de analisar todas as situações com que se defronta, produzindo o que denominou distorções cognitivas. O retrato simultâneo da diva e da megera e o vaso-face de Rubin, quadros abaixo, são ilustrativos de como as ilusões podem distorcer a percepção da realidade.

O vaso face de Rubin    A diva e a megera

Inspirada na incapacidade do cérebro humano de proteger-se contra as armadilhas do ilusionismo, a vetusta filosofia do cepticismo apregoa, desde sempre, a impossibilidade de se chegar ao conhecimento objetivo. De nenhum modo, porém, somos joguetes ao sabor das forças externas que atuam sobre nós, ainda que não se deva ignorar sua marcante influência. Enquanto um copo com água até o meio está meio vazio para um pessimista, estará meio cheio para um otimista. É por isso que toda teoria da cognição digna desse nome deve, necessariamente, incorporar o anseio humano de transcender suas limitações.

A FORÇA DA MISSÃO

O psiquiatra austríaco Viktor Frankl integrou, ao lado de Freud e Adler, a chamada tríade da psiquiatria de Viena. Enquanto para Freud os problemas humanos derivam essencialmente de suas relações com o sexo, e para Adler de suas relações com o poder, para Frankl, o destino humano se resolve na busca do seu significado existencial, sendo a vontade a força motriz, por excelência, da conduta humana.

Na linha de sua teoria psicoterápica, denominada Logoterapia, exposta em vinte volumes, Frankl, aproveitando-se de sua condição de prisioneiro em campos de concentração nazistas, escreveu nos dezoito dias que se seguiram a 8 de maio de 1945, dia da vitória, um livro intitulado *A busca do homem por Sentido (Man's Search for Meaning)*, onde conclui que nas situações mais adversas sobra sempre a possibilidade de impormos aos fatos e acontecimentos a força de nosso querer e determinação, em favor da construção de nosso destino. Observou ele que entre os prisioneiros vitimados por ferimentos, doenças, intempéries e desconfortos dos campos de concentração, os que mais frequentemente sobreviviam eram os que mantinham acesos o ânimo e a confiança no alvorecer de uma conjuntura nova, enquanto os pessimistas e os desanimados sucumbiam com muito maior facilidade.

A prática desse pensar livre e altaneiro conduz a uma redução crescente da influência das forças externas sobre o nosso modo de agir e interpretar o mundo, e a uma participação cada vez maior dos elementos constitutivos do nosso eu profundo.

A consciência, portanto, de que somos nós e não as pessoas ou o mundo à nossa volta os responsáveis pelas nossas ações faz uma grande diferença, porque essa consciência é a base sobre a qual edificamos nosso processo de mudança.

A CRIANÇA COMO OBJETO DE MÚLTIPLO INTERESSE

O estudo do desenvolvimento infantil interessa igualmente aos cientistas, aos pais e à sociedade em geral, como aos educadores, ainda que por diferentes razões. Todo educador, conscientemente ou não, define sua conduta magisterial em função da crença que alimenta sobre o modo como é constituído o mundo de possibilidades do aluno, inclusive o funcionamento dos seus mecanismos de aprendizagem. Do grau de acerto dessa avaliação dependerá o nível da adequação ou do trauma da passagem do aluno do estágio de aprendiz intuitivo para o escolástico.

Charles Darwin foi quem primeiro registrou, em 1840, aos 31 anos, as reações cognitivas de um bebê, em anotações feitas no diário de seu primogênito William, que, aos nove dias de nascido, moveu os olhos na direção da luz de uma vela acesa ao lado; com 49 dias, acompanhou com os olhos o balouçar de penduricalhos coloridos; aos cinco meses, tentou apreender objetos. Darwin anotou, também, dados relativos à memória, curiosidades, linguagem e outras manifestações racionais, concluindo, numa antecipação de décadas a Jean Piaget, que as crianças não são miniaturas de adultos, conquanto com eles mantenham uma relação de continuidade previsível.

No início do século XX, generalizou-se essa prática de biografar os recém-nascidos, mas só em meados do século o psicopedólogo Arnold Gesell (1880-1961) criou o calendário do saudável desenvolvimento infantil, cujas marcas foram tomadas como parâmetros para a colheita de alegrias ou inquietações dos pais, diante do "bom" ou "mau" desempenho dos seus pimpolhos. Em paralelo a esse esforço para compreender o mundo interior da criança, consolidava-se o prestígio, no campo da psicologia, da "teoria da aprendizagem" ou "behaviorismo", que, igualmente, deitava raízes no darwinismo, tendo como principais corifeus, sucessivamente, John B. Watson e B. F. Skinner. Para eles, não há que cogitar diferenças qualitativas entre homens e animais nem entre crianças e adultos. Uma criança mais velha seria apenas um bebê mais eficiente porque mais preparado, não havendo motivo para nos embrenharmos nos mistérios do cérebro para conhecer as razões dessa superioridade. Todos os organismos, humanos ou animais, atuariam de acordo com os estímulos recebidos, renunciando aos atos e práticas que deixam de ser estimulados, figurando as ideias, os ideais e a imaginação como designações simbólicas dos verdadeiros agentes motivadores da conduta humana.

Um ser humano fará qualquer coisa que o meio ambiente legitima e premia, do mesmo modo que tende a deixar de fazer o que o meio ambiente abomina. O cérebro seria objeto de investigação para fisiologistas ou cirurgiões, e não para psicólogos a quem interessa o estudo do comportamento visível e objetivo do ser humano, como integrante que é do mundo animal, entendimento acolhido com entusiasmo pelos pais cujos filhos, por não apresentarem desempenho competitivo, eram vistos como dotados de inteligência inferior. Frustraram-se, no entanto, as almas cândidas que continuavam acreditando no valor pedagógico das emoções e dos conceitos proscritos, como o amor e os ideais.

Segundo o behaviorismo, o aumento da frequência ou da previsibilidade de uma reação, num determinado ambiente, resulta do reforço do estímulo ou da recompensa que a reação receba. A isso se chama condicionamento, fenômeno intensamente estudado por fisiólogos russos, ingleses e americanos que, com suas observações e conclusões, definiram os procedimentos iniciais que legaram à psicologia.

O condicionamento constitui um modo de aprendizagem quando:

1 – Um determinado estímulo ou sinal torna-se crescentemente efetivo em provocar uma mesma reação, ou

2 – Quando a reação se dá com crescente regularidade num ambiente estável e bem definido. É o tipo de reforço usado que define qual dessas consequências será obtida.

As descobertas acidentais que realizamos nos primeiros anos de nossas vidas ensejam a formulação, ainda que de modo incompleto, dos primeiros raciocínios. Gradativamente, evoluímos do plano do brinquedo para o da observação, quando passamos a separar o nosso eu do mundo exterior, fase em que predominam os sinais e os símbolos, as imagens e as palavras. Os sentidos entram num festival de experiências novas e fascinantes, a cada dia, a cada hora, a cada instante. Apesar de lento, na aparência, o progresso cognitivo é, sem dúvida, constante, passando o pensamento a exercer um papel de crescente importância na construção de estruturas múltiplas de espaço, tempo, quantidade, causação e categorização dos objetos. É nesse período de descentralização existencial que nasce a empatia ou a capacidade de nos colocarmos no lugar de outras pessoas.

Entre os 7 e os 11 anos, o pensamento lógico vai paulatinamente substituindo o intelectualismo egocêntrico dos primeiros tempos, permitindo que os esquemas conceituais ganhem concretude ao substituírem os esquemas simbólicos, porque a razão passa a estruturar e a internalizar na mente a percepção da realidade sensorial. Aprende-se a distinguir os atos das intenções que os produziram, como consequência do avanço da linguagem social sobre a egocêntrica. É nesse momento que surge a possibilidade da simulação consciente, sob a forma de mentira ou hipocrisia. E é graças à simulação que a psicologia experimentou grande avanço ao ensejar o teste de diferentes teorias através do diálogo entre a prática e as formulações teóricas. As noções de dimensão, seguidas das de peso e volume, se instalam como poderosos mecanismos na lida com o mundo à volta. O raciocínio de linear passa a ser reversível, ou seja, um novo raciocínio, apesar da participação de outro anterior na sua formação, não o anula. Ou, nas palavras de Piaget: "Diz-se que uma operação mental é reversível quando, a partir dela, forma-se uma operação semelhante sem que se desfaça a anterior". Afinal de contas, a lembrança ou memória é a continuidade do passado no presente. Nas operações concretas os objetos se encaixam; nas operações formais as hipóteses se combinam.

Repetindo o que já foi dito: quanto mais jovem o indivíduo, maior sua dependência dos pais. A dependência do alunado em relação ao professor se dá também na proporção inversa da idade: quanto mais jovem, maior sua dependência da qualidade da convivência na escola. Os que não gozaram, portanto, da fortuna de um berço acolhedor, estarão em maus lençóis, enquanto os privados de ambas as fontes – um bom berço e uma boa escola – dificilmente escaparão de uma vida de sofrimento e marginalidade existencial. Em qualquer hipótese, o professor é, além dos pais, o mais importante e eficaz instrumento de que a sociedade pode dispor para transformar-se, avançando materialmente e promovendo o sentimento de felicidade do seu povo. Se a importância do professor para o aperfeiçoamento da vida é reconhecida desde tempos imemoriais, hoje, mais do que nunca, essa importância aumenta como resultado da velocidade e da complexidade das mudanças produzidas pela globalização, em razão da qual parece inevitável a emergência de um padrão de linguagem internacional para ministrar a instrução e medir a qualidade do ensino.

EDUCAÇÃO NA COREIA DO SUL

Nenhuma experiência nacional recente exemplifica melhor do que a coreana do Sul o decisivo papel desempenhado pela educação como agente promotor do desenvolvimento, confirmando o entendimento de que a educação é o caminho mais curto entre a pobreza e a prosperidade das pessoas e dos povos.

Mais do que outro país qualquer, na atualidade, a Coreia do Sul se encaixa na percuciente conclusão a que Peter Drucker chegou no último quartel do século XX:

> Hoje é geralmente aceito que a tecnologia do ensino deverá passar por profundas mudanças e que, com elas, virão profundas alterações estruturais. Por exemplo, o aprendizado a distância poderá tornar obsoleta, em menos de 25 anos, aquela instituição unicamente americana, a faculdade independente de graduação. Está se tornando cada dia mais claro que essas mudanças técnicas deverão conduzir à redefinição do significado de ensino. Uma consequência provável é que o centro de gravidade do ensino superior poderá mudar para a educação continuada de adultos ao longo de toda a sua vida de trabalho. Esse fato poderá transferir o lócus do ensino dos "campi" para outros diferentes lugares, como o lar, o automóvel, o transporte de massa, o local de trabalho, o porão da igreja ou o auditório da escola, onde pequenos grupos podem se reunir depois do horário comercial.

A Coreia do Sul tinha 201 mil alunos em 1970 cursando universidade, representando um percentual de 0,62% de sua população de 31,6 milhões. Esse número, em 2003, já havia subido mais de dezessete vezes, passando para 3 milhões e 558 mil alunos, equivalente a 7,4% do total da população. Nesse mesmo ano, havia 162 mil estudantes cursando universidades no exterior, principalmente nos Estados Unidos, no Japão e na Inglaterra, em níveis distintos, como graduação tecnológica, mestrado e doutorado. Essa revolução intelectual se realizou no curto espaço de trinta e três anos, quando, não raro, aulas eram ministradas em barracões e em salas ao ar livre. Às reformas, concebidas para libertar a educação do rígido controle estatal, é atribuída parcela ponderável do grande êxito alcançado.

A partir de 1971, a ética nacional passou a ser matéria curricular nas escolas coreanas.

Comparados com os brasileiros, esses números e fatos revelam nossa histórica desídia no tratamento da educação como prioridade nacional.

No Brasil, segundo o empresário e educador Ronald Levinsohn,

> professores, funcionários e alunos adonaram-se das instituições públicas e detêm sua posse. Fazem lá o que querem. O ensino é grátis para os ricos e inacessível aos pobres porque o Estado não cumpre sua obrigação de proporcionar aos alunos carentes um ensino infantil, fundamental e médio de boa qualidade.

Lembra ainda Ronald Levinsohn:

> Domingo Faustino Sarmiento, educador, escritor, estadista, diplomata, embaixador no Chile e no Peru, primeiro presidente civil da Argentina (1868-1874), considerado o pai da pátria argentina, fomentou a educação em seu país, organizou o sistema escolar e foi professor a vida toda. Quando embaixador nos Estados Unidos da América, recebeu um doutorado honoris causa pela Universidade de Michigan; entusiasmando-se pelo sistema educacional, levou para Buenos Aires o pedagogo George Stearn, ex-aluno de Harvard. Nomeou ministro da Educação seu amigo Nicolas Avellaneda e contratou 63 professoras norte-americanas para incrementar o ensino primário no interior do país e na capital, formando professores, quando a população Argentina era de 1,3 milhão. Trazidas à proporção para sua atual população, foram importadas 1.827 professoras. (...) Daí para a criação das escolas agrícolas, técnica, militar e naval foi um pulo. Enquanto isso, no Brasil, a escola era um privilégio dos filhos de portugueses, da chamada elite europeia. Mesmo com o progresso morando ao lado, o Brasil não seguiu o exemplo da Argentina. (...) O preço do aluno universitário pago pelo contribuinte brasileiro tem valor equivalente ao vigente na Noruega, e, em alguns casos, o ensino ministrado possui qualidade semelhante ao de Serra Leoa.

Confronte-se a burocracia intumescida do MEC, cara e ineficaz quando não compreende que só a sociedade é capaz de fiscalizar a qualidade do ensino, com a atitude de William Bennet, secretário de educação dos Estados Unidos, e conhecido autor de *O livro das virtudes*, que fixou em cem o limite máximo do número de funcionários de sua pasta, tendo, como atribuições exclusivas, o incentivo da qualidade e modernidade do ensino e a produção de estatísticas como meio de aferição do desempenho da educação no país.

DINÂMICA DA COREIA DO SUL

Em 2002, o comércio exterior coreano, superior a US$300 bilhões, era mais de três vezes o do Brasil, tendo sua renda per capita ultrapassado os US$ 10 mil anuais, bastante superior à brasileira. Esse notável desempenho econômico se realizou *pari passu* com o desenvolvimento social, de que é exemplo marcante a escolha da Coreia do Sul para sediar os Jogos Asiáticos de 1986, as Olimpíadas, em 1988, e a Copa do Mundo de Futebol, em 2002, em parceria com o Japão. Com uma população, em 2003, de 48 milhões, a Coreia do Sul apresenta uma das mais altas densidades populacionais do mundo, com 476 habitantes por km². Sua baixa taxa de natalidade, porém, 0,57% ao ano, aponta para a estabilidade de uma população cada vez mais educada e treinada, fator de excepcional competitividade nacional, numa era em que o conhecimento supera em importância a força e o dinheiro como fontes de poder. É a educação, sem dúvida, a base do grande desenvolvimento social, político e econômico da Coreia do Sul. Tem sido através da educação que a Coreia vem implantando novos alicerces em que se apoiam seu avanço democrático, o aperfeiçoamento de suas instituições e a evolução das atitudes, dos padrões de comportamentos e dos valores diante de um mundo em mudança permanente.

Como fator relativamente próximo, de grande impacto sobre esse acelerado desenvolvimento, apontam-se as reformas de base na economia e na educação, ocorridas na década de 1970. No plano educacional, as reformas objetivaram preparar os indivíduos para se autodirigirem, orientando-se para o futuro. Para alcançar esse propósito, entendeu-se como indispensável a libertação do ensino superior do controle do governo, por excessivamente burocrático. O resultado imediato foi a criação de cursos superiores de menor duração, concebidos para atender a demanda do parque industrial em crescente expansão. O aprendizado científico foi concebido para acompanhar as exigências tecnológicas oriundas da atividade econômica. A ênfase no aperfeiçoamento do caráter e a valorização da perspectiva humana, como condicionante do progresso tecnológico e econômico, incorporaram-se definitivamente aos programas educacionais. Adotou-se a ideologia segundo a qual o coreano deve crescer como um cidadão exemplar, com habilidades autossustentáveis, capaz de contribuir para o aperfeiçoamento democrático, o progresso econômico e tecnológico e o bem-estar da humanidade. No início do milênio, definiu-se, num documento denominado Sétimo Currículo, a imagem ideal do cidadão coreano instruído, como alguém dotado dos seguintes atributos:

    1 – Promove a individualidade como base do crescimento de sua personalidade;
    2 – Demonstra capacidade criativa;
    3 – Habilita-se ao exercício da profissão com grande amplitude cultural;
    4 – Cria novos valores inspirados na cultura nacional;
    5 – Contribui para o desenvolvimento comunitário com base na consciência civil democrática.

Os primeiros dez anos escolares preparam o jovem para escolher entre uma carreira desejada e aquela para cujo exercício está apto. Vontade e possibilidade são claramente confrontadas para que se possam harmonizar, tanto quanto possível.

A educação infantil, iniciada entre os 3 e os 5 anos, concebida para assegurar adequada alimentação às crianças e proporcionar um aprendizado lúdico, objetiva promover:

    1 – Crescimento saudável do corpo e da mente;
    2 – Formação de hábitos básicos e atitudes construtivas na convivência social;
    3 – Expressão criativa de pensamentos e sentimentos;
    4 – Uso correto da linguagem;
    5 – Interesse pelo cotidiano.

Como a sociedade do conhecimento e da informação do século XXI se apoia na capacidade de criar e utilizar conhecimento inovador como a principal fonte geradora de riqueza, o ponto nodal da estratégia da prosperidade nacional passou a ser a universalização do desenvolvimento dos recursos humanos, tarefa concebida para iniciar-se imediatamente e ser continuada e realizada no longo prazo, sob o comando de uma agência governamental criada para esse fim exclusivo. O plano básico desse programa contínuo e acelerado de educação dos adultos promove o reforço da capacitação individual das pessoas, a formação da confiança social, o fortalecimento da coesão comunitária e a construção de uma sociedade competitiva e confiante, capaz de elevar a Coréia ao grupo das dez nações do mundo mais bem dotadas de recursos humanos.

A solução foi facilitada, em grande medida, pela implantação de programas educacionais à distância, ensejada pelos modernos meios de comunicação, que permitiram a rápida expansão dos cursos intermediários e superiores, com o fomento do autodidatismo como um dos pilares de sustentação. Como consequência, já em 1990, foi criado o exame de suficiência para bacharelar autodidatas, prática que existiu no Brasil no século XIX. Hoje a forma burocrática prepondera sobre a substância do conteúdo, para prejuízo da nação. Para acelerar o aprendizado de línguas estrangeiras pelos estudantes do ensino básico, particularmente o inglês, foi estimulada a contratação de professores naturais dos países do idioma ensinado como um dos mecanismos de vitalização nacional numa era de crescente globalização, a partir de 1995. Diferentemente do Brasil onde exigências corporativistas dificultam a contratação de professores nativos dos países do idioma estudado, preferindo-se o cumprimento da norma burocrática de privilegiar os titulares de diplomas reconhecidos pelo MEC, mesmo quando o professor compreende e fala mal a língua que ensina. Numa palavra: a política educacional coreana passou a adotar a flexibilidade como regra, recorrendo, de modo crescente, à descentralização do processo decisório em sintonia com o princípio dominante da busca do aperfeiçoamento intelectual do aluno.

Uma prova disso é a criação de escolas especiais para estudantes dotados de inteligência privilegiada – Escola de Ciências Kyonggi – a partir de 1983, prática dificultada em muitos países pela militante inveja da mediocridade, como abordamos em *A inveja nossa de cada dia*.

Apesar da priorização e da consistência de todo o empenho nacional pela educação, existe a consciência de que a educação formal, numa era de contínua descontinuidade, não consegue atender mais do que um quarto da população nacional, razão pela qual se valorizou o ensino informal e enfatizou-se a necessidade e a importância do entendimento de que a tarefa de educar é inerente a todo cidadão ao longo do seu processo de múltiplas interações: afetivas, intelectuais, profissionais ou simplesmente sociais.

Foi essa flexibilização que permitiu aos coreanos saírem rapidamente de uma economia industrial, apoiada nos produtos agrícolas, para uma economia voltada para a indústria do conhecimento, a partir de 1980, entrando na era da informação a partir de meados de 1990, quando sua educação foi a primeira do mundo a ser conectada à supervia da informação. O resultado é que, tendo alcançado a renda média anual de dez mil dólares per capita, em 2005, os coreanos deverão dobrá-la até 2020.

Para o século XXI, a escola coreana, conduzida por professores dominados pelo orgulho de ensinar, deve estar preparada para despertar no alunado o gosto de aprender. Para isso, é fundamental a participação de um magistério motivado, continuamente atualizado com as mais eficazes técnicas de ensino, que levem em conta as peculiaridades individuais dos alunos e a importância do desenvolvimento do autodidatismo. Essa visão, que inclui o ensino especial voltado para os alunos portadores de deficiências, enfatiza a importância de uma alimentação balanceada e a formação de bons hábitos alimentares desde a mais tenra idade.

Mark Albion, especialista americano em marketing, cita uma pesquisa realizada em 1980 com 1.500 concluintes de Administração de Negócios, para saber o que eles pretendiam fazer de suas vidas nos anos seguintes à graduação. Oitenta e sete por cento, 1.305 alunos, responderam que se empenhariam em ficar ricos, enquanto os 13% restantes – 195 estudantes – disseram que se dedicariam a alguma atividade que lhes desse satisfação e realização pessoal. Vinte anos depois constatou-se que 101 tornaram-se milionários, dos quais um apenas provinha do numeroso grupo que priorizou ficar rico e cem pertenciam ao grupo dos 13% comprometidos com a natural inclinação do seu espírito. Dessa pesquisa se deduz que o melhor modo para atingir as alturas é concentrando-se na qualidade e constância da escalada.

O conhecido financista americano Warren Buffet, ao ouvir de recém-graduados a confissão de que primeiro procurariam ganhar dinheiro para depois se dedicarem às atividades que reputavam prazerosas, respondeu com espírito: "Essa opção equivale a transferir a atividade sexual da juventude para a velhice".

O apressamento que resulta da mera ambição de subir é receita quase certa para a precipitação no abismo. Não é coincidência que as empresas que incorporaram a lição de priorizar a qualidade evoluem gradativamente da solidez para a liderança do mercado. Do mesmo modo, o sucesso individual, em praticamente todos os domínios, é alcançado, majoritariamente, através da dedicação prazerosa à atividade ou profissão eleita.

"PRECISAMOS DE UMA CRISE"

O especialista em problemas educacionais Cláudio de Moura Castro, escrevendo em *Veja*, lembra que a Alemanha entrou em polvorosa ao tomar conhecimento de uma pesquisa realizada no ano 2000 que a colocava no 25º lugar num teste que mediu a capacidade de jovens de 15 anos para ler e aprender matemática e ciências. Pais, educadores e autoridades reagiram entre indignados e furiosos. Como consequência, grupos de trabalho, comissões, seminários e novas leis abundaram. Do lado de cá do Atlântico, o Brasil, que apareceu no último lugar na pesquisa, não esboçou qualquer reação, como se se tratasse de questão menor, diante de outras mais sérias. Nada se ouviu das autoridades, partidos políticos ou da imprensa. Coroando a nefasta inconsequência do silêncio geral, consulta feita com os pais revelou estarem eles satisfeitos com o rendimento escolar dos filhos, apesar do SNAEB (Sistema Nacional de Avaliação da Educação Básica) denunciar que 55% dos alunos da 4ª série são praticamente analfabetos. Para que se tenha uma ideia da ineficiência do nosso ensino, o percentual de analfabetismo é residual entre os concluintes da 1ª série nos países que levam a educação a sério. Completando o desastre, o Indicador Nacional de Analfabetismo Funcional aponta 74% como o percentual de adultos nessa situação no Brasil. Evidencia-se a inferioridade do ensino brasileiro diante de países assemelhados ao nosso, tanto na renda nacional quanto na remuneração dos professores, o que torna evidente que a má gestão da atividade educacional desponta como a primeira das causas de nosso fracasso nessa área fundamental ao desenvolvimento em qualquer de suas múltiplas vertentes. O grave é que, alheios ao que funciona em outros países, continuamos a querer melhores resultados sem modificarmos as causas, postura irracional que figura como o principal fator que leva os indivíduos ao divã do psicanalista: pretender alcançar resultados diferentes a partir das mesmas causas.

A conclusão a que se chega é que sem que haja uma crise, capaz de tirar a sociedade brasileira da pasmaceira em que se encontra, não avançaremos na velocidade necessária para nos transportar ao desejável patamar das sociedades prósperas, atentos ao entendimento de que a vocação tem voz. É preciso atenção para escutá-la e, muitas vezes, coragem e sensibilidade para atender ao seu chamado.

ANEXO 1

A EDUCAÇÃO E A PEDAGOGIA NA VISÃO DOS GRANDES EDUCADORES

Quando nos debruçamos sobre o que os grandes educadores têm dito a respeito da educação e da pedagogia, ora tomadas como sinônimas, ora tratadas na sua correta e precisa dimensão semântica e epistemológica, verificamos que, a par de diferenças conceituais significativas, existe tão grande identidade de pontos de vista que se pode afirmar ser este o campo do conhecimento humanístico de mais homogênea compreensão desde a maiêutica socrática, marco insuperável do pensamento pedagógico, até os estudos da mente e dos processos cognitivos infantis de Piaget e da concepção da inteligência múltipla de Howard Gardner, que pode ser entendida, simultaneamente, como continuidade e contestação da obra piagetiana. É o próprio Gardner quem o diz em *Unschooled Mind*:

> O trabalho de Piaget continua a ser uma fonte de estímulo mesmo para os que discordam de suas formulações. Não é difícil ler este livro e outros que escrevi como uma extensão do debate com o mestre genebrês. Certamente, é possível considerar as diferentes visões do desenvolvimento humano, que descrevo a seguir, como comentários, de um modo ou de outro, do pensamento central de Piaget.

Nada há mais em comum a todas as civilizações, em todas as épocas, do que o valor atribuído ao papel da educação, variando, apenas, os conteúdos e os modos de apresentá-los, que podem ter ou não caráter cognitivo, mas estão invariavelmente ajustados aos valores dominantes em cada sociedade e em cada momento histórico, como tão bem exposto por Émile Durkheim, em sua obra já citada. Essa quase unidade conceitual não impediu que sua prática, ao longo de séculos, fosse sistematicamente deturpada ou mal conduzida pelos gestores da educação, numa incompreensível quanto acintosa afronta à mais elementar racionalidade, apesar de sua contínua e coeva denúncia pelas inteligências mais lúcidas. Esse conflito entre a pregação dos teóricos e a práxis educacional é também um elemento comum a todas as épocas.

Vejamos, *à vol d'oiseau*, o que pensaram os maiores teóricos da tradição ocidental nesse campo.

WOLFGANG RATKE (1571-1635)

Educador reformista alemão, Ratke revolucionou o ensino de idiomas, lançando as bases para o trabalho futuro de Comenius, não obstante o mérito exagerado que atribuía ao seu método. Desistiu da carreira clerical, em face de dificuldades para falar em público, dedicando-se, a partir dos 29 anos, ao estudo de idiomas, particularmente o hebraico. Foi em Amsterdã que, a partir de 1611, começou a desenvolver seu novo sistema de ensino, baseado, sobretudo, no conceito de raciocínio indutivo de Francis Bacon, evoluindo do particular para o geral. Carente de apoio oficial, Ratke deixou a Holanda, retornando à Alemanha, onde propôs a substituição do latim pelo alemão culto como um fator de elevação cultural. O caráter inovador de suas propostas, vistas como exageradas, somado às suas limitações como organizador e administrador, tornou-o vulnerável às fortes objeções da Igreja, que não queria perder o monopólio sobre o ensino, impondo-lhe sucessivas derrotas. As injunções oriundas da Guerra dos Trinta Anos só fizeram complicar ainda mais um cenário já difícil. Embora não tenha alcançado êxito em seus projetos, é inegável a contribuição de Ratke para o aprimoramento da educação, através da formulação de um conjunto de princípios inovadores, aplicados com sucesso por vários dos seus sucessores, o mais destacado dos quais foi, certamente, Comenius. O resumo desses princípios pode ser, assim, expresso:

1– O conhecimento das coisas deve preceder o conhecimento das palavras relativas a elas, porque o conhecimento se origina do contato sensitivo com a realidade;

2 – Tudo deve seguir o curso e a ordem da natureza humana;

3 – Toda transmissão de conhecimento deve ser realizada, inicialmente, através da língua nativa, por ser o meio natural e prático que permitirá às crianças se concentrarem exclusivamente no objeto estudado. Só quando a língua mãe estiver dominada é que a criança deve iniciar-se no aprendizado de idiomas estrangeiros. Não basta ler, apenas, no idioma novo, é preciso falá-lo;

4 – A passagem de um estágio do estudo para o seguinte, mais complexo, só deve ocorrer depois de muita repetição e prática, quando o primeiro estiver inteiramente dominado. O método do professor deve ser coincidente com o texto do livro curricular;

5 – Não deve haver compulsão ou constrangimento. O professor não é um capataz. Forçar o aluno violenta sua natureza e não contribui para o seu aprendizado. A produtividade do ensino varia na razão direta da afetividade entre aluno e professor. A responsabilidade para produzir um clima saudável é exclusivamente do mestre. Ao aluno cabe ouvir sentado e imóvel. Todas as crianças, sem exceção, devem frequentar a escola, e nenhuma razão é suficiente para cancelar aulas. A síntese da síntese seria: aprender através da vivência ou da experimentação, em lugar da memorização; evoluir do concreto para o abstrato, dominando um conceito antes de passar para o seguinte; valorizar a repetição; dominar uma língua nativa antes de iniciar o aprendizado de um idioma estrangeiro.

Um derrame tornou Wolfgang Ratke paraplégico aos 62, vindo a falecer dois anos mais tarde.

JUAN AMÓS COMENIUS (1592-1670)

Latinização do nome original do pedagogo, filósofo, poeta, escritor, teólogo e líder religioso checo Jan Amos Komensky, notabilizado por suas contribuições às técnicas de ensino e pelos princípios educacionais que defendeu e praticou, conforme expendidos, entre outros trabalhos, em sua *Didática magna ou a arte de dizer tudo* (1632), *A escola como jogo* (1655) e *O mundo em imagens* (1658), sintetizados no famoso slogan: "Ensinar tudo a todos".

Para Comenius teria que haver uma metodologia para as artes e outra para as ciências, e todo conhecimento deveria ser submetido aos sentidos da criança, mediante a apresentação de desenhos, modelos, atividades físicas, sons e outros meios objetivos capazes de tocar sua sensibilidade. Quando a apresentação é adequada, a mente da criança se transforma na contraparte psicológica do mundo da natureza, absorvendo o que há nele. Via a escola menos como um centro de preparação profissional ou de adaptação a funções sociais, e mais como o centro de formação do "homem humano": *Scholla Oficina Humanitatis* (a escola é a oficina da humanidade). "Os homens e mulheres de todas as nacionalidades, idades e condição social devem ser educados", ensinava ele, propondo a sua *Pampaedia* (educação universal). Sua pregação doutrinária, de fundamentação humanitária e universalista, se orienta pela crença na unidade e harmonia da criação divina, conduzindo a uma intercorrespondência dos vários aspectos do ser e à existência de um conhecimento que integre as partes num todo comum, a que denominou de *Pansofia* (sabedoria universal). Para alcançar a *Pansofia*, a partir da *Pampaedia*, seria necessária uma reforma radical nos métodos pedagógicos e nos modos de organizar o sistema escolar vigente.

Até os 6 anos, a criança deveria ser mantida na "escola maternal ou familiar", para desenvolver suas habilidades físicas essenciais. Dos 7 aos 12 anos, deveria frequentar a "escola vernacular", disponível em todos os pequenos aglomerados humanos, dividida em seis níveis de complexidade. O objetivo primacial dessa preparação básica seria melhorar a memória e a imaginação da criança, adestrando-a em temas como religião, ética, matemática, leitura, escrita, dicção, economia doméstica, música, civismo, história, geografia e artesanato. A "escola vernacular" representaria o estágio final preparatório para a escolha de uma formação técnica, intermediária. Para os que seguissem adiante, dos 13 aos 18 anos, haveria a "escola gramatical" ou "escola de latim". Finalmente, a universidade, disponível nas várias regiões, seria o estuário natural para os jovens entre os 19 e os 24 anos que quisessem avançar nos estudos superiores, cuja missão principal seria a formação da força de vontade e capacidade de comparar, analisar e julgar.

Pairando e comandando acima de todos esses níveis, Comenius concebeu a "Universidade da Luz", uma espécie de academia das ciências, centralizadora de todo o conhecimento. Dessas discussões, iniciadas durante a permanência de Comenius na Inglaterra, entre 1641-1642, nasceu a Royal Society, fundada em 1660. Na Alemanha, o filósofo Leibniz (1646-1716), influenciado por Comenius, fundou a Academia de Berlim. Esses exemplos frutificaram em várias partes do mundo.

Além de ver seus livros e manuscritos destruídos pela intolerância religiosa (1621), perdeu, em seguida, a mulher e dois filhos vitimados pela peste. Exilado na Polônia, como todos os habitantes de sua terra natal, a Morávia, a partir do início da Guerra dos Trinta Anos, valeu-se de sua condição de bispo para organizar a união dos seus conterrâneos. Implacavelmente perseguido por razões políticas e religiosas, viveu entre 1628 e 1656 nos mais diferentes lugares, período em que se consolidou sua reputação de integridade e sabedoria, tendo recusado o convite que lhe dirigiu Richelieu, em 1642, para estabelecer-se na França. Acolhendo convite de amigos e mecenas, vai para Amsterdam, em 1656, aí permanecendo até a morte. Foi pioneiro no ensino de línguas clássicas, pela visualização paralela do texto nativo e do texto aprendido. Meio a sua vasta produção, legou-nos o primeiro livro ilustrado para crianças, *O mundo visível em desenhos*, 1658, destinado ao ensino do latim. Em 1638, foi convidado a participar das reformas educacionais na Suécia, de onde seguiu para atender convite similar do governo inglês. Temendo os efeitos da Guerra Civil inglesa, que logo depois se iniciaria, retornou à Suécia em 1641, aí permanecendo nos sete anos seguintes. Sua peregrinação pedagógica incluiu retorno à Polônia, de onde seguiu para a Hungria e Holanda.

SAN JUAN BAUTISTA DE LA SALLE (1651-1719)

Eclesiástico, educador e filantropo francês, de berço nobre, conseguiu uma grande adesão ao ensino de meninos pobres, causa a que dedicou toda a vida. Em 1680, aos 29 anos, dois após sua ordenação, fundou uma ordem religiosa denominada Irmãos Cristãos, oficializada como Irmãos das Escolas Cristãs, a primeira congregação destinada ao exclusivo ensino cristão. Criou internatos para meninos da classe média e reformatórios. De sua vasta reflexão pedagógica destaca-se o primado da educação individual sobre a coletiva. Aos 34 anos, em 1685, criou a primeira escola de preparação de professores. Em 1725, seis anos depois de sua morte, o papa Benedito XIII elevou a Congregação La Salle ao posto de instituto papalino. Entre os seus escritos destacam-se *Os deveres de um cristão* (1703), *A conduta das escolas cristãs* (1720) *e Meditações* (1730-1731). Não é de estranhar que tenha sido canonizado (1900) e eleito o patrono dos professores (1950), sendo festejado a 7 de abril, menos pelos seus feitos, raramente mencionados, e muito mais por não haver aula, no seu dia, na maioria das escolas.

JOHANN HEINRICH PESTALOZZI (1746-1827)

Nasceu em Zurique, onde se educou. Aos 29 anos, influenciado pelo pensamento de Rousseau, deu início aos seus experimentos educacionais através da abertura de uma escola primária em terreno de sua propriedade. Cinco anos mais tarde, o projeto foi abandonado por falta de recursos financeiros. O insucesso não o impediu de aí permanecer pelos vinte anos seguintes, tempo em que elaborou suas teorias e escreveu dois livros: *The Evening Hours of a Hermit* (*As horas noturnas de um eremita*), uma série de aforismos sobre a educação e a vida, e *Leonardo e Gertrude*, em quatro volumes, uma exposição didática, em forma de romance, de suas teorias sobre reforma social pela educação. Aos 52 anos, fundou uma escola para órfãos, fechada poucos meses depois. No ano seguinte abriu uma escola primária que, frequentada por alunos de toda a Europa, veio a se constituir, ao longo de vinte anos, em campo experimental. Lá as crianças eram orientadas para aprender através da prática e da observação, bem como pela aplicação natural dos sentidos. Precursor da pedagogia e da educação elementar contemporâneas, foi em suas *Cartas sobre educação infantil* que enfatizou o significado do papel da mãe na formação da personalidade e no desenvolvimento educacional da criança. Datado dos anos de 1818-1819, o texto foi escrito sob a forma de 34 cartas endereçadas a um amigo inglês, Pierpoint Greaves, admirador de suas teorias sobre educação. Segundo Pestalozzi, além de considerar o filho capaz de observar fatos e apreender conceitos, a mãe deve considerá-lo igualmente apto a refletir e pensar de modo original, liberto dos condicionamentos produzidos pelo pensamento de terceiros, cuja importância, entretanto, deve ser reconhecida.

A submissão do pensamento dos outros à nossa avaliação crítica promove o aumento da riqueza intelectual de todos, contribuindo para elevar nosso valor como membros úteis da sociedade. Para a criança, mais importante do que aprender a ler e a escrever é o desenvolvimento de sua habilidade de pensar. Diz Pestalozzi:

> Não estou me referindo àquelas ideias centrais que de vez em quando ocupam o mundo, fazendo prosperar e enriquecer a ciência e a humanidade. Refiro-me àquele patrimônio de bens intelectuais que todo mundo pode adquirir ao longo da vida, inclusive a pessoa mais modesta. Trata-se do hábito de refletir que nas situações mais comezinhas da vida pode nos livrar de consequências profundamente inconvenientes e desagradáveis; aquela reflexão que descarta, a um só tempo, a suposta ignorância e a afoiteza do saber superficial, levando a pessoa a aceitar, resignada e orgulhosamente, que, apesar de saber pouco, sabe bem o pouco que sabe. Nada há que contribua tanto quanto essa prática para criar esse hábito, o melhor meio de estimular a capacidade de pensar da inteligência infantil, de um modo ordenado e pessoal.
>
> A mãe nunca poderá renunciar a essa tarefa sob o argumento de que o entendimento infantil não está à altura de um esforço dessa índole. Atrevo-me a dizer que aqueles que assim pensam não possuem o mínimo conhecimento prático da questão, nem interesse moral em conhecê-la, ainda que sejam pensadores profundos, notáveis em outros domínios. Confio sempre mais no saber de uma mãe, adquirido com a experiência e os esforços induzidos pelo amor maternal, inclusive o saber empírico de uma mãe ignorante, do que nas especulações teóricas de um filósofo excepcionalmente criativo. Casos há em que o senso comum e um coração ardente chegam mais longe do que uma inteligência culta, fria e racional. É por isso que encareço às mães realizarem essa tarefa de modo confiante, não obstante o que disserem em contrário. O mais importante é iniciá-la o mais cedo possível para que a partir daí tudo transcorra de modo espontâneo. Tamanha será a satisfação que extrairá desse ofício que nunca lhe passará pela cabeça o pensamento de abandoná-lo.
>
> Envolvida com a exploração dos tesouros da compreensão infantil, e em conhecer um mundo de pensamentos até então adormecidos, a mãe pouco caso fará daqueles filósofos para quem o entendimento humano é, em princípio, inteiramente desprovido de conteúdo. Dedicada a uma

missão que põe em jogo todas as forças do seu espírito e todo o amor do seu coração, rir-se-á das temerárias advertências de suas teorias pretensiosas. Longe de atormentar-se com a polêmica questão sobre se há ou não idéias inatas, sentir-se-á satisfeita ao ver desenvolverem-se bem as inatas faculdades do entendimento.

Se uma mãe pedir que lhe indiquem as coisas que melhor possam servir para desenvolver o pensamento, responda-lhe que qualquer objeto serve desde que se o utilize de modo a ajustar-se às faculdades da criança. Não se pode perder de vista que a qualidade da escolha do objeto que melhor satisfaça à exposição de uma verdade depende da arte do professor. Não há nada, por mais insignificante que possa parecer, incapaz de tornar-se interessante nas mãos de um mestre competente, se não por sua natureza intrínseca, mas pelo modo como for tratado. Para uma criança tudo é novidade, ainda que o encanto do novo passe rapidamente, seja pela impaciência natural da idade infantil, seja pela maturidade dos anos. Cabe ao mestre a estimulante possibilidade de fazer novas combinações com os elementos simples, introduzindo a variedade no ensino sem dissipar a atenção.

Minha assertiva de que qualquer objeto serve para ministrar um ensino intuitivo deve ser entendida literalmente, porque não há ocorrência que seja esvaziada de interesse na vida infantil, seja em seus jogos, brincadeiras ou nas relações com os pais, amigos ou parceiros de folguedos. Em síntese: não há absolutamente nada que gravite na órbita infantil, sejam elementos da natureza ou de origem cultural, como as ocupações e as habilidades requeridas pela vida, insusceptível de servir como objeto de uma lição capaz de proporcionar à criança conhecimentos úteis e, mais importante ainda, com o qual não possa desenvolver o hábito de refletir sobre o que vê, e de somente falar depois de sobre ele haver pensado.

O modo de implementar esse sistema não deve consistir em falar muito à criança, mas em entabular um diálogo com ela. Não se deve fazer exposições longas, nem sobre assuntos muito familiares ou excessivamente especializados; o melhor a fazer é levá-la a expressar-se, com suas próprias palavras, a respeito dos objetos sob exame. Não se deve abordar um tema de modo exaustivo. Perguntas devem ser formuladas de modo a ensejar à criança a busca e o encontro das respostas. Seria ridículo esperar que a atenção flutuante da criança fosse capaz de acompanhar uma dissertação longa. A atenção das crianças não resiste à prolixidade das exposições, reanimando-se diante das perguntas que lhes são formuladas.

As perguntas devem ser curtas, claras e inteligíveis. Não devem induzir, unicamente, a criança a repetir com as mesmas ou novas palavras o que acabou de ouvir. É preciso estimulá-la a observar aquilo que tem diante de si e a confiar no que já sabe, para buscar uma resposta rápida e adequada no seu pequeno acervo de conhecimentos. Quando lhe mostramos uma determinada qualidade num objeto, devemos estimulá-la a reencontrá-la em outros objetos. Quando lhe dizemos que a forma de uma bola é redonda, e conseguimos que, a partir daí, ela nos mostre outros objetos de forma arredondada, teremos atuado sobre ela de modo mais proveitoso do que se a tivéssemos submetido à mais perfeita conferência sobre a redondez. Em lugar de escutar e repetir, é melhor observar e pensar.

Entre os seus últimos trabalhos, destacam-se *Como Gertrude ensina aos seus alunos* e *A canção de Swan*.

JOHANN FRIEDRICH HERBART (1776-1841)

Filósofo e pedagogo alemão, educado na Universidade de Jena, a mesma onde se formaram alguns dos maiores pensadores da tradição ocidental, com destaque para Hegel, é considerado um dos fundadores da moderna pedagogia científica e o renovador do interesse pelo realismo no século XIX. Foi como professor na Suíça, entre os anos de 1797 e 1800, que conheceu Pestalozzi, vindo a se interessar pela sua pedagogia reformista. Em 1808 sucedeu a Kant na cátedra da Universidade de Königsberg, onde conduziu seus estudos em pedagogia até 1833. Fruto dessas reflexões são suas obras *Manual de psicologia* (1816) e, em dois volumes, *A psicologia como conhecimento baseado na experiência, na metafísica e na matemática* (1824-1826), merecendo destaque a inclusão da matemática. Seu sistema de pensamento se baseia na análise da experiência associada à lógica, à estética e à metafísica, que seriam como faces distintas de uma mesma dimensão. Daí não haver sentido na separação das faculdades mentais, uma vez que todo fenômeno mental se originaria da interação de ideias elementares ou "figurações", concebidas como forças mentais em lugar de ideias, simplesmente.

Da interação dessas forças nasceria a estática e a dinâmica da mente, expressas em fórmulas matemáticas, como as da mecânica newtoniana, não havendo necessidade de serem as ideias conscientes, devendo combinar para produzir uma resultante composta, ou entrarem em conflito, de modo que algumas são temporariamente inibidas ou reprimidas "abaixo do portal da consciência". Um sistema organizado de ideias associadas, ainda que inconsciente, compõe uma "massa percebida". Esse sistema poderá perceber uma nova figuração e enriquecer o seu significado.

Por essa via Herbart concebeu uma teoria da educação como uma ramificação da psicologia aplicada. O herbartianismo foi exposto, sobretudo, em dois trabalhos: *A ideia de Pestalozzi de um ABC da percepção dos sentidos*, de 1802, e *Pedagogia universal*, de 1806, onde estabeleceu as cinco etapas formais do ensino:

1 – Preparação ou o processo de relacionar novas informações a ideias ou fatos passados, com o propósito de aguçar o interesse do discente;

2 – Apresentação, mediante o recurso a objetos concretos ou experiências reais;

3 – Associação, ou inteira assimilação da nova ideia, através de comparações com as ideias anteriores, assinalando as similaridades e/ou os contrastes, como fator de fixação pela mente;

4 – Generalização, procedimento especialmente valioso no ensino de adolescentes, tem o escopo de treinar a mente para além do nível da percepção e do concreto;

5 – Aplicação, pelo uso do conhecimento adquirido, não apenas no sentido exclusivamente utilitário, mas para permitir que todo aprendizado novo se converta em parcela da mente funcional e peça auxiliar para uma clara e consistente interpretação da vida. Essa última etapa só se materializa se o discente passa a aplicá-la como se fora sua.

Todos os métodos e sistemas pedagógicos, portanto, devem se apoiar na psicologia e na ética. Na psicologia, por proporcionar o adequado conhecimento da mente. Na ética, por constituir a base que informa os fins sociais da educação.

Herbart sustentou a viabilidade de uma ciência da educação a ser objeto de estudo do mundo universitário. O reconhecimento do valor de suas ideias, firmemente assentadas na Alemanha, se espraiou para os Estados Unidos. Na virada do século XIX para o

XX, a utilização mecanicista e burocrática dos cinco passos por ele preconizados conduziu à sua degeneração, ensejando a aparição de novas teorias, a mais influente das quais viria a ser a de John Dewey.

FRIEDRICH FRÖBEL (1782-1852)

Educador alemão, Fröbel foi o criador do jardim de infância. Apesar de haver cursado grandes universidades, como as de Jena, Gotinga e Berlim, considerava-se um autodidata. Antes de descobrir sua vocação pedagógica, dedicou-se à silvicultura, topografia e arquitetura. Trabalhou com Pestalozzi entre os anos de 1806-1810. Interrompeu suas pesquisas entre 1813-1815 para servir na armada prussiana e trabalhar como assistente no museu de mineralogia da Universidade de Berlim. Em 1816 criou o Instituto Universal para a Educação Alemã, onde desenvolveu suas ideias para educar crianças entre os 3 e os 7 anos. Em 1837 foi fundada a primeira instituição para o cuidado da infância e da juventude, para levar à prática o seu projeto educacional infantil, tendo recebido a denominação de *Kindergarten* ou jardim de infância.

Acolhido pelos educadores mais esclarecidos e mais avançados, seu projeto de desenvolver integralmente a criança a partir de jogos e outras atividades de sua livre escolha encontrou grandes dificuldades financeiras, em razão da resistência oposta pela opinião pública, quase sempre conservadora. A afinidade político-ideológica percebida entre ele e o seu radical sobrinho Julius Fröbel agravou ainda mais as coisas. Por isso, o governo prussiano mandou fechar todos os jardins de infância em 1851, interdição que se prolongou até 1860.

Coube a seus discípulos, particularmente à baronesa Bertha von Morenholtz-Bulow e ao norte-americano John Dewey (1859-1952), promover a expansão dos jardins de infância nos países do Oeste europeu e nos Estados Unidos, já a partir da década de 1850, e na Alemanha, depois de 1860.

Fröbel é reputado um dos maiores vultos da educação no século XIX. A aceitação por todo o mundo do conceito do jardim de infância dá bem a dimensão do seu excepcional valor. Seu livro de 1826, *A educação do homem*, exerceu larga influência no mundo ocidental.

ANTÓN SEMIÓNOVICH MAKARENKO (1888-1939)

Pedagogo soviético, cujas ideias, destinadas a fomentar princípios democráticos na teoria e prática educacionais, exerceram grande influência sobre o sistema escolar comunista. Iniciando a vida como professor primário, foi transferido na década de 1920 para a Colônia Correcional Gorki, assim batizada em homenagem ao escritor Máximo Gorki (1869-1936), destinada à recuperação de jovens delinquentes, sendo mais tarde transferido para a Colônia Penal Comunidade Dzerzhinski, onde permaneceu, dirigindo-a até a sua morte.

As teorias de Makarenko baseavam-se na relação entre educação, política e ciência, bem como na crença do papel da educação como meio de eleição do estilo de vida pessoal e sua integração na vida comunitária. Reagindo contra a liberdade na educação, defendida nos primeiros anos da Revolução Russa, o método preconizado por Makarenko enfatizava a importância da disciplina e do trabalho no processo educativo. Propôs a atribuição de tarefas às crianças como meio de desenvolver o sentido de responsabilidade, preparando-as para corresponder às expectativas da sociedade. Disse ele:

> O coletivo é um organismo social vivo e, por isso mesmo, possui órgãos, atribuições, responsabilidades, correlações e interdependências entre as partes. Se tudo isso não existe, não há coletivo, há uma simples multidão, uma concentração de indivíduos.

Atento à necessidade-dever de usar uma linguagem altissonante que agradasse aos chefes, particularmente Stalin, proclamou:

> A nossa juventude é um fenômeno mundial incomparável com qualquer outro, cuja grandeza e cujo significado talvez sejamos incapazes de apreender. Quem a engendrou, a instruiu e a educou, colocando-a a serviço da Revolução? De onde surgiram todos esses milhões de hábeis operários, engenheiros, pilotos, mecânicos agrícolas, capitães e sábios?

Teremos sido, na verdade, nós, os velhos, que criamos esta juventude? Se assim é, em que momento isso ocorreu? Por que não nos demos conta disso? Não tínhamos adquirido o hábito de vilipendiar, a cada passo, nossas escolas e nosso ensino superior? Não julgávamos nossos comissários da instrução pública dignos apenas de recriminações? A família parecia estalar por todas as costuras, e, entre nós, o amor não parecia exalar o hálito do zéfiro, e sim passar como uma simples corrente de ar. Evidentemente, faltava tempo: construía-se, lutava-se, voltava-se a construir, e ainda agora continuamos a construir sem tempo para descer dos andaimes. Repare-se nos fabulosos espaços das oficinas de Kramatorsk, nos infindáveis pavilhões da fábrica de tratores de Stalingrado, nas minas de Stalino, de Makeevka, de Gorlovka, e isso desde o primeiro, o segundo, o terceiro dia de sua criação, nos aviões, nos tanques, nos submarinos, nos laboratórios, grudados ao microscópio, por sobre as solidões do Ártico, em todos os quadrantes, nas cabines das gruas, nas entradas e saídas, por toda parte, há milhões e milhões de homens jovens, inovadores e imensamente interessantes.

Pensando, talvez, em vir a ser lido pelo grosseiro e implacável Stalin, observou:

> São modestos, às vezes de linguagem pouco requintada, e com frequência dotados, é verdade, de um humor acre. Mas são os mestres da vida; tranquilos e seguros, sem um olhar para trás, sem histeria e sem posse, sem palavreado e sem lamentações, com ritmos imprevistos, realizam a nossa obra.

John Reed (1887-1920), o repórter americano que construiu uma biografia rocambolesca numa curta vida de 33 anos, disse do apetite leitoral do povo russo, tão logo vitorioso o movimento revolucionário:

> A Rússia, o grande gigante, torcia-se em dores ao engendrar um novo mundo e devorava o material impresso com a mesma insaciabilidade com que a areia seca absorve a água.

O colapso da União Soviética veio a demonstrar o equívoco da louvação entusiástica de Reed e de Makarenko, para quem o mestre deveria ter o controle sobre as mudanças necessárias ao desenvolvimento da personalidade. Para cumprir a missão pedagógica ditada por sua consciência, Makarenko viu-se compelido a incorporar a influência dos grandes pedagogos ocidentais, seus contemporâneos ou predecessores, ao tempo em que denunciava o comprometimento com o capitalismo impregnado em suas teorias como meio de sobreviver ao patrulhamento ideológico da ditadura socialista. Entre suas obras destacam-se *Poema pedagógico ou o caminho da vida* e *Um livro para os pais*.

Antes de Makarenko, o grande nome da pedagogia na Rússia foi Constantin Dimitrievitch Uchinski (1824-1870), que pregava uma educação pública baseada na cultura popular e nas tradições regionais.

Inspirado em Rousseau, Leon Tolstói (1828-1910), admirador do trabalho de Uchinski, abriu, em 1859, na propriedade agrícola da família, Iasnaia Poliana, a 100 quilômetros de Moscou, uma escola para os filhos dos seus empregados, com o alcance também de formar novos pedagogos. Nas cartilhas que escreveu e que se tornaram muito populares, Tolstói ensinava que

> a excitação do interesse é a mola mais eficaz do tirocínio perfeito. O professor deve saber incentivar, espontaneamente, o aluno, sem obrigá-lo a demonstrar um falso interesse. Igual liberdade deve ser dada aos alunos para avaliar se o educador ama e conhece, verdadeiramente, o objeto do seu ensino.

JOHN DEWEY (1859-1952)

Filósofo, psicólogo e educador norte-americano, graduou-se em artes em 1879 e doutorou-se em filosofia em 1884. Iniciou sua carreira como educador na Universidade de Michigan, aprimorando-a nas universidades de Minnesota, Chicago e Colúmbia. Estudou os sistemas educacionais da União Soviética, Turquia, México, China e Japão. Foi na Universidade de Chicago que, em 1896, implantou sua escola-laboratório, de caráter experimental, que veio a ser conhecida como Escola Dewey. Sua prescrição pedagógica priorizava o aprendizado a partir do exercício de atividades, inclusive as de caráter lúdico, sobre a exposição de conteúdos curriculares tradicionais, impostos, não raro, através de métodos autoritários contraproducentes. Denunciou o sistema educacional do seu tempo como incapaz de preparar os jovens para as demandas das sociedades democráticas. Para ele, a educação não deveria ser encarada como um meio de preparação dos indivíduos para o futuro, apenas, mas, sobretudo, como um instrumento de crescimento e realização pessoal; não deve conduzir a nenhum fim específico, mas ser vista como um moto-contínuo, "uma reconstrução da experiência acumulada". Educação é vida, e não, simplesmente, uma preparação para a vida. Segundo sua visão, filosofia e educação ajudam-se mutuamente, sendo a educação o laboratório da filosofia. A sociedade deveria ser explicada diariamente para a criança na sala de aula, considerada uma miniatura do organismo social. Sua influência sobre a educação nos Estados Unidos, na primeira metade do século XX, foi sem rival, ao fomentar o deslocamento da ênfase do institucional e burocrático para a realidade pessoal dos alunos. Ainda hoje suas ideias continuam a influir sobre a educação em todo o mundo, particularmente sobre o ensino fundamental. Criticava tanto a educação centrada na diversão relaxada quanto a prática de manter os alunos confinados, sem tarefas claras do mesmo modo condenava sua preparação exclusiva para a vida profissional. Foi notável seu empenho em demonstrar como as ideias filosóficas podem servir às questões práticas da vida. Daí o ajustamento contínuo de sua reflexão filosófica ao clamor da realidade existencial. Seu pensar filosófico foi, com efeito, um mecanismo de planejamento da ação, com vistas à superação dos obstáculos entre o existente e o projetado. De acordo com sua percepção, a verdade é uma ideia mobilizadora da experiência prática, consoante o pensamento do seu mestre, o filósofo e psicólogo William James, fundador do pragmatismo. Por isso, o pensamento filosófico de Dewey veio a ser conhecido como experimentalismo ou instrumentalismo. Suas teorias foram expostas em *Escola e sociedade* (*School and Society*, 1899); *A criança e o curriculum* (*The Child and the Curriculum*, 1902) e *Democracia e educação* (*Democracy and Education*, 1916).

ÉMILE DURKHEIM (1858-1917)

Famoso, sobretudo, como o fundador da moderna sociologia, Émile Durkheim figura, igualmente, como um dos clássicos da educação e da pedagogia, disciplina cujo magistério permanente partilhou com o da sociologia. Seus alunos eram, principalmente, os professores da rede primária. Considerava a educação a mais importante dimensão de seu trabalho como sociólogo porque, dizia, a educação é um tema eminentemente social, tanto é que cada meio elege um modelo educacional, mesmo nas sociedades que defendem o igualitarismo, como é o caso das sociedades democráticas e socialistas, porque cada uma constrói um modelo de ser humano, homem ou cidadão, sendo esse ideal "o polo da educação" que "é o meio pelo qual inocula no coração das crianças as condições essenciais à condução de sua própria existência". "Cada povo tem sua própria educação, que o define tão bem quanto sua organização moral, política ou religiosa". Aliando a práxis educacional à teoria pedagógica, produziu três obras onde deixou a marca de sua contribuição superior aos estudos pedagógicos: *Educação e sociologia*, *A educação moral* e *A evolução pedagógica na França*. Mas é sobretudo em *Educação e sociologia* que se encontram expostas as linhas mestras de sua visão pedagógica.

Como todo clássico, os trabalhos de Durkheim refletiram os valores predominantes na sociedade do seu tempo, a III República, que entronizou o laicismo do ensino público, em sintonia com o desenvolvimento industrial e o avanço das ciências sociais.

Podemos dizer da obra pedagógica de Durkheim o mesmo que ele dizia dos trabalhos pedagógicos: não são modelos que devam ser imitados, são documentos a respeito do espírito do tempo, porque as propostas pedagógicas, impregnadas de conteúdo social para sobreviverem, hão de ajustar-se continuamente às mutações do meio social. Por isso insurgia-se contra uma educação de caráter marcadamente individual, como queriam, dentre outros, seus antecessores: Kant, Herbart, Stuart Mill e Spencer. O método de ensino, apoiado na psicologia, teria que ser o mais individualizado possível, enquanto o conteúdo, sociologicamente determinado, deveria ter na satisfação de necessidades coletivas, sociais portanto, o objetivo a alcançar. Corresponderia a "uma socialização das jovens gerações pelas gerações adultas", porque

> a educação é a ação exercida pelas gerações adultas sobre aquelas que ainda não estão maduras para a vida social. Tem por objeto suscitar e desenvolver na criança um certo número de estados físicos, intelectuais e morais que

lhe exigem a sociedade política, no seu conjunto, e o meio ao qual, em particular, se destina. A educação é a socialização das jovens gerações.

Daí a explicação por que via a escola como "um microcosmo social", tudo em harmonia com sua crença em que "a sociedade desenvolve no homem um novo ser". Por colidir sua visão pedagógica com as teorias tradicionais, chocando uma larga faixa da opinião pública corrente, Durkheim sentiu a necessidade de repetir à saciedade seus conceitos matriciais. O competente pedagogo sintetizava seu pensamento:

> Há em cada um de nós dois seres distintos, separáveis apenas por abstração. Um é constituído de todos os estados mentais que dizem respeito exclusivamente a cada um de nós e aos acontecimentos relacionados à nossa vida pessoal. É o que podemos denominar de ser pessoal ou individual. O outro é composto de um sistema de ideias, sentimentos e hábitos expressivos não de nossa personalidade, mas do grupo ou dos grupos de que participamos, como as crenças e práticas religiosas e morais, as tradições nacionais ou profissionais e/ou outras opiniões coletivas de qualquer natureza, formando, no seu conjunto, o ser social. O propósito da educação é criar este ser em cada um de nós.

A superação de algumas de suas conclusões, tanto tempo decorrido, deve ser vista como o resultado natural das mudanças profundas por que passou a sociedade humana ao longo do século XX, na tecnologia, nos meios de transporte, nas comunicações, nos costumes e nas ciências, incluindo as sociais. A psicologia, de exclusivamente individual, passou a abranger dimensões sociais. Certas categorias durkeimianas deixaram de pertencer à sociologia, como a "consciência coletiva" e as "representações coletivas". A práxis pedagógica, calcada na dinâmica de grupo e na medida do rendimento escolar, sujeita a avaliações experimentais, substituiu o estudo dos processos históricos. Até mesmo o que de mais atual permanece de sua reflexão há de submeter-se às necessárias reduções sociológicas impostas pelo inesgotável ineditismo das realidades sociais, como ele mesmo preconizava. Como negar gritante atualidade a conceitos como estes?

> As transformações profundas que sentiram ou que estão a sentir as sociedades contemporâneas necessitam de transformações correspon-

dentes na educação nacional. (...) Mas quando temos consciência de que mudanças são necessárias, sabemos mal o que devemos fazer.

Durkheim pregava que ao professor compete, além da mediação do processo de conhecimento, a formação das novas gerações. Vergastando os que se omitiam de agir, em nome de um cientificismo paralisante, disse:

> Nada é tão inconsequente e estéril como o puritanismo científico que aconselha aos homens a abstenção de agir e recomenda o acompanhamento indiferente como testemunhas resignadas dos fatos, sob o pretexto de que a ciência ainda não está feita. Tão perigoso quanto o sofisma da ignorância é o sofisma da ciência.

Ao diagnosticar a crise da educação secundária do seu tempo, sublinhava a necessidade e os perigos de uma educação especializada. Dilema que permanece atual.

CÉLESTIN FREINET (1896-1966)

Educador francês, suas inovações no campo pedagógico repercutiram no mundo inteiro, com suas obras sendo traduzidas para vários países, inclusive o Brasil. Muitas organizações privadas dedicadas ao ensino, cooperativas em geral, devem a ele o método pedagógico que adotam. Foi o fundador da Cooperativa do Ensino Laico e de uma escola experimental onde elaborou um projeto pedagógico apoiado na proatividade e na livre expressão da criança. Professor primário a partir de 1920, deixou o ensino público quinze anos depois, em razão de desentendimentos com os superiores, para criar sua própria escola. Durante a II Guerra integrou a Resistência. Em 1948 fundou o Instituto Cooperativo da Escola Moderna e em 1950 publicou o manifesto *Carta da Escola Moderna*. Para respeitar, preservar e valorizar o que denominava "equilíbrio vital da criança", defendeu um ensino que favorecesse o fortalecimento de sua personalidade. Sustentou que a tão necessária reforma do ensino só poderia ter êxito com a transformação dos hábitos, mediante o trabalho cooperativo de alunos e professores desde a elaboração dos planos de ação, com a escolha conjunta dos mecanismos audiovisuais e das fichas e outros elementos permissivos do autocontrole, como uma caderneta escolar que registrasse a evolução do desempenho acadêmico. Implantou várias atividades funcionais, como trabalhos manuais e um jornal inteiramente operado, em todas as suas fases, da concepção à circulação, pelos alunos, consoante a metodologia exposta no livro de 1947, *A educação do trabalho*. Entre os livros que publicou para difundir suas ideias pedagógicas incluem-se *A técnica Freinet na escola moderna* (1964) e a obra póstuma *A escola do povo* (1969). Antidogmático ferrenho, mas convencido de que o ensino não pode sufocar a espontânea criatividade dos indivíduos ao tentar domesticá-los, sugeriu que a escola fosse um laboratório experimental permanente, capaz de ensejar a alunos e professores a inigualável e intransferível experiência de viver e criar.

IVAN ILLICH (1926-2002)

Ensaísta e pedagogo austríaco, nascido em Viena, Illich exerceu sua atividade intelectual na América do Norte, predominantemente no México, tendo cursado filosofia e teologia em Roma e se doutorado em Salzburgo. Apontado pelo Vaticano para fazer carreira diplomática, optou pelo exercício do magistério pastoral, tendo sido nomeado vice-pároco em Nova Iorque e, em 1956, vice-reitor da Universidade Católica de Porto Rico. Inconformado com o veto episcopal a um candidato favorável ao planejamento familiar, regressou a Nova Iorque, abandonando a vida sacerdotal em 1968.

O cerne de sua doutrina pedagógica, exposta em sua obra mais conhecida, *Sociedade sem escolas* (1970), consiste na denúncia da necessidade de "desburocratizar" a escola, instituição que, a seu ver, é inoperante para transmitir os valores em razão dos quais existe, como igualdade, cooperação e solidariedade, na medida em que se mantém como um mero reprodutor dos interesses dominantes. Todavia, sem essa filiação burocrática de suas atividades e respostas, fonte do seu poder, a escola como a conhecemos não sobreviveria. O aprendizado livre, criativo e feliz, propiciador da excelência, é sufocado pela cômoda e interesseira burocracia escolar, e amordaçado pelos mecanismos externos de controle apoiados na mera repetição. Denunciou a grande contradição entre o clamor por uma escola criativa, aberta e dinâmica e o patrocínio de uma instituição estribada no mimetismo, na repetição e no controle. Sem a existência, porém, de um meio social sensível às mudanças propostas, nada se modificará. O primeiro passo, capaz de iniciar o processo de mudança, consistiria no foco sobre processos de aprendizagem e satisfação dos desejos individuais, em lugar da tradicional adequação a normas e exigências de caráter burocrático.

Illich colocou em polos opostos os conceitos de educação e escolarização, ao denunciar o que chamou de industrialização do conhecimento, teoricamente útil, e os modos de integração cultural, destinados a formar consumidores e cidadãos capazes de competir na sociedade pós-industrial. Ao seu movimento contra a escola, vieram somar-se as vozes de Everett Reimer, *La escuela ha muerto*, e Paul Goodman com *La deseducación obligatoria*.

A síntese do pensamento de Illich vem expressa na página de abertura do seu livro, ao afirmar que

> ela (a escola) os escolariza (os alunos) para confundir processo com substância. Alcançado isso, uma nova lógica entra em jogo: quanto mais longa a escolaridade, melhores os resultados; ou, então, a graduação leva ao sucesso. O aluno é, desse modo, 'escolarizado' a confundir ensino com aprendizagem, obtenção de graus com educação, diploma com competência, fluência no falar com capacidade de dizer algo novo. Sua imaginação é 'escolarizada' a aceitar serviço em vez de valor. Identifica erroneamente cuidar da saúde com tratamento médico, melhoria da vida comunitária com assistência social, segurança com proteção policial, segurança nacional com aparato militar, trabalho produtivo com concorrência desleal.

A implacável crítica de Illich à escola tradicional é expressiva do seu revolucionário intento de modificar as realidades social e cultural.

Illich escreveu, ainda, *Energia e equidade* e *A convivencialidade* (1973), *Némesis médica* (1975), *O gênero vernáculo* (1983), *O trabalho fantasma* (1981) e *No espelho do passado* (1991).

A FORÇA DA VOCAÇÃO

JEAN PIAGET (1896-1980)

Os estudos pioneiros do psicólogo e pedagogo suíço Jean Piaget a respeito da evolução da inteligência da criança, iniciados logo depois do fim da Primeira Grande Guerra, às margens do Lago Genebra, exerceram grande influência sobre a psicologia infantil e da educação. Sua vocação científica se revelou muito precocemente, aos 10 anos, quando publicou o primeiro trabalho. Já PhD em ciências naturais, aos 22 anos, depois de graduar-se em biologia, começou a dedicar-se à psicologia, estudando o comportamento de crianças consideradas normais, matriculadas nas melhores escolas, a exemplo da Casa dos Pequeninos do Instituto Jean-Jacques Rousseau. Saliente-se, com enfática admiração, a façanha de que seus três filhos, Lucienne, Jacqueline e Laurent, compuseram o principal universo populacional de suas pesquisas para chegar à festejada teoria que explica o modo como as crianças constroem o mundo do conhecimento. Na mesma linha de Rousseau e Darwin, Piaget via o desenvolvimento humano como dependente de um processo longo e complexo, longe da visão cartesiana que acreditava no inatismo gnoseológico, por estar o conhecimento embutido no ser humano, ou diferente do entendimento dos filósofos empiristas ingleses, para quem bastaria socar o conhecimento cabeça adentro para que o homem se desenvolvesse. (Gnoseologia ou gnosiologia, também chamada teoria do conhecimento, consiste no estudo do conhecimento, mediante a análise, sobretudo da relação entre o sujeito e o objeto, os modos e graus de atividade ou passividade de cada um deles.) Educar-se, para Piaget, é um processo único e original, dependente dos recursos de cada discente aplicados no esforço individual de integrar-se ao mundo. Apesar dessa marcante individualização do processo cognitivo, Piaget concluiu que todas as crianças passam, na mesma sequência, pelos mesmos estágios. Cada estágio impondo uma reorganização tão profunda do conhecimento que a criança deixa de ter acesso às formas anteriores de compreensão, como se as formas anteriores de conhecimento não tivessem existido. Ao transferir-se para a Sorbonne, em Paris, deu início aos estudos dos processos de cognição, vindo a identificar quatro estágios no ciclo intelectual da criança, relacionados às atividades do conhecimento, como: 1) pensar; 2) perceber; 3) reconhecer e 4) recordar.

Do nascimento aos 2 anos, período que corresponde ao estágio sensitivo-motor, ou estágio da motricidade sensorial, a criança adquire o controle motor e o conhecimento dos objetos à sua volta.

Dos 2 aos 7 anos, período correspondente ao estágio pré-operacional, adquire habilidades verbais e começa a conceber os símbolos relativos aos objetos que identifica, ainda que continue a ignorar o rigor das operações lógicas.

Só mais tarde, dos 7 aos 12 anos, durante o estágio operacional concreto, a criança se capacita a lidar com conceitos abstratos, como os números, e a relacionar de modo lógico os objetos concretos do seu conhecimento, persistindo, ainda, muitas das dificuldades para lidar com as abstrações.

No quarto e último estágio, que vai dos 12 aos 15 anos, marcos cronológicos que podem oscilar em função do impacto da educação recebida, desenvolve-se a fase operacional formal, passando a criança a usar, de modo sistemático e lógico, os símbolos abstratos, que tanto a iludiram quando era mais jovem, sem ter que correlacioná-los com os objetos do mundo físico. Como exemplo, embora seja didaticamente conveniente, não é necessário que a criança veja a figura de dois carros desenvolvendo velocidades distintas para deduzir que se o mais veloz vier atrás tenderá a ultrapassar o que estiver à frente. A mente está capacitada a construir imaginariamente os objetos, como o fazem os cientistas na elaboração de suas hipóteses, ao simularem, à perfeição, os fenômenos do mundo físico sob estudo. Como se vê do pensamento piagetiano, o processo cognitivo modifica-se substancialmente do nascimento à adolescência.

Entre as formulações mais contestadas do pensamento piagetiano, a mais polêmica, por dividir a opinião dos pósteros, é a que sustenta que um novo estágio de conhecimento na compreensão do mundo erradica na criança suas compreensões anteriores. Howard Gardner sustenta que essa obliteração da compreensão passada é passível de ocorrer com especialistas, mas não com jovens estudantes. Segundo ele, pesquisas revelam que, em lugar de desaparecerem, as formas anteriores de compreensão do mundo submergem, como as memórias reprimidas da primeira infância, para ressurgirem quando a ocasião lhes parecer apropriada. Outros achados de Piaget são simplesmente descartados como equivocados, conquanto se reconheça o seu valor como ponto de partida para novos avanços. A ênfase que Piaget deu aos números, como o elemento nuclear aferidor do desenvolvimento intelectual humano, é duramente criticada por Howard Gardner, com sua conhecida proposição das inteligências múltiplas.

Sob todos os títulos, foram notáveis a dedicação e contribuição de Piaget ao estudo do desenvolvimento intelectual infantil nos seus vários domínios cognitivos, como o demonstra a rica produção bibliográfica que legou à posteridade, principal matriz do enriquecimento da recém-criada psicologia do desenvolvimento. Como Freud para a psicanálise, a importância de Piaget para a psicologia infantil não pode ser aferida pela atualidade de suas descobertas. Antes deve ser medida pelos horizontes que abriu, possibilitando a incursão de grande número de pesquisadores que têm ampliado e corrigido muitos dos seus achados, mas cujo trabalho continua a ser pautado pela sua marcante inteligência intrapessoal.

Sua análise do concurso de fatores não emocionais e não motivacionais no desenvolvimento humano é única. Por isso ele é cada vez mais considerado uma figura exponencial da revolução cognitiva, movimento representado por descobertas e revisões conceituais das décadas de 1950 e 1960, que feriram de morte o behaviorismo e sua teoria do aprendizado, no que se refere à elucidação das funções mentais superiores, ainda que sua idade avançada não lhe tenha permitido participar intensamente da revolução dos computadores.

O computador digital, tomado como a expressão modelar da cognição, foi logo comparado à mente humana, e os jovens em desenvolvimento considerados como detentores de um computador embutido. Curiosa e coincidentemente, à proporção que a tecnologia da computação progredia, a partir de fins da década de 1960 e inícios da de 1970, os estudiosos da mente humana igualmente, avançaram na compreensão do mecanismo cerebral, relativamente aos processos cognitivos.

Entre as obras de Piaget destacam-se: *O comportamento como motor da evolução; Psicologia e pedagogia; Para onde vai a educação?; A linguagem e o pensamento da criança; O juízo moral na criança; Da lógica da criança à lógica do adolescente; O equilíbrio das estruturas cognitivas; A construção do real na criança; Epistemologia genética* e *Biologia e conhecimento*.

ANEXO 2

CONDUTISMO OU BEHAVIORISMO

A visão centrada na conduta procura estabelecer a relação de causa e efeito entre esta e um estímulo, sem levar em conta a consciência, que seria apenas um epifenômeno exercendo um papel meramente acessório. (Epifenômeno é um fenômeno que resulta de outro fenômeno, sem afetá-lo, do qual é dependente.) O que interessa anotar é o comportamento objetivo das pessoas, o que elas fazem, de modo a operar mudanças conducentes à melhoria da conduta social. Não se trata, portanto, de buscar argumentos para uma teoria, mas de estabelecer relações funcionais de causa e consequência. Trata-se, com efeito, de uma análise experimental da conduta. Os procedimentos analíticos seguem o sistema de Skinner (Burrhus Frederick Skinner, 1904-1990), que se apoia em dois pilares:

    1. A frequência das respostas depende dos efeitos que elas produzam;

    2. O desdobramento da conduta consiste numa série de relações funcionais entre a conduta do organismo e o meio ambiente. O conhecimento dessas relações implica, necessariamente, o conhecimento das causas da conduta, ensejando sua previsão e controle.

Os modelos educativos tradicionais foram severamente rejeitados por Skinner, que os reduziu a três metáforas ou modos de explicar uma pessoa educada:

1. A maturação que vê a educação como um instrumento promotor do desenvolvimento natural;
2. A aquisição de conhecimentos do meio ambiente, com ênfase nas estruturas interiores e não sobre a conduta;
3. A construção a partir da qual se manifesta a conduta do aluno.

Do mesmo modo, Skinner rechaça as três explicações do aprendizado: a teoria do "aprender fazendo", a teoria da experiência e a teoria da tentativa e erro. Acrescenta, ainda, alguns erros da prática educativa, como a utilização do controle aversivo, que só serve ao escapismo e ao contra-ataque; o abandono ou a má utilização do reforço positivo e a tese segundo a qual o professor não faz mais do que extrair o que já se encontra no interior dos alunos, consoante à maiêutica socrática. Igualmente condena a aprendizagem pelo descobrimento, por implicar a abdicação do ensino e, *ipso facto*, a transferência do fracasso da aprendizagem inteiramente para o aluno.

Para Skinner, o ensino é a disposição racional das contingências de reforço através das quais o estudante aprende.

A análise experimental da conduta se volta para a interação entre a conduta dos organismos e os fatos ambientais, sujeitando-se essas interações, como não poderia ser de outro modo, às leis que lhe são aplicáveis. Pouco a pouco, as investigações levadas a efeito nesse campo foram se deslocando do plano animal para o humano, em trabalhos de pesquisa e nas salas de aula, em diferentes áreas educativas como a escrita, a leitura, a linguagem, a matemática e em áreas mais complexas, como os estudos sociais e a criatividade.

Essa ordem de indagação obedece ao modelo que se apoia nas seguintes premissas:

a) Define-se, em termos mensuráveis e claros, a conduta que se deseja promover;

b) Escolhe-se um sistema tangível para mensurar a conduta, a exemplo do controle da sua frequência;

c) Atribui-se um valor à conduta inicial e elabora-se um programa operacional para se chegar à conduta desejada;

d) Escolhem-se as condutas que ensejarão a emergência da conduta desejada;

e) Avalia-se a eficácia do programa;

f) Repetem-se as três últimas etapas para assegurar a conduta desejada.

O alcance dessa orientação vem se alargando para atingir condutas reputadas críticas, como as de caráter pessoal, acadêmico e social, bem como para ampliar o universo da clientela, agregando ao alunado os professores, os pais e a própria comunidade. Atenção especial vem sendo atribuída aos antecedentes da conduta, em comparação com a manipulação de suas consequências, bem como ao reforço grupal, relativamente ao individual.

ANEXO 3

ORIENTAÇÃO COGNITIVA

A comunidade científica das diferentes áreas que estudam a cognição humana atua em consonância com o entendimento de que a mente é um instrumento multifacetado e complexamente constituído, insusceptível de ser apreendido por qualquer tipo isolado de teste. Razão suficiente para condenar por ineficazes os processos educacionais que não levem em conta as diferenças intelectuais do corpo discente.

A principal característica do ensino tradicional é o valor atribuído ao papel do professor, encarado como um especialista encarregado de transmitir informações e conhecimento. Nessa perspectiva, ao aluno é reservado o papel passivo de cumprir as determinações que lhe são impostas, de um modo geral, sem qualquer consideração às suas preferências.

Através do estudo do papel da mente na aprendizagem, na percepção, no pensamento e no uso da linguagem, a psicologia cognitiva analisa o modo como os indivíduos aprendem a respeito do mundo onde vivem, como lidam com as questões ambientais, como organizam os dados apreendidos da realidade, como resolvem problemas e como fazem uso da linguagem, bem como o modo como utilizam esse conhecimento em favor da elevação de sua eficácia, com o propósito de satisfazer ao máximo os seus interesses e apetites. Tarefa extremamente difícil, essa da psicologia cognitiva, em face da precariedade do acesso ao campo da investigação que compreende a resolução de problemas, tomada de decisões, organização do conhecimento, processamento de informações, formulação de conceitos, estilos de pensamento, dentre outras atividades, que integram os denominados processos centrais do indivíduo. A integração social do aluno, na prática da psicologia da cognição, apesar de ser levada a sério, ocupa uma posição secundária em relação ao escopo axial de capacitá-lo como processador de informações.

O divisor de águas, portanto, entre o ensino tradicional e a abordagem cognoscitiva consiste na mudança do papel do aluno de passivo, quando as informações ou conhecimentos lhe são transmitidos como produtos vindos de fora, para uma conduta ativa, processadora e construtora do conhecimento, através das variáveis tentativa, erro, correção do erro, nova tentativa e assim por diante. A função do sistema cognitivo é a de organizar as experiências existenciais, por intermédio de um ininterrupto processo de assimilações e acomodações da percepção de novas realidades que chegam desestruturando o status quo do saber anterior acumulado. Nesse contexto, em lugar de criar rotinas que mediocrizam ou atrofiam a imaginação, o professor é estimulado a incentivar a iniciativa, criatividade e audácia intelectual do alunado, nos seus trabalhos de investigação e solução de problemas, a partir de sua autonomia e visão, atento à lição de Einstein ao prescrever que "a imaginação é tudo. É uma visão antecipada da vida que está por vir". Não foi outra a conclusão do pragmático empresário e filantropo W. Clement Stone: "Tudo que a mente é capaz de conceber pode ser realizado."

A flexibilidade aqui é a regra, na seleção de meios, organização e ritmo do trabalho e fixação de horários, tudo ao sabor dos interesses e conveniências do discente. Esse clima motivador envolve a criação de um ambiente alegre, a identificação do sonho de cada aluno, o estímulo à sua curiosidade, a livre manifestação de preferências e ojerizas, a escolha dos parceiros ou de grupos de trabalho. Como a tendência natural será a da apresentação de trabalhos originais, impõe-se fugir da prática usual de avaliá-los segundo o tradicional gabarito, hipertrofiado nas fajutas provas de vestibular, em que predomina o excrescente processo da escolha múltipla, quando aplicado sem critério. Acima de tudo, importa saber se o aluno aprendeu e compreendeu o objeto do seu estudo como um instrumento da elevação da eficiência de sua ação diante das demandas da vida real, inquirição que é dificultada pelo viés socialmente arraigado de considerar impróprio submeter alguém a esse tipo de questionamento, absolutamente indispensável quando o objetivo fundamental for o de verdadeiramente aprender, compreendendo. É indispensável levar em conta que, quando a eficácia depende de procedimentos preestabelecidos a serem aplicados ao caso concreto, o suporte são as regras.

Quanto nos distanciamos, ao longo do tempo, da maiêutica socrática em que saber perguntar, sobretudo o autoinquirir-se, constitui o elemento nodal do processo de construção do conhecimento, a partir do encadeamento sequencial de perguntas e respostas!?

Os antecedentes do modelo cognitivo baseiam-se na recente visão da psicofisiologia, que vê a conduta como algo mais que a mera resposta aos estímulos, apontando a mente humana como o verdadeiro processador da conduta e concebendo o organismo como uma realidade viva que elabora as mensagens e atua sobre elas, consoante os princípios da cibernética e da teoria da informação. O modelo cognitivo apoia-se, igualmente, na corrente da psicologia cognitiva que aspira resgatar legítimas áreas de investigação negligenciadas, apesar de susceptíveis de estudo, capazes de não apenas prever e controlar a conduta, mas também explicá-las. Seus esquemas interpretativos vão além do mecanicismo limitado do estímulo-resposta para atribuir às mudanças de conduta motivações psicológicas derivadas mais de complexos estados mentais e de mecanismos interiores do que de fatos externos ambientais imediatos.

São quatro as áreas em torno das quais gira a investigação do modelo cognitivo:

1 – A aprendizagem;
2 – A estrutura do conhecimento;
3 – A solução de problemas;
4 – O aperfeiçoamento cognitivo.

O modelo parte do entendimento de que até agora a ênfase foi dada ao modo de executar tarefas complexas, em prejuízo do seu aprendizado. A ênfase, portanto, deve ser posta no aprendizado humano, levando-se na devida conta as condições ambientais e os processos cognitivos que dão estrutura ao objeto do aprendizado. A investigação se estende à solução de problemas e ao desenvolvimento da cognição, com o apoio de três instrumentos: os testes, as tarefas e os objetivos.

Ainda que distingam os mais dos menos aptos, os testes não esclarecem o estilo cognitivo dos diferentes indivíduos, em razão da específica dinâmica de suas mentes, por força dos variados desafios intelectuais a que se expõem. A adequada avaliação das aptidões cognitivas, portanto, é a condicionante básica do avanço da aprendizagem e dos critérios de seleção dos testes e tarefas nas atividades escolares. É imperativo que os objetivos de instrução sejam fixados em sintonia com a psicologia cognitiva.

Essas metas cognitivas se processam com maior eficácia quando se dá mais ênfase à análise dos processos psicológicos e às estruturas reputadas capazes de produzir as condutas desejadas do que à especificação dos procedimentos necessários para a obtenção de êxito nos testes. Isso significa que é possível inferir os objetivos da instrução a partir das tarefas passadas aos alunos para serem executadas durante e depois da aula ou instrução. Daí porque um dos pontos importantes de uma teoria da instrução consistir na análise e estudo das tarefas complexas que revelam os processos psicológicos implicados, isto é: traduzem as descrições de conteúdo em descrições psicológicas de conduta ou de competência intelectual. A verdade é que toda vez que se analisam as execuções e os seus componentes realizam-se análises de tarefas. Alguns autores fixam uma análise de tarefas em termos de E-R (Estímulos e Respostas) ou interações específicas entre conjuntos de estímulos e respostas. Outros propõem uma teoria sequencialmente organizada por supor que a apresentação de tarefas, segundo graus de dificuldades, melhora o aprendizado. A hierarquia do aprendizado obedece à crença de que se avança positivamente na execução das tarefas mais simples para as mais difíceis ou complexas.

A gestalt, por sua vez, se interessa, sobretudo, pela percepção da estrutura, focando a análise da tarefa mais na compreensão da estrutura do problema do que na análise da execução total. É a partir da compreensão da estrutura dos problemas que se pode chegar à generalização dos princípios decorrentes.

Já Piaget interpreta o desenvolvimento cognitivo em termos de uma sucessão de estruturas lógicas e universais, conseguindo-se explicar, com o passar do tempo, a execução de uma tarefa através da descrição das estruturas lógicas que a sustentam, e das estruturas que a precedem ontologicamente, dando origem às atuais. (Ontologia é a parte da filosofia que cuida do ser como tal; o ser compreendido como possuidor de uma natureza comum, inerente a todos e a cada um dos seres.) Essa valorização piagetiana do domínio numérico como determinante do desenvolvimento intelectual, ainda defendida pelos seus seguidores, tem sido de grande valor no desenvolvimento da inteligência artificial. Persiste a discussão sobre se as estruturas de Piaget são ou não susceptíveis de ensino, para efeito de serem ou não a base do currículo escolar. A teoria do processamento das informações implica a execução de tarefas cognitivas em termos de ações internas ou externas que acontecem em um fluxo temporal adequado. Em outras palavras: a teoria do processamento de como atuam os seres humanos (processo) sobre os dados (informações). "A construção do mundo pela criança" é, sem dúvida, um marco dos estudos de Piaget, mais notável ainda pelo fato de suas pesquisas se restringirem ao universo de seus três filhos, uma vez que, à sua época, esse tipo de estudo era realizado com animais.

Ainda que não tenha abordado diretamente a questão, infere-se de sua obra que Piaget conviveria sem constrangimento com a teoria que sustenta que é parte da herança biológica humana a capacidade sensitiva de analisar o mundo físico, o que não pode ser confundido com a teoria racionalista de Descartes do conhecimento inerente ao homem. Segundo ele, a compreensão que a criança desenvolve a respeito do tempo, espaço, causalidade e outros valores é construída ao longo dos primeiros dezoito meses, em um processo de seis etapas que demanda muito esforço individual do infante.

Nessa linha de abordagem, a psicologia da educação constitui, hoje, uma força teórica predominante no domínio das ciências do comportamento, impondo que os complexos processos mentais envolvidos sejam estudados de um modo rigorosamente científico. Daí a tendência a configurar-se a psicologia da educação como uma autêntica psicologia da instrução, uma ciência prescricional do modelo educativo, constituindo um território cada vez mais autônomo no campo educacional, como se pode ver dos estudos pioneiros de Robert Glaser.

Esse processo de construção autonômica iniciou-se na década de 1960, com as especulações sobre o que deve ser uma teoria da instrução, incluindo a distinção entre as teorias descritivas e as prescritivas do aprendizado, desdobrando-se em estudos sobre aprendizado e diferenças individuais, com "os nove eventos da instrução" de Robert Gagné à frente, destacando-se a necessidade de formulação conceitual dos processos que interferem entre os estímulos e as respostas.

Lauren Resnick, ao teorizar sobre a inteligência, em seu livro *Education and Learning to Think*, situou a importância dos processos cognitivos acima da inteligência na execução de tarefas, acentuando o significado do aprendizado fora da escola, para crianças e adultos, tendo em vista "que estão permanentemente ligados aos objetos e situações que lhes pareçam importantes, uma vez que as pessoas não esquecem o que constitui a essência de suas avaliações e racionalizações". Contemporaneamente a essas proposições, apareceram importantes reflexões sobre conhecimento e instrução, com análises das estruturas cognitivas que distinguem o principiante do profissional. Diferentes autores, apoiados nos estudos de Paul Fitts, destacaram o conceito de esquema como o elemento central do processo de aprendizagem, ao teorizarem sobre a aquisição, organização e utilização do conhecimento. Fitts defende que há três fases do conhecimento:

>   1 – A cognitiva, que compreende a codificação do objeto de estudo até o ponto que viabilize o comportamento que se deseja assumir;
>   2 – A associativa, que permite a identificação e eliminação dos erros;
>   3 – A autônoma, que enseja o enriquecimento do conhecimento ou habilidade.

Por seu turno, Alan Lesgold, em 1978, estudou os modos pelos quais a psicologia do conhecimento poderia contribuir para a definição de conteúdo e controle da instrução. Na sequência, coroando a antiga aspiração de Lee Cronbach de conciliar a psicologia teórica e a experimental, vários psicólogos, a exemplo de Benjamin Bloom, discorreram sobre a aptidão, a aprendizagem e o ensino.

ANEXO 4

ORIENTAÇÃO PSICOSSOCIAL

A orientação psicossocial visa à aplicação dos princípios psicossociais aos problemas educativos e trata dos assuntos relacionados com a integração social dos indivíduos e grupos no ambiente escolar. Não há dúvida de que a perspectiva psicossocial se situa numa posição intermediária à postura comportamental skinneriana – que concebe a aprendizagem como a consequência de um conceito bem elaborado e de uma adequada programação de reforços, o sujeito como uma entidade exclusivamente reativa aos estímulos e o ambiente educativo ideal como a provisão de controle preciso e resultados previsíveis – e a teoria cognitiva, dentro da qual a aprendizagem é um processo em que os sujeitos são seres ativos, que exibem modos peculiares de lidar com seus ambientes e desenvolvem seu melhor potencial, estando igualmente capacitados a tomar decisões pessoais. O ambiente ideal é o que propicia o máximo de escolhas individuais e o aproveitamento de todas as potencialidades. Essas duas posições são virtualmente inconciliáveis em razão do conflito de visão sobre o papel que cabe ao professor, apesar de ambas sofrerem da mesma limitação de conceber o estudante como alguém que reage ao ambiente organizado pelo professor ou faz opções que refletem suas necessidades. Ambas, igualmente, ignoram a real circunstância de o aluno jamais estar só, tendo em vista o fato de trazer consigo toda a carga da influência familiar e tudo que aprendeu na convivência social sobre si mesmo, sobre a realidade à sua volta e sobre as expectativas e procedimentos das pessoas. Toda essa prática educacional corresponde à tendência psicológica em voga de deslocar a ênfase dos processos intraindividuais para os processos interpessoais. Além da vertente social do estudante, individualmente considerado, valoriza-se também o modo como as relações interpessoais na sala de aula influem na conduta escolar dos estudantes.

O maior contributo da orientação psicossocial ao desenvolvimento da teoria e da prática educacionais consiste na singularidade de se constituir no único segmento da psicologia cujos dados, conceitos e teorias abrangem os fenômenos e processos interpessoais. Com efeito, a educação é um fenômeno interpessoal por excelência, processando-se por meio da interdependência das partes envolvidas, aluno e mestre, e ambos interdependentes do meio, sem perder de vista a imperativa necessidade do desenvolvimento da prática e do gosto pelo autodidatismo. Essa importante relação, para ser analisada adequadamente, exige os instrumentos e os conceitos adequados a uma abordagem psicossocial consistente.

ANEXO 5

PERSPECTIVA ECOLÓGICA

A noção da psicologia ecológica e da psicologia ambiental, como parte integrante da investigação educacional, resulta de diversas influências teóricas, como as de Kurt Koffka e Kurt Lewin, caracterizando-se pelo deslocamento do foco sobre as características individuais para o cenário da conduta escolar. Trata-se, portanto, de reconhecer que a conduta humana e a escolar processam-se em razão da interação do indivíduo com o meio, interpretando-as e investigando-as em seu contexto natural complexo. Os traços mais importantes dessa nova vertente residem no reconhecimento do caráter específico do ambiente ou cenário onde se processa a conduta e na interpretação que a ela dá cada um dos diferentes sujeitos, daí resultando a compreensão do processo ensino-aprendizagem como um fenômeno psicossocial, ao mesmo tempo em que a conduta do discente tem caráter situacional por ocorrer em um determinado contexto pessoal e educacional, na medida em que é expressiva de um processo decisório individualmente experimentado.

Podemos dizer que se trata de uma orientação multidimensional porque leva em conta não apenas as diferenças individuais como também as diferentes circunstâncias que presidem as interações dos vários indivíduos. Essa nova corrente, ao tempo em que se distancia, simultaneamente, do determinismo ecológico e do personalista, introduz uma proposta de instrução que se aproveita da interação dessas duas influências: o cenário da conduta atua sobre as reações do sujeito, embora essa influência não se processe de modo direto e automático, mas mediada pelo mesmo sujeito que é o seu intérprete e, de certo modo, o construtor da situação em que se encontra e que o influencia. A ênfase é posta sobre a importância que os sujeitos atribuem aos estímulos oriundos da situação escolar, meio pelo qual se avalia o impacto do ambiente sobre suas condutas, passo indispensável para se conhecer a dinâmica de cada sujeito em sua conjuntura específica. É mais do que evidente a acolhida do preceito orteguiano: "Yo soy yo y mi circunstancia."

Essa flexibilidade ou fluidez dos conceitos da psicologia da educação, como é inerente a todas as ciências sociais, levou o norte-americano Thomas Samuel Kuhn, filósofo da história e da ciência, a afirmar, em seu conhecido livro *The Structure of Scientific Revolutions*, que essa disciplina, ciência ou área de conhecimento, encontra-se num estágio pré-paradigmático, do qual jamais sairá, a menos que os estudos venham a alcançar o impossível patamar de aferição das ciências exatas, caracterizadas pela certeza, ausente nas ciências sociais, fato que não impede o avanço crescente de entendimentos satisfatoriamente consensuais, não obstante o número virtualmente infinito de proposições paradigmáticas.

Alguns autores contestam o pessimismo de Kuhn. Imre Lakatos, por exemplo, o mais influente crítico de Kuhn, propõe a substituição do termo paradigma pela expressão "programa de investigação", compatível com a convivência de várias teorias, cada uma delas com a sua visão específica dos dados partilhados com as demais. Para ele, portanto, a regra é a competição entre os diversos programas, racionalmente propostos, sendo a evidência empírica a moeda de troca do intercâmbio científico. O prestígio dos diferentes paradigmas pode oscilar, com o passar do tempo, para cima ou para baixo, como ocorreu, por exemplo, com o paradigma oculto que voltou à tona décadas depois de andar em baixa. Algumas deficiências da teoria de Lakatos foram corrigidas por Larry Laudan, segundo quem os núcleos e os postulados centrais das teorias, ao invés de permanecerem imutáveis, como queria Lakatos, devem sofrer alterações à medida que as investigações progridem, como ocorreu com a psicologia do aprendizado. Laudan explica a expressão que cunhou – "tradição investigativa"– como sendo um conjunto de princípios gerais sobre as atividades e processos em uma determinada área de estudos e sobre os métodos adequados a serem utilizados na investigação dos problemas, bem como para construir as teorias num campo específico. Por isso, o condutismo ou behaviorismo desfruta de uma tradição investigativa, do mesmo modo que as psicologias cognitiva, ecológica e humanística, esta em menor escala, por ser a menos evoluída.

É válido, portanto, propor complexos programas de investigação com um amplo leque de determinantes susceptíveis de influir sobre o processo de ensino-aprendizagem.

Robert K. Merton defende a superioridade de paradigmas competitivos, capazes de resistir ao cotejo com outros paradigmas, sobre o predomínio hegemônico isolado de uma única escola de pensamento, por entender que o pluralismo teórico estimula o fomento de uma ampla gama de estratégias de pesquisa, em contraste com as limitações que uma corrente assentada num único paradigma impõe ao processo de busca. O ecletismo pluralista, disciplinado, característico de um espectro diversificado de investigações teóricas, então, é apontado como um caminho enriquecedor do processo de compreensão da psicologia da educação. Paul Karl Feyerabend, filósofo da ciência, austríaco, discípulo de Karl Raimund Popper, expressou-se na mesma linha de modo ainda mais claro, ao sustentar que somente os bons empiristas sabem trabalhar melhor com teorias alternativas do que com um ponto de vista analítico, apenas. Em seu livro *Against Method*, de 1975, negou a possibilidade de se elaborar um método "que contenha princípios firmes, imutáveis e compulsoriamente vinculador da orientação da atividade científica". Sua crítica alcançou as teorias epistemológicas contemporâneas mais influentes, como a neopositivista de Rudolf Carnap, a dos programas de investigação científica de Imre Lakatos e a do racionalismo crítico de Popper. Para Feyerabend a ciência, contrariamente ao que se imagina, seria uma atividade anárquica por excelência, esquiva a qualquer teoria do conhecimento que queira abranger num só modelo de racionalidade o conteúdo de seu próprio objeto. Invoca a evolução histórica da experiência científica, a exemplo da passagem da astronomia ptolomaica para a copernicana, em razão do inconformismo de Galileu, sublevando a ordem científica vigorante. Em seus últimos trabalhos, *A ciência em uma sociedade livre (1978)* e *Adeus à razão (1987)*,

Feyerabend defendeu um modelo de sociedade livre em que as múltiplas abordagens no campo científico fossem consideradas tão respeitáveis quanto o que se considera um corpo doutrinário científico, propriamente dito, para efeito, inclusive, de acesso às fontes de poder. Essa pluralidade teórica, para ele, não deve ser vista como um estágio transitório a ser substituído no futuro por uma teoria definitiva, porque reputada verdadeira. Mas como um procedimento de caráter permanente.

ANEXO 6

DECÁLOGO DO BOM PROFESSOR

Vicente Martins, professor de Linguística da Universidade Estadual Vale do Acaraú (UVA, Sobral, CE) com mestrado em educação pela UFC, diz que o professor do século XXI é aquele que, além da competência, da habilidade interpessoal, do equilíbrio emocional, tem a consciência de que mais importante que o desenvolvimento cognitivo é o desenvolvimento humano, e que o respeito às diferenças está acima de toda pedagogia. Aduz que a função do bom professor do século XXI não é apenas ensinar, mas levar seus alunos ao reino da contemplação do saber. Daí passa aos dez mandamentos que conduzem a uma pedagogia para o desenvolvimento humano:

1. *Aprimorar o educando como pessoa* – A grande tarefa do professor não é a de instruir, apenas, mas a de educar o aluno como pessoa que vai trabalhar num mundo tecnológico povoado de coração, de dores, incertezas e inquietações, não devendo a escola se limitar a educar pelo conhecimento destituído da compreensão do homem real, de carne e osso, porque de nada adianta o conhecimento bem ministrado em sala de aula se, fora da escola, o aluno se brutaliza, se desumaniza e patrocina a barbárie. A educação objetiva a vida na perspectiva de favorecer a felicidade e a paz.

2. *Preparar o educando para o exercício da cidadania* – Se o professor tem como objetivo maior fazer o bem às pessoas, no plano do magistério isso significa preparar o aluno para o exercício

exemplar e pleno da cidadania. O cidadão não começa quando os pais registram seus filhos no cartório nem quando os filhos, aos 18 anos, tiram suas carteiras de identidade civil. A cidadania começa na escola desde os primeiros anos da educação infantil e se estende à educação superior; começa com o fim do medo de perguntar, de inquirir o professor, de cogitar outras possibilidades do fazer.

3. *Construir uma escola democrática* – A gestão democrática é a palavra de ordem na administração das escolas. Os educadores do novo milênio devem ter nela um princípio inarredável. Quanto mais a escola for democrática, mais transparente será, menos errará e maior será a possibilidade de atender com equidade as demandas sociais. Quanto mais exercitamos a gestão democrática, mais nos preparamos para a gestão da sociedade política e civil organizada. Quem exercita a democracia em pequenas unidades escolares constrói um espaço ideal e competente para assumir responsabilidades maiores na estrutura do Estado. Portanto, quem chega à universidade não deve nunca descartar a possibilidade de inserir-se no meio político e poder exercitar a melhor prática do mundo: a democracia.

4. *Qualificar o educando para progredir no mundo do trabalho* – Por mais que a escola qualifique seus recursos humanos, por mais que adquira o melhor do mundo tecnológico, por mais que atualize suas ações pedagógicas, sempre estará marcando passo frente às novas transformações cibernéticas. Através de seus professores, porém, poderá qualificar o educando para aprender a progredir no mundo do trabalho, o que equivale a equipá-lo para dar respostas não acabadas (a vida é um processo inacabado) às novas demandas sociais, sem medo de perdas, de mudanças, de avanços. Sem medo do novo, principalmente o novo que vem das novas ocupações.

5. *Fortalecer a solidariedade humana* – É papel da escola favorecer a solidariedade, mas não a de ocasião, que nasce de uma catástrofe, mas a do laço recíproco, cotidiano e de amor permanente. É na solidariedade que a escola pode desenvolver no aluno-cidadão o sentido de sua adesão às causas morais e apego à vida de todos os seres sencientes aos interesses da coletividade e às responsabilidade de uma sociedade a todo instante transformada e desafiada.

6. *Fortalecer a tolerância recíproca* – Um dos mais importantes princípios de quem ensina e trabalha com crianças, jovens e adultos é o da tolerância, sem o qual todo magistério perde seu sentido maior de ministério, de adesão aos processos de formação do educando. A tolerância começa na aceitação, sem reserva, das diferenças humanas, expressas na cor, no cheiro, no modo de falar e no jeito de ser. Só a tolerância é capaz de fazer o educador admitir modos de pensar, de agir e de sentir diferentes.

7. *Zelar pela aprendizagem dos alunos* – Muitos professores acreditam que o importante em sala de aula é instruir bem, o que pode ser traduzido pelo domínio do conhecimento da matéria que ministra. No entanto, o domínio do conhecimento não deve estar dissociado da capacidade de ensinar o aluno a aprender. De que adianta o conhecimento e não saber, de forma autônoma e crítica, aplicar as informações? O conhecimento não se faz apenas com metalinguagem, com conceitos A ou B, e sim com a didática, com a pedagogia do desenvolvimento do ser humano. O zelo pela aprendizagem passa pela recuperação daqueles que têm dificuldade de assimilar informações, seja ela por limitações pessoais ou sociais. Daí a necessidade de uma educação dialógica, marcada pela troca de ideias, de uma conversa colaborativa em que não se cogita do insucesso do aluno.

8. *Colaborar na articulação da escola com a família* – O professor do novo milênio deve ter em mente que o pedagogo não é mais o dono da verdade, detentor do saber, capaz de dar resposta a tudo. Articular-se com as famílias é a primeira missão dos docentes, inclusive para contornar situações desafiadoras em sala de aula. Quanto mais conhecemos a família dos alunos, mais os entendemos e mais os amamos. Um discente amado é disciplinado. Os pais são, portanto, coadjuvantes do processo de ensino-aprendizagem. Sem a colaboração deles a ensinança fica coxa, não prospera. Nada impede que os pais possam ajudar nos desafios da pedagogia dos docentes. Nem é inoportuno que os professores se aproximem dos lares para conhecer de perto a realidade dos alunos e possam, pais e professores, fazer a aliança de uma pedagogia de conhecimento mútuo.

9. *Participar ativamente da proposta pedagógica da escola* – A proposta pedagógica não deve ser exclusividade dos dirigentes da escola. Cabe ao professor participar do processo de sua elaboração, bus-

cando definir de forma clara os grandes objetivos da instituição para com seus educandos. Um professor que não participa se perde na solidão de suas aulas e não tem como se sentir alguém que participa de um processo maior, holístico e globalizado. O mundo globalizado para o professor começa quando se sente parte das decisões da escola, da sua organização administrativa e pedagógica.

10. *Respeitar as diferenças* – Se de um lado devemos levantar a bandeira da tolerância como um dos princípios do ensino, o respeito às diferenças conjuga-se com esse princípio, de modo a favorecer a unidade na diversidade, a semelhança na dessemelhança. Decerto, o respeito às diferenças de linguagem, às variedades linguísticas e culturais é a grande tarefa dos educadores do novo milênio. Essa não tem sido uma prática no nosso cotidiano, mas, depois de cinco séculos de civilização tropical, descobrimos que a igualdade passa pelo respeito às diferenças ideológicas, às concepções plurais de vida, de pedagogia, às formas de agir e de ser feliz dos gêneros humanos.

Acrescenta o professor Vicente Martins que "o educador deve ter a preocupação de reeducar-se de forma contínua, uma vez que nossa sociedade ainda traz no seu tecido social as teorias da homogeneidade para as realizações humanas. Teoria que, depois de 500 anos, conseguiu apenas reforçar as desigualdades sociais".

Conclui Vicente Martins que a missão do professor "é dizer que podemos amar, viver e ser felizes com as diferenças, pois nelas encontramos nossas semelhanças históricas e ancestrais. É essa a nossa forma de dizer ao mundo que as diferenças nunca diminuem, e sim somam valores e multiplicam os gestos de fraternidade e paz entre os homens".

ANEXO 7

MAPA MENTAL

Susceptível de ser realizado individualmente ou em grupo, o mapa mental consiste, essencialmente, no seguinte: depois de relaxados os participantes, indivíduo ou grupo, mediante a utilização de técnicas específicas, como respirações abdominais profundas, com o propósito de deixar a mente em branco, e mentalizado o compromisso de buscar a verdade, registra-se no papel tudo que vier à mente de modo espontâneo, o que vale a conectar-se com a intuição, que é de responsabilidade do lado direito do cérebro. É claro que estão fora de cogitação a emissão de qualquer juízo crítico ou tiradas de humor, pelo seu potencial destruidor da espontaneidade requerida. O geral entendimento de que não se trata de teste de capacidade ou de inteligência facilita o cumprimento da prática correta. Quem, porém, não se sentir à vontade para participar do teste grupal, por receio de expor sua intimidade emocional ao conhecimento de terceiros, deve fazê-lo isoladamente. Esse exercício permitirá a afloração e a identificação de coisas (percepções) que o lado esquerdo do cérebro, responsável pela racionalidade e a lógica, normalmente bloqueia. Ao surgir uma palavra ou conceito que nos toquem, por mais bizarros que possam parecer, devemos anotá-los e buscar estabelecer as relações possíveis com os elementos já inventariados. Enquanto o trabalho individual de reflexão tende a ser mais verdadeiro do que o grupal, este costuma ser mais enriquecedor pela maior possibilidade de vários indivíduos poderem estabelecer mais relações pertinentes do que uma pessoa apenas.

Variações dessa técnica são utilizadas por entidades interessadas em formulações que têm como eixo a associação de ideias, como estratégias de vendas, seleção de pessoal e mudanças administrativas estruturais. No Google o assunto é desenvolvido largamente.

ANEXO 8

RETRATO ESCRITO

O retrato escrito é um processo que nos permite trazer à tona a lembrança de fatos que nos fizeram sofrer, reinterpretá-los à luz de nossos valores presentes, transferindo-os do subconsciente para o consciente e arquivando-os em suas verdadeiras dimensões como uma ocorrência que pertence ao passado, esvaziados do poder de bloquear ou distorcer nossa percepção.

A técnica é muito simples. Consiste em abordarmos o tema à exaustão, de preferência por escrito, com o compromisso de dizermos, sem repetições inúteis, tudo o que vier à mente, sem trapaças. A tendência a trapacear, ludibriando a nós mesmos, opera como um falso mecanismo de defesa emocional quando não estamos preparados para nos deparar com nosso eu profundo. Essa é a principal causa pela qual o cumprimento desse exercício requer paciência e mais tempo do que o exigido por uma simples listagem de eventos.

Cumpridas essas etapas preliminares, podemos começar a mudar, o que equivale a alterar os paradigmas em que os nossos hábitos se baseiam. Quem quiser aprofundar-se na matéria à exaustão, deve consultar o Google.

ANEXO 9

DISCIPLINA: A DOR QUE LIBERTA

A vida é difícil. Essa é uma grande verdade. Uma das maiores verdades. Contudo, uma vez que enxerguemos essa verdade, nós a superamos. Uma vez que saibamos, verdadeiramente, que a vida é difícil, desde que compreendamos e aceitemos esse fato, a vida deixa de ser difícil porque, uma vez aceito, isso já não mais importa.

Scott Peck

Um dos temas integrantes da trilogia a que o psicanalista norte-americano Scott Peck denominou *The Road Less Tavelled (O caminho menos batido)* é a disciplina. Segundo ensina, disciplina é um conjunto básico de instrumentos de que necessitamos para resolver os problemas da vida. Sem disciplina não há como ser produtivo; com disciplina, nossa produtividade tende a alcançar níveis surpreendentes de realizações, inclusive nossa capacidade de resolver problemas, tarefa quase sempre dolorosa, porque alimenta e aumenta a ansiedade e a angústia da espera do desfecho final. E quando fracassamos somos submetidos a frustrações, mágoas, tristezas, culpas, rancores, medos, sentimentos de solidão, arrependimentos e até mesmo desespero. Sentimentos desagradáveis que podem superar a sensação da dor física mais intensa. Porque tememos a dor inerente aos problemas, quase sempre tentamos evitá-la. Essa tendência a evitar problemas e o sofrimento emocional a eles inerente é a base psicológica primária das doenças mentais, segundo Peck. Desde que a maioria tem essa tendência em maior ou menor grau, a maioria de nós é doente mental, em graus variados. Alguns chegam a extremos para evitar problemas e os sofrimentos que estes causam, construindo as mais elaboradas fantasias nas quais viver, não raro com a exclusão total da realidade, como reconheceu Carl Jung: "A neurose é, sempre, um substituto do sofrimento legítimo", substituto que termina sendo mais doloroso do que o sofrimento redentor que se pretende evitar, porque a neurose passa a se constituir no problema central. Como muitos tentam fugir da dor, os problemas se agravam, construindo camadas sobre camadas de neurose.

Alegria e tristeza são componentes inseparáveis da vida.

Na medida, porém, em que a vida ganha significado na relação direta de nossa capacidade de resolver problemas, devemos desenvolver a mentalidade para encará-los construtivamente, como se fossem nosso *personal trainer*. Privilégio de poucos. Afinal de contas, a capacidade e a incapacidade de resolver problemas separam o sucesso do fracasso e dão a dimensão de nossa coragem e sabedoria, ao mesmo tempo gerando-as e alimentando-as. Por isso, nosso crescimento mental, intelectual e espiritual depende do desenvolvimento dessa capacidade que, apesar de ser uma tarefa difícil, é acessível a quantos queiram e estejam dispostos a pagar o preço para adquiri-la.

Quando procuramos evitar o sofrimento inerente ao enfrentamento de problemas, estamos, ao mesmo tempo, impedindo o crescimento pessoal que os problemas ensejam. As doenças mentais crônicas interrompem o crescimento pessoal, depauperando o espírito, que perde a luminosidade e a vibração da luta. Por isso é missão pedagógica da família, do magistério e da sociedade ensinar a crianças, jovens e adultos como encarar de modo positivo o sofrimento intrínseco à solução dos problemas da vida.

Segundo Scott Peck, são quatro os instrumentos de domínio da disciplina:

    a) Adiamento do prazer;
    b) Aceitação de responsabilidade;
    c) Dedicação à verdade;
    d) Equilíbrio;

Apesar de extremamente simples, esses instrumentos, que podem ser do domínio de crianças e de pessoas de pouca inteligência ou baixa escolaridade, são a toda hora ignorados ou negligenciados por muitos dos mais importantes líderes, em todos os domínios da ação humana, gerando, como consequência, desperdício, dor e desespero.

A questão é que o domínio desses instrumentos não depende de escolaridade, mas de vontade e determinação para usá-los, porque são instrumentos para enfrentar a dor legítima e não para evitá-la. E os que desejam evitar a dor legítima, necessariamente evitarão fazer uso deles.

a) ADIAMENTO DO PRAZER

Adiar o prazer é um processo que programa a dor e as alegrias da vida, aumentando o prazer pela fruição da dor em primeiro lugar, como modo de superá-la.

Esse método de programação será mais bem aprendido na fase inicial de nossas vidas. Através dos exercícios escolares, realizados em casa, essa capacidade de adiar o prazer é diariamente exercitada. Quando disciplinadas, muitas crianças, desde tenra idade, mostram-se capazes de realizar seus deveres sem a presença coercitiva dos pais, monitores ou responsáveis, antes de se entregarem aos seus jogos prediletos. Quando ingressam na adolescência, a prática de se dedicar primeiro aos deveres e por último aos prazeres se automatiza.

Na contramão, outros jovens nessa mesma idade não se mostram capazes do mesmo desempenho, parecendo que alguns são inteiramente desprovidos dessa disciplina, compondo as hostes numerosas dos estudantes problemáticos. Seu mau desempenho acadêmico nada tem a ver com seu nível de inteligência, absolutamente normal, figurando muitos deles acima da média. A falta de método, ritmo e disciplina, com a consequente queda de rendimento escolar traduzida em notas baixas, acaba prejudicando sua autoestima e equilíbrio emocional, levando-os a uma impulsividade comprometedora, também, de sua vida social. Daí para o nascimento de um sentimento de inadequação dista apenas um passo, não havendo para muitos chance de recuperação, nem mesmo com ajuda psicanalítica.

Por que isso acontece? Por que uns desenvolvem a capacidade de adiar o prazer enquanto outros fracassam? – indaga Peck.

Os indícios apontam para a qualidade da orientação doméstica como o fator principal. Não que não tenha havido, necessariamente, a tentativa paterna de criar disciplina na casa dessas crianças desajustadas. Frequentemente tomam por disciplina punições excessivas que chegam às raias da agressão física por dá-cá-aquela-palha. Trata-se, na realidade, do oposto da disciplina, em que os pais indisciplinados servem como modelo de conduta para seus filhos. De acordo com isso, há um divórcio entre a pregação e a ação, expresso no padrão "faça o que eu digo" em oposição ao "faça o que eu faço". Embriagam-se enquanto pregam o valor da morigeração e equilíbrio. Aconselham autocontrole emocional quando facilmente vão às vias de fato. Desmentem com atos desonestos os discursos de probidade que proferem com irada indignação moral.

Segundo a indefesa percepção infantil, esse modo desastrado de ser corresponde ao modelo de conduta ideal, equívoco que só o amor genuíno será capaz de resgatar, por ser maior do que modelos de conduta. Por isso, não é incomum que de ambientes domésticos desajustados saiam crianças dotadas de senso de disciplina, em oposição a crianças indisciplinadas, saídas de famílias ordeiras, chefiadas por profissionais liberais, empresários e artistas, mas carentes de amor. O que prova que o amor é uma força que pode superar grandes obstáculos.

Boa disciplina exige tempo. Quando não temos tempo para dedicar a nossos filhos, ou o tempo que gostaríamos de dispor, não podemos observá-los suficientemente bem para conhecermos suas necessidades, de modo a lhes dar adequada assistência disciplinar, expressa de modo sutil. Se sua necessidade disciplinar diz respeito ao crescimento pessoal e se nós somos impelidos a agir comandados pela irritação e impaciência geradas pelos seus erros e traquinagens, a disciplina que então transmitimos é fruto da raiva e não, como deveria ser, da sensatez e da autoridade pacífica, rica de afetividade. Antes de examinarmos o problema, sem sequer termos dedicado o mínimo de tempo para chegar à orientação mais conveniente, bronqueamos.

Os pais que dedicam tempo aos seus filhos, não apenas para reclamar quando erram, sentem claramente o brotar harmônico de uma relação na qual há lugar para o elogio e para a crítica, ministrados com lealdade e carinho. Observam como seus filhos comem, estudam, quando mentem, quando fogem dos problemas, ao invés de enfrentá-los. Nesses momentos, os pais atentos fazem pequenos ajustamentos e correções, ouvindo, respondendo, perguntando, apertando um pouco aqui, afrouxando um pouco ali, pregando moderadamente, contando histórias, abraçando, beijando, ralhando, pilheriando, dando tapinhas nas costas, num clima de fraterna cumplicidade.

Quando dedicam o tempo necessário para observar e refletir sobre as necessidades dos filhos, pais afetuosos partilham o sofrimento com eles. A autodisciplina começa quando as crianças refletem: "Se meus pais se dispõem a sofrer comigo, voluntariamente, é porque o sofrimento não é tão ruim assim. Não há, então, motivo para que eu fuja à minha cota de sofrimento."

A quantidade e a qualidade do tempo que os pais lhes dedicam transmitem aos filhos um sentimento de segurança e valor, consequentemente de autoestima e saúde mental. Se meras palavras de amor, mesmo quando desacompanhadas de atitudes correspondentes, têm algum valor, nunca serão capazes de substituir o significado do tempo carinhosamente dedicado às crianças, em particular, e a todas as pessoas, em geral. O amor, portanto, é a fonte primeira da autodisciplina, porque quando se sente valorizado o indivíduo tende a cuidar de si mesmo como cuidaria de algo de valor. Como resultado do amor e atenção paternais consistentes, as crianças costumam ingressar na vida adulta com uma forte consciência do seu valor pessoal e de sua segurança psicológica. Ao sentirem que o mundo à sua volta é um lugar seguro, as crianças não receiam adiar os momentos de prazer porque sabem que a solidariedade lá estará à sua espera.

No outro extremo, a percepção da possibilidade de serem abandonadas aterroriza as crianças, levando-as a ingressar na vida adulta sem acreditar nas pessoas nem na decência do mundo. Como não creem no que possa vir depois, o adiamento do prazer para elas não faz o menor sentido.

A disciplina, transmitida pelo exemplo e com amor, é o mais importante legado que os pais podem deixar para os filhos. A recuperação da perda dessa primeira oportunidade básica só é possível, na grande maioria das vezes, com dedicação, fé e sofrimento.

Os problemas raramente se resolvem por si mesmos. Se não forem enfrentados adequadamente, permanecem como uma barreira ao avanço e crescimento espiritual. A tendência de ignorar os problemas é uma simples manifestação da indisposição de adiar o prazer, porque enfrentar problemas é doloroso. Encará-los, voluntariamente, antes de sermos forçados pelas circunstâncias, significa deixar de lado a fruição de algum prazer em troca de algo doloroso. É a opção de sofrer agora na expectativa do prazer futuro, ao invés de nos dedicarmos às coisas agradáveis, na esperança ou ilusão de que não será necessário o sofrimento.

b) ACEITAÇÃO DE RESPONSABILIDADE

O hábito de adiar o prazer nos conduz ao hábito de aceitarmos responsabilidades. É este senso que nos leva a enfrentar o desafio de resolver um problema, mesmo que aparentemente insolúvel. Sem a indispensável aceitação da responsabilidade, não resolvemos os problemas, porque a sua negação equivale a dizer: "Este problema não é meu". E se acharmos que alguém vai resolvê-lo por nós, nunca tomaremos a iniciativa de solucioná-lo. Nossa possibilidade de resolvê-lo só se instala a partir do momento em que reconhecemos que o problema é nosso e não de terceiros ou de outras forças, como se iludem muitos ao sofismarem perante si próprios: "Este problema foi causado por outra pessoa ou por fatores sociais acima do meu controle. A quem o ocasionou, e não a mim, cabe a responsabilidade de resolvê-lo em meu lugar".

Os pacientes que com maior frequência procuram o psicanalista sofrem de neurose ou de desordem do caráter, sendo ambas as condições constitutivas de desordens de responsabilidade, não obstante produzirem estilos opostos no modo como os seus portadores se relacionam com o mundo e seus problemas.

Enquanto o neurótico assume responsabilidade excessiva, o portador de perturbação do caráter não assume nenhuma.

Quando os neuróticos entram em conflito com o mundo, eles se atribuem a responsabilidade do conflito. No lado oposto os que têm o caráter perturbado agem como se a responsabilidade fosse exclusiva do mundo e dos outros.

O padrão vocabular dos neuróticos é facilmente identificável. Expressões como eu "devo" ou "deveria" ou "não deveria" são indicativas da autoimagem depreciativa e/ou da baixa autoestima que atingem indiferentemente homens e mulheres.

Por outro lado, o padrão vocabular do portador de distúrbios de caráter se apoia em expressões reveladoras de ausência de responsabilidade, do tipo: eu não posso, eu não podia, não pude, eu tenho que, eu tive que, revelando a autoimagem de quem age por falta de opções, sob o império sufocante dos fatos ou das circunstâncias.

Não é difícil entender porque os psicoterapeutas consideram mais fácil trabalhar com neuróticos do que com portadores de distúrbio de caráter, porque enquanto os primeiros assumem responsabilidade diante de suas dificuldades, os últimos negam-na, nunca se reconhecendo como a fonte de seus problemas, incapazes de se autoanalisarem, sendo, por isso, pacientes difíceis de curar.

Não são poucos os indivíduos que portam, simultaneamente, neurose e distúrbios de caráter, sendo, por isso, denominados caráter-neuróticos. Em alguns aspectos de suas vidas eles são dominados pelo sentimento de culpa, enquanto em outros não conseguem assumir uma real responsabilidade pelo que são ou fazem.

Um dos maiores desafios da existência humana consiste em distinguir entre as coisas pelas quais somos e pelas quais não somos responsáveis. Esse problema, que, provavelmente, nunca será de todo resolvido, nos impõe o dever de permanentemente avaliar onde se situa nossa responsabilidade no curso dos eventos submetidos a mudanças contínuas. É importante a compreensão de que essa avaliação não é isenta de dor. Para que possamos empreendê-la, de modo adequado, temos que estar preparados para, voluntariamente, marcharmos na direção da dor que a autoavaliação provoca, iniciativa que depende de capacitação e determinação, requisitos que não são natos, mas adquiridos ao longo do processo educacional. Quando as crianças negam, instintivamente, qualquer responsabilidade em seus conflitos e lutas, transferindo-a para causas alheias à sua vontade, revelam distúrbios de caráter. Do mesmo modo, são neuróticas na medida em que assumem responsabilidade por privações que ainda não são capazes de compreender.

A criança que não é amada pelos pais sentir-se-á responsável pela sua incapacidade de despertar amor em lugar de atribuí-la à deficiência deles como doadores de amor. O mesmo acontece com adolescentes mal sucedidos com as meninas ou nos esportes: veem-se como pessoas deficientes ou inadequadas, mesmo quando são talentosos e bonitos, atributos de que só mais tarde tomarão consciência, porque é através da experiência e da maturidade que aprendemos, de modo realístico, a ver o mundo e nosso lugar nele. A partir desse ponto é que passamos a assumir responsabilidades.

Há muitas coisas que os pais e os professores podem fazer para ajudar os jovens nesse processo de maturação. Cada contato é uma oportunidade para o desenvolvimento dessa orientação essencial, que exige sensibilidade e dedicação de tempo compatível com a natureza do novo passo a ser empreendido. Na prática, porém, o que se vê são pais e mestres agindo, na maioria dos casos por ignorância, para impedir esse processo de maturação.

Os neuróticos, por sua acentuada tendência de assumir encargos e responsabilidades, podem se revelar pais e mestres excelentes. Os portadores de distúrbios de caráter, por outro lado, revelam-se desastrados, porque podem tratar os filhos ou alunos de modo absolutamente destrutivo, sem o menor sentimento de culpa. Por isso, costuma-se dizer no jargão psiquiátrico que os neuróticos arruínam-se a si mesmos, enquanto os portadores de distúrbios de caráter arruínam a humanidade, particularmente os alunos e filhos, repelindo-os, discriminando-os, em lugar de dar-lhes afeto e prover-lhes as necessidades, com orientações enriquecedoras. Quando um filho vai mal na escola, automaticamente o pai lança a culpa sobre a escola, o sistema de ensino, os professores ou sobre os outros alunos, deixando clara a inadmissibilidade de que o problema teve origem no ambiente doméstico. Quando o aluno se mostra desmotivado, o professor com distúrbio de caráter não se sente nem um pouco responsável pela ausência de motivação. Uma vez que não aceitam responsabilidade, pais e professores com distúrbio de caráter poderão, como último recurso, lançar a responsabilidade sobre os jovens, induzindo-os a se verem como inaptos para o exercício de uma vida decente, próspera e feliz. Reiteradamente informados por esses pais e professores de que são a causa de tudo de ruim que acontece, os jovens acabam se convencendo dessa falsa verdade e a maioria passa a vida adulta engrossando o exército de neuróticos. Com poucas exceções, os jovens submetidos a pais e professores portadores de distúrbios de caráter serão neuróticos ou portadores de distúrbios de caráter.

Os portadores de distúrbios de caráter são destrutivos em todos os planos de suas relações, dentro e fora do âmbito da família, porque nunca aceitam responsabilidade, razão pela qual persistem os problemas criados em sua patológica convivência.

Ao negar sua responsabilidade, eles podem, até, se sentir bem consigo. Mas param de crescer espiritualmente e transformam-se em peso morto para a sociedade, para quem transferem sua dor. Eldridge Cleaver estava certo ao cunhar nos anos sessenta o conhecido aforismo: "Se você acha que não é parte da solução é porque você tem a ver com o problema". A dificuldade que temos de aceitar responsabilidade pelo nosso comportamento repousa no desejo de evitar a dor que nasce daquele comportamento.

Toda vez que tentamos fugir à responsabilidade do nosso comportamento procuramos transferir a responsabilidade dele oriunda a algum indivíduo ou organização. Renunciamos ao nosso poder, transferindo-o ao destino, à família, à sociedade, ao governo, à empresa ou ao nosso patrão.

Ao tentar fugir da dor produzida pela assunção de responsabilidades, milhões de indivíduos, diariamente, fogem, de fato, da liberdade.

Desde crianças, devido a nossa prolongada dependência, os pais exercem um poder quase ilimitado sobre os filhos. Quando os pais são opressores, os filhos são literalmente impotentes para reagir, enquanto crianças, porque suas escolhas são condicionadas e limitadas. Em compensação, quando nos tornamos adultos nossas opções são quase ilimitadas, o que não significa que não sejam dolorosas. Não raro, temos que escolher entre dois caminhos ruins. Ainda aí, fazer a melhor escolha depende de nossa vontade e de nosso poder.

O medo diante das coisas da vida e a sensação de impotência para modificá-las são os elementos comuns a todos os pacientes que procuram o psicanalista. Uma das raízes desse sentimento de impotência é o desejo de escapar da dor da liberdade. Por isso, alguns não conseguem aceitar a responsabilidade pelos seus problemas. Sentem-se impotentes porque renunciaram ao seu poder. Precisam e desejam aprender que viver uma vida adulta significa fazer, continuamente, escolhas e decisões pessoais. Só se tornarão verdadeiramente livres quando puderem aceitar totalmente essa condição. Caso contrário, sentir-se-ão vítimas por toda a vida.

c) DEDICAÇÃO À VERDADE

O terceiro instrumento da disciplina ou a técnica de lidar com a solução de problemas é a dedicação à verdade.

A verdade é a realidade. Tudo que é falso é irreal. Quanto mais claramente vemos a realidade do mundo, melhor equipados estamos para lidar com ele. Nossa visão da realidade é como um mapa com o qual negociamos o terreno da vida. Se o mapa é verdadeiro e preciso, geralmente sabemos onde nos encontramos. E se decidirmos ir a algum lugar, saberemos como chegar lá. Se o mapa é falso e impreciso, geralmente nos perdemos.

Essa verdade elementar é algo que a maioria das pessoas tende a ignorar, porque nosso vínculo com a realidade não é fácil. Não nascemos com mapas. Temos de fazê-los, tarefa que exige esforço.

O maior problema na confecção de mapas é que temos de revisá-los, continuamente. Como o mundo, nossa vida está em processo de mutação constante. Mais dramático ainda, o ponto do qual nós vemos o mundo está, igualmente, em mutação contínua. Quando crianças, somos dependentes, impotentes. Como adultos podemos ser poderosos. Contudo, quando doentes e envelhecidos tornamo-nos impotentes e dependentes outra vez. A tarefa de incorporar ao nosso mapa as alterações sofridas pelas realidades que conhecemos é um processo contínuo e doloroso.

O esforço requerido parece ser demasiado. Por isso nossa tendência é a de ignorar as novas informações ou denunciá-las como falsas, inconvenientes ou perigosas. Em vez de alterar o mapa, alguns indivíduos tentam destruir a nova realidade. A esse fenômeno de agarrar-se a uma visão distorcida da realidade os psicanalistas denominam de transferência, base de um grande número de doenças mentais.

A "transferência" ocorre num conjunto de modos pelos quais percebemos e respondemos ao mundo. Processada na infância, é geralmente adequada a esse estágio da vida, quando chega a exercer a função de salva-vidas. Impropriamente transportados para o meio adulto, os vários modos pelos quais o processo de "transferência" se manifesta são sempre destrutivos.

Para as crianças, os pais simbolizam o mundo. Elas supõem que o modo certo de fazer as coisas é o modo pelo qual os pais agem. Consequentemente, a conclusão a que chegam não se esgota no enunciado: "Eu não posso confiar em meus pais", mas na certeza de que "Eu não posso confiar em ninguém". A impossibilidade de confiar nas pessoas, portanto, transforma-se no mapa com que passam à adolescência e à vida adulta. Com esse mapa e com um monte de ressentimentos, torna-se inevitável que vivam uma sequência interminável de conflitos que alimentam novos conflitos, num círculo vicioso. O único modo pelo qual podem aprender que no mundo há pessoas merecedoras de confiança seria correndo o risco de confiar, o que exigiria redesenhar o mapa existencial, a ponto de compreender que os maus tratos sofridos decorreram da falta de amor para com elas. Esse entendimento, apesar de extremamente doloroso, seria o meio mais eficaz para restaurar a confiança que lhes devolveria a um padrão de normalidade convival.

O fato de não confiarem nas pessoas figura como um ajustamento realístico à infância de exceção vivida. O problema reside na dificuldade de se abandonar uma conexão que, acreditam, vinha operando "tão bem". Daí resulta a dificuldade de mudar sua trajetória de desconfiança, razão por que engendram, inconscientemente, situações que a robustecem, alienando-se de todos, sendo impossível usufruir calor humano, amor, intimidade e afeição. Não conseguem muitas vezes, sequer, aconchegar-se à família porque também ela não é confiável. Em geral, as exceções são os filhos menores, as únicas pessoas confiáveis porque incapazes de exercer controle sobre elas

Quando há problemas de transferência, a psicoterapia significa um processo de revisão do mapa existencial, que passa a ser percebido pelos pacientes como defeituoso. Quando os indivíduos se agarram com muita teimosia a esses mapas obsoletos, por medo de perdê-los, a psicoterapia tende a se tornar impossível. O problema de transferência não se reduz a uma questão entre o psicoterapeuta e seu paciente. Estende-se, sobretudo, aos problemas entre pais e filhos, maridos e mulheres, empregadores e empregados, entre amigos, e, até mesmo, entre nações.

Toda verdade dolorosa tende a ser evitada. Só podemos revisar o nosso mapa existencial quando adquirimos a disciplina necessária para aceitar a dor de encarar a verdade. Para adquirir essa disciplina, temos que nos dedicar integralmente à verdade. Devemos sempre sustentar a verdade como algo mais vital ao nosso maior interesse pessoal do que ao nosso conforto momentâneo. Por outro lado, devemos sempre considerar nosso desconforto pessoal como de pouca importância relativa, como algo, mesmo, bem-vindo em nossa busca da verdade. A saúde mental é um processo contínuo de dedicação à realidade a qualquer preço.

O que significa uma vida totalmente dedicada à verdade? Significa uma vida de permanente e ininterrupto autoexame. O problema é que é muito mais fácil examinar o mundo exterior em sintonia com a verdade do que a nós próprios. Os que aplicam a verdade ao lidar com o mundo exterior são competentes, mas não necessariamente sábios. Sábios são, apenas, os que levam uma vida contemplativa, afinada com a verdade e combinada com as ações.

Para prejuízo geral, nos agitados tempos modernos, a atitude contemplativa geralmente não é tida em alta conta. Os indivíduos contemplativos, precisamente pela sua natural prática e capacidade de pensar em profundidade, sofrem restrições para o exercício de funções no mundo da práxis. Ou seja: o indivíduo é discriminado por ser capaz de fazer bem aquilo que distingue o homem dos outros animais: pensar e autoanalisar-se. Como compensação a essa discriminação irracional, cresce a compreensão de que a autoanálise é indispensável à nossa sobrevivência, não obstante a maioria se mostrar avessa à ela, por ser menos doloroso analisar o mundo externo do que nosso mundo interior. À medida que prosseguimos em nossa autoanálise, essa dor se apresenta cada vez menos importante e, por isso, menos dolorosa.

Uma vida totalmente dedicada à verdade significa trazer embutido o compromisso de ser desafiada, e o único meio de sabermos que o nosso mapa da realidade está certo consiste em submetê-lo a desafios. Contudo, pela dor que provoca, a maioria procura fugir aos desafios.

A tendência de evitar desafios pode ser considerada uma das características da natureza humana. O fato de ser natural não significa que seja benéfica ou imutável. Também seria natural defecarmos ou urinarmos quando sentirmos vontade. Mas aprendemos a não fazê-lo, a ponto de transformar sua privacidade num ato mecânico. Na realidade, toda disciplina pode ser definida como o processo pelo qual nós nos ensinamos a fazer o que não é natural.

A característica da natureza humana que nos torna mais humanos é nossa capacidade de fazer o que não é natural, transcendendo e transformando nossa natureza íntima. O recurso à psicoterapia é uma prova disso. Por intermédio dela, deliberadamente, expomo-nos ao maior dos desafios, que é o de deixar-nos auscultar interiormente por outro ser humano, e até pagamos por isso. Submeter-se à psicoterapia, ao invés de representar um sinal de fraqueza, é uma decisão que requer muita coragem.

A causa essencial pela qual muitos indivíduos não fazem psicanálise não é porque lhes falte o dinheiro, mas porque lhes falta a coragem necessária. Quem possui essa coragem, com muito mais fundamento deve estar pronto para aceitar desafios menores, diariamente ofertados pela rotina existencial nas múltiplas dimensões da vida. A cura do espírito não se consumará enquanto não fizermos de nossa abertura um modo rotineiro de vida.

Dentre os que procuram o psicanalista, são poucos os que, a princípio, estão em busca de desafio ou de disciplina. A maioria busca, apenas, alívio. Quando compreendem que estão sendo desafiados e apoiados, muitos tentam fugir. Ensiná-los que somente através do desafio e da disciplina eles terão alívio verdadeiro é uma tarefa delicada e, não raro, mal sucedida. A abertura em psicanálise é encorajada, particularmente, pela técnica de livre associação. Diz-se ao paciente para verbalizar tudo que lhe vier à cabeça, não importa quão sem importância, embaraçoso ou penoso possa parecer. É mais fácil dizer do que fazer. No entanto, aqueles que o fazem, realizam progresso sensível. Alguns, porém, mostram-se tão resistentes ao desafio que, simplesmente, fingem que estão fazendo a livre associação sugerida. Falam com loquacidade, mas deixam de lado detalhes cruciais. Uma mulher pode falar por uma hora acerca de experiências desagradáveis da infância, mas omite o fato de que o marido bronqueou por ela haver sacado sem fundo contra sua conta bancária. Tais pacientes tentam transformar a sessão psicanalítica numa espécie de entrevista coletiva à imprensa. Na melhor das hipóteses, estão perdendo tempo ao tentarem fugir ao desafio. Geralmente, comprazem-se com um modo sutil de mentir.

Para indivíduos e organizações se exporem ao desafio, os seus mapas da realidade têm que estar verdadeiramente abertos à inspeção.

O terceiro significado de uma vida totalmente dedicada à verdade, por consequência, é uma vida de completa honestidade. Um contínuo e ininterrupto processo de autoexame para assegurar que nossas comunicações invariavelmente refletem a verdade ou a realidade, como a conhecemos, do modo mais preciso possível. A tal honestidade não se chega sem dor. O motivo pelo qual as pessoas mentem é evitar a dor do desafio e suas consequências. É da mesma natureza a motivação que leva as crianças a mentirem quando praticam uma ação que sabem condenável pelos pais, em particular, e pelos adultos, em geral.

O conceito de enganar, passar por cima ou frustrar traz à baila o tema "encurtar caminho". Quando queremos vencer um obstáculo, procuramos um atalho ou uma passagem mais fácil para chegarmos mais rapidamente ao nosso destino. O problema é que nem todos esses caminhos alternativos são legítimos. É deveras impressionante a tendência humana de procurar atalhos ilegítimos com a mesma frequência com que ignora caminhos legítimos. A psicoterapia responsável constitui um atalho legítimo para se alcançar o crescimento pessoal, alternativa frequentemente ignorada. Uma das mais frequentes racionalizações para ignorá-la é dizer: "Temo que a psicoterapia seja uma muleta", mas isso, geralmente, é uma cortina para esconder receios maiores. A psicoterapia não é mais muleta do que o uso do martelo e de pregos na construção de uma casa. É possível construir uma casa sem o concurso de martelo e pregos. Mas o processo, geralmente, não é eficaz ou desejável. Do mesmo modo, é possível conquistar crescimento pessoal sem o recurso à psicoterapia. Frequentemente, porém, a tarefa se evidencia, desnecessariamente, longa e difícil. Faz sentido, então, utilizar meios disponíveis legítimos como atalhos.

Mentimos para os outros, como para nós mesmos. Uma das raízes das doenças mentais é, invariavelmente, um sistema integrado de mentiras que nos passaram e de mentiras que dizemos a nós mesmos. Essas raízes só podem ser identificadas e extirpadas numa atmosfera da mais completa honestidade. Criar um tal ambiente é vital para que o psicoterapeuta possa manter com o seu paciente uma relação marcada pela abertura e compromisso com a verdade.

Uma mentira cabeluda é uma afirmação que sabemos ser falsa. Uma mentira parcial é uma afirmação que, embora verdadeira, omite, intencionalmente, parte substancial do conteúdo. Ambas podem ser igualmente destrutivas. Em verdade, porque parece menos repreensível, a retenção de informação essencial é a mais corrente forma de mentir. É largamente recomendada e utilizada com êxito nos meios diplomáticos e jurídicos, sendo os seus usuários festejados como talentosos profissionais. E como esse mecanismo mostra-se mais difícil de ser detectado e confrontado, torna-se, por isso mesmo, mais pernicioso do que a mentira cabeluda.

A mentira parcial ou por omissão é, geralmente, considerada socialmente aceitável, porque não queremos ferir os sentimentos das pessoas. Contudo, deploramos o fato de nossas relações serem superficiais. O fato de os pais gratificarem os filhos pela prática de mentir por omissão é considerado não apenas aceitável, mas benéfico e demonstrativo de afeto. Até mesmo maridos e mulheres, suficientemente bravos para, mutuamente, se abrirem, não raro, sentem dificuldades em se abrirem para os filhos. Não contam a eles que fumam maconha ou que quebraram o pau na noite anterior, ou que se ressentem da manipulação que sobre eles praticam os avós, ou que o médico lhes disse que ambos sofrem de distúrbios psicossomáticos, ou que estão fazendo um investimento financeiramente arriscado, ou mesmo quanto têm depositado no banco. De um modo geral, essa falta de abertura é racionalizada à base de um amorável intento de proteger e abrigar as crianças contra preocupações desnecessárias. O resultado, porém, na maioria dos casos, não é proteção, mas privação. As crianças são privadas de acesso às questões relacionadas com o dinheiro, doenças, drogas, casamento, sexo, pais, avós e pessoas, em geral. São igualmente privadas de modelos de abertura e honestidade. Em vez disso, são-lhes exibidos modelos de verdade parcial ou de mentiras por omissão, bem como de coragem limitada.

Para alguns pais, o bem intencionado desejo de proteger os filhos mascara e racionaliza o desejo de evitar serem desafiados por eles, bem como o desejo de continuarem exercendo autoridade sobre eles. Com efeito, esses pais estão dizendo: "Olhem meninos! Continuem a ser crianças, com as preocupações de sua idade, e deixem as dos adultos conosco. Encarem-nos como seus protetores, afetuosos e fortes. Tal situação é boa para todos nós. Não queremos mudá-la. Faz-nos sentir fortes, e a vocês seguros. E é muito melhor não examinarmos as coisas com muita profundidade".

Não obstante, um verdadeiro conflito pode emergir quando o desejo de total honestidade é contraposto pelas necessidades de proteção de algumas pessoas. A ideia do divórcio, por exemplo, é muito ameaçadora ao senso de segurança das crianças. Se o casamento for, basicamente, saudável, os pais estariam prestando um desserviço aos filhos se chegassem para eles e, abertamente, dissessem: "Papai e mamãe estão discutindo a possibilidade de se separarem, embora ainda não tenhamos chegado a uma posição conclusiva a esse respeito". Do mesmo modo, em determinadas circunstâncias, o psicoterapeuta deve guardar para si algumas íntimas conclusões a que chegou ao tratar um paciente, na medida em que este não estiver preparado para conhecê-las.

Que regras, então, devemos seguir, se estamos, integralmente, dedicados à verdade?

Em primeiro lugar, nunca proferir palavras falsas.

Em segundo, ter em mente que a retenção da verdade é potencialmente uma mentira, e que toda vez que a verdade é retida uma decisão moral significativa é exigida.

Em terceiro, a decisão de reter a verdade nunca pode se basear em interesses pessoais: seja de poder, necessidade de ser amado ou necessidade de proteger o mapa contra desafios.

Em quarto lugar, a decisão de reter a verdade deve se basear sempre nas necessidades da pessoa ou das pessoas de quem se está omitindo a verdade.

Em quinto, a avaliação das necessidades dos outros é algo tão complexo que somente pode ser executado, sabiamente, quando se age com amor verdadeiro pelo próximo.

Em sexto, o atributo básico na avaliação das necessidades de terceiros é a avaliação da capacidade deles em conviver com a verdade como fator de seu crescimento espiritual.

Por último, ao avaliar a capacidade de outrem, para usar a verdade como meio do seu crescimento espiritual, deve-se ter em mente que nossa tendência predominante é a de subestimar essa capacidade. Tudo isso deve ser visto como um ônus crônico e interminável. Um verdadeiro fardo. A disciplina é, de fato, uma tarefa interminável, por isso muita gente opta por uma vida de transparência e honestidade limitadas, por suporem este um modo mais cômodo, ainda que as compensações oriundas da dedicação à verdade sejam incomparavelmente superiores aos sofrimentos que provoca.

Uma vez que nossos mapas são perpetuamente desafiados, as pessoas transparentes não param de crescer. Elas podem estabelecer e manter relações íntimas de modo muito mais eficaz do que as pessoas fechadas. Como não proferem falsidades, elas não colaboram para aumentar a confusão do mundo. Antes servem como fontes de iluminação e esclarecimento. Numa palavra: são inteiramente livres para serem o que são verdadeiramente. Nada têm a esconder. Não precisam se refugiar nas sombras, não têm que dizer novas mentiras para justificar as anteriores. Não têm que consumir energia desfazendo pegadas ou usando disfarces. Por tudo isso elas conseguem reunir a energia necessária para o exercício da disciplina e da prática da total honestidade, com menos esforço do que o necessário para viverem uma vida ambígua.

Quanto mais honesto se é, mais fácil continuar honesto se torna. Do mesmo modo que quanto mais se mente, mais necessário se torna mentir.

Devido a sua transparência, as pessoas inteiramente dedicadas à verdade vivem abertamente, e em decorrência disso libertam-se porque assumem total responsabilidade sobre si mesmas. As pessoas corajosas exigem continuamente de si mesmas que sejam honestas. Ao mesmo tempo têm que possuir a capacidade de reter a verdade quando for correto fazê-lo, aptidão que exige disciplina e seus componentes, flexibilidade e bom senso, para viverem sabiamente, prorrogando o prazer e fixando o futuro, diariamente, de modo espontâneo, o que equivaleria a dizer que até a disciplina deve ser disciplinada.

d) EQUILÍBRIO

Equilíbrio é o atributo-chave para impor disciplina à própria disciplina, porque é ele que nos confere a flexibilidade necessária para a realização rotineira dessa magna façanha. Quanto maior nossa flexibilidade, maiores serão nossas possibilidades de estender nosso êxito a outros domínios. Até mesmo a gestão do ódio, sentimento natural ligado ao instinto de sobrevivência, exige flexibilidade para que possa atuar como um meio benéfico para nossa realização pessoal. Importa saber quando e como externá-lo e/ou como e quando refreá-lo e em que extensão, tema que abordamos amplamente no livro *Anatomia do ódio*.

Como todas as pessoas padecem de inadequação no seu sistema de relação flexível, muito do trabalho psicoterápico consiste em ajudar o paciente a melhorar o grau de flexibilidade de seu sistema de reação. Quanto mais prejudicados forem os pacientes pela ansiedade, insegurança e sentimento de culpa, mais difícil se torna o trabalho de ajudá-los. A maturidade da saúde mental exige, por conseguinte, uma sensível capacidade de, com flexibilidade, lutar e continuar lutando para conquistar um equilíbrio precário entre necessidades, objetivos, deveres, responsabilidades e direções conflitantes.

A essência desse equilíbrio disciplinador é a renúncia. O equilíbrio é disciplina, precisamente, porque o ato de renunciar a algum interesse é doloroso. A incorporação da lição que ensina ser a perda do equilíbrio mais dolorosa do que a renúncia de um prazer, geralmente só acontece quando sofremos na pele os seus efeitos, como sabem muito bem os decaídos pelo consumo de drogas, pela entrega aos jogos de azar, pais e amantes relapsos e os marginais de toda ordem. Os *workaholics* e os excessivamente ambiciosos costumam engrossar a lista dos que sofrem as dores oriundas da perda do equilíbrio pela incapacidade de renunciarem a uma parcela dos seus acendrados desejos. Muitas pessoas refratárias ou incapazes de sofrer a dor da renúncia agarram-se aos esquemas antigos e deixam de crescer, verdadeiramente, e de sentir a alegria incomparável do renascimento que se segue às bem-sucedidas transições que conduzem a uma completa maturidade.

O período de boa psicoterapia pode corresponder a um período de crescimento intensivo, durante o qual o paciente pode sofrer mudanças maiores do que muitos indivíduos ao longo de toda uma vida. Todavia, para que se verifique esse surto de crescimento, uma quantidade proporcional do velho EU deve desaparecer. O trabalho do terapeuta é o de ajudar a completar o processo de crescimento que já se iniciou na alma do paciente que, muitas vezes, disso não tem consciência.

No curso de uma vida bem-sucedida, o indivíduo vence ou abrevia vários estados, a começar pelo infantil, quando não se sente no dever de atender a demandas externas, prevalecendo a fantasia da onipotência e a sensação de total posse dos pais. Depois vêm a agilidade, a força e a atração da juventude, facilmente confundíveis com uma sensação de imortalidade. Com a paternidade, vem o sentimento de autoridade absoluta sobre os filhos; os professores sobre os alunos; os chefes sobre os subalternos na relação hierárquica do trabalho. Tudo contribuindo para a exacerbação do ego, cuja necessária renúncia não se processa, para a maioria, senão às custas de muito esforço.

Santo Agostinho enfrentou essa questão propondo o armazenamento temporário do "ego", mediante o processo de calar ou silenciar o habitual ou familiar para melhor recepcionar o novo. "Para incorporar novas experiências", disse Santo Agostinho, "eu tenho de estar advertido contra minhas ideias pré-concebidas e distorções emocionais. Coloco-as, então, na prateleira o tempo suficiente para que possa recepcionar as novidades e as coisas estranhas ao mundo de minha percepção".

A disciplina de colocar o ego antigo na prateleira ou no banco de reservas ilustra o fato mais consequente da renúncia ou da disciplina em geral, designadamente o de que a toda renúncia sucede-se um ganho maior do que o do bem renunciado. Essa prática requer autodisciplina, o que corresponde a um processo de autoalargamento. A dor da renúncia é a dor da morte. Mas a morte do velho é o nascimento do novo. A dor da morte é, simultaneamente, a dor do nascimento.

Para que possamos produzir ideias novas e melhores, ou maior compreensão, é necessário que velhas ideias e velhas interpretações morram. Nascimento e morte nada mais são do que diferentes lados de uma mesma moeda. A vida nada mais é do que uma série de nascimentos e mortes que se verificam simultânea e sucessivamente. "Ao longo de toda a vida temos que, continuamente, aprender a viver", disse Sêneca há dois mil anos, "e, através dela, temos que aprender a morrer".

Está claro que, quanto mais viajamos na jornada da vida, maior o número de nascimentos que experimentamos. Consequentemente, maior o número de mortes. Quanto mais alegria, mais dor.

O processo de aferir quando se é inteiramente consciente do que se está fazendo é infinitamente mais doloroso do que quando se tomam decisões às cegas ou com pouco conhecimento de causa.

Imaginemos dois generais, cada um tendo de decidir se autoriza ou não sua divisão de dez mil homens a participar da batalha. Para um, a divisão nada mais é que uma unidade de pessoal a serviço da estratégia geral da guerra. Já o outro está consciente das particularidades de cada uma das dez mil vidas de que se compõe a divisão, bem como da vida dos seus familiares.

Para qual dos dois a decisão é mais fácil? Para o general que reduziu o nível de sua consciência a decisão é mais fácil do que para o mais consciente. O mesmo ocorre com todos os que são chamados a decidir em situações que afetam a vida de terceiros. Os melhores tomadores de decisão, porém, são os que querem partilhar ao máximo as dores de suas decisões, sem perderem a capacidade de serem decisivos.

Um parâmetro para medir a grandeza das pessoas reside na capacidade de sofrerem como na de serem felizes, fato constitutivo de aparente paradoxo. Quem tem como objetivo evitar a dor e fugir do sofrimento não deve procurar níveis mais altos de consciência ou evolução espiritual.

Uma palavra final sobre a disciplina do equilíbrio e sua essência, a renúncia: para renunciar, é necessário que se tenha algo. Não se pode renunciar ao que não se possui. Quem renuncia à vitória sem nunca haver ganho continuará o mesmo perdedor. É indispensável ter algo para renunciar. Por isso é necessário ter um ego, antes de perdê-lo.

Em síntese: a disciplina é um sistema de técnicas para lidar adequadamente com a dor produzida pela decisão de enfrentar e resolver os problemas humanos. Para conquistá-la é necessário o domínio das quatro técnicas anteriormente descritas:

1) Adiamento do prazer;
2) Aceitação de responsabilidades;
3) Dedicação à verdade;
4) Equilíbrio.

A disciplina é um sistema de técnicas interrelacionadas, de modo que um simples ato pode utilizar uma, duas ou todas elas ao mesmo tempo. Se forem praticadas incessante e verdadeiramente, essas técnicas, por si mesmas, serão suficientes para habilitar o praticante da disciplina, ou discípulo, a evoluir para níveis espirituais superiores.

O amor e o sentimento do dever, esses dois gigantes da alma, na expressão de Mira y López, são as fontes que fornecem a força, a energia e a vontade de usar essas técnicas.

ANEXO 10

OS SETE HÁBITOS DOS VENCEDORES

Nossos valores, modelos mentais ou paradigmas são as lentes através das quais vemos e interpretamos o mundo. Esses paradigmas representam nossa teoria interior, fator condicionante de nosso pensamento e da maioria de nossas ações. Nossa percepção do mundo, portanto, é viciada por esse condicionamento.

Desse ponto de partida, Stephen Covey, mestre em Administração pela Harvard University e doutor pela Brigham Young University, inicia o seu conhecido livro *Os sete hábitos das pessoas muito eficazes (The Seven Habits of Highly Effective People)* afirmando que só podemos alterar nossos hábitos se formos capazes de alterar nossos paradigmas.

Um hábito é a justaposição de conhecimento, habilidade e atitude. Conhecimento é saber o que executar; habilidade é saber como executar; atitude é querer executar. Às vezes sabemos o que devemos fazer e como fazer, mas não desejamos fazê-lo. Nesse estágio ainda não temos um hábito. Outras vezes sabemos o que deve ser feito, temos o desejo de fazê-lo, mas não sabemos como. Também aqui ainda não temos os elementos suficientes para configurar um hábito. Daí porque ele ser a justaposição de saber o que fazer ou conhecimento, saber como fazer ou habilidade e querer fazer ou atitude. Se esses componentes estiverem justapostos, teremos um hábito.

As ações, cujo êxito depende de um ajustamento à situação concreta, se apoiam nas *habilidades*.

A maturidade emocional resulta da passagem do estado de dependência para o de independência, e deste para a interdependência. A trajetória dependência-independência inicia-se na infância.

A criança precisa ser alimentada e cuidada até depois de aprender a andar e falar, evoluindo lentamente rumo à independência. Como a maturidade física nem sempre é acompanhada da maturidade emocional, muitas pessoas permanecem dependentes, inclusive na fase adulta, o que retarda ou bloqueia o vivenciamento da interdependência, que é o estágio mais evoluído da maturidade. Os "hábitos" podem fazer você mover progressivamente, enquanto amadurece, da dependência para a independência, e então para a interdependência. Por exemplo, enquanto crianças somos totalmente dependentes de outros, que nos educam, alimentam e protegem. Gradualmente, porém, ao nos tornarmos mais velhos, ficamos mais e mais independentes até que possamos tomar conta de nós mesmos. De forma contínua, crescemos e amadurecemos, e assim ficamos cientes de que a natureza e a sociedade são interdependentes.

Dependência é a atitude do "você": "Você toma conta de mim"; "Você faz por mim, e se não fizer eu lhe culpo pelos resultados". A posição da independência é o "eu": "Eu posso fazer isso e o farei". Já a interdependência se expressa pelo "nós" ou pelo "eu e você".

É necessário ter autossegurança para ser autoconfiante. A posição ou palavra símbolo da interdependência é "nós": "Nós podemos fazer"; "Nós iremos fazer"; "Nós iremos cooperar"; "Nós iremos executar". Pessoas dependentes precisam de outras para obter o que querem através dos seus esforços. Pessoas interdependentes precisam dos seus esforços e da cooperação de outros para alcançar o que almejam. Não é necessário muito estudo para perceber o quanto interdependência está acima da independência. Basta lembrar o quanto temos aprendido na área da ecologia. Todos estamos preocupados com as agressões ao meio ambiente que se verificam mundo afora. Seus efeitos afetam o clima, a vegetação, a vida animal e humana em toda parte. Muitos estão refletindo sobre o buraco na camada de ozônio e sobre os resultados da violação do equilíbrio ecológico. Somos seres altamente interdependentes. Só alcançaremos a interdependência se primeiro alcançarmos a independência de uma forma bastante concreta.

A sobrevivência das pessoas imaturas depende de uma ou mais matrizes múltiplas, como a família, o cônjuge, os amigos, o dinheiro, o trabalho, o prazer, as crenças e os valores. Como não é possível passar da dependência para a interdependência sem passar pela independência, o processo de maturidade só se consolida quando se vivenciam os diferentes papéis que a vida impõe.

A partir da biografia de personalidades exponenciais em vários domínios da ação humana e da experiência com treinamento de executivos em cem das quinhentas maiores empresas listadas pela revista *Fortune*, Stephen Covey chegou à conclusão de que são sete os hábitos que distinguem as pessoas bem-sucedidas: a conduta proativa, o estabelecimento de objetivos, a capacidade de priorizar ou administrar o uso do tempo, a postura generosa do ganha-ganha, a atitude de primeiro compreender para depois buscar ser compreendido, a busca da sinergia e a renovação do corpo, do espírito e da mente.

Os três primeiros são, basicamente, hábitos do caráter. Os três seguintes são o que nós podemos chamar de hábitos da personalidade, que é a expressão mundana do caráter independente. Comparando com um iceberg, o topo seria a personalidade, separada da enorme massa do iceberg embaixo da água, o caráter. Se a comparação for feita com uma árvore, a personalidade seria o caule e as raízes o caráter.

Repita-se: os hábitos 1, 2 e 3 vinculam-se ao caráter. É através deles que nos movemos da dependência para a independência. Os hábitos 4, 5 e 6 são os que exibem a personalidade no relacionamento com outras pessoas. Os hábitos se apoiam reciprocamente, daí a importância de aprendê-los nessa ordem, adverte Covey.

"O QUE SERIA DE MIM SE NÃO FOSSE EU"

1 – O hábito da proatividade. É de nossa responsabilidade exclusiva tomar em nossas mãos a tarefa de construir o nosso destino. O confronto entre os conceitos de comportamento reativo e proativo evidencia que a pessoa reativa constrói a sua vida emocional em torno do comportamento alheio, deixando-se levar pelas circunstâncias, por fatores externos, pelas forças ambientais, o que a leva a supor que suas dificuldades são exteriores a ela, procedem de fora, equívoco que dá origem a problemas de várias ordens. Enquanto o indivíduo proativo, guiado por valores eleitos, toma em suas mãos a responsabilidade de construir o seu destino, como

sujeito ativo do seu processo existencial, consoante a mensagem-lição do poeta Geraldo Vandré: "quem sabe faz a hora, não espera acontecer", o reativo atua em função das provocações oriundas do mundo exterior. Seu papel é passivo no sentido de que sua ação não depende da sua escolha, mas da atuação sobre sua vida de ocorrências alheias à sua vontade.

Ser proativo é ser verdadeiro com a sua natureza, deixando prevalecer o instinto básico de agir e não de deixar que ajam sobre você, apesar de serem amplamente aceitas as teorias deterministas, usadas para explicar o comportamento humano. O determinismo diz que você não escolhe nada, sendo o que você chama de escolhas meras respostas automáticas às condições e aos estímulos externos.

Há três tipos de determinismo.

O primeiro é chamado de determinismo genético. Significa que somos o que nossos avoengos nos transmitiram.

O segundo é chamado de determinismo psíquico, segundo o qual reagimos do modo como fomos condicionados a fazê-lo pelo legado educacional do núcleo familiar e da escola.

O terceiro é chamado de determinismo ambiental. Significa que somos dominados por pessoas à nossa volta, como chefes, amigos, cônjuges e filhos. Eles, ou a situação econômica, é que comandam as ações e determinam se nosso estado de espírito deve ser de alegria ou de tristeza. Há inclusive os que chegam a ponto de regular o humor em função da política governamental em áreas que valorizam.

A linguagem das pessoas reativas é dominada por expressões do tipo: "Eu não posso fazer isto". "É da minha natureza". "Não posso". "Não tenho tempo". Essa linguagem resulta da transferência de responsabilidade. Psicologicamente é mais fácil dizer: "Não sou responsável". O problema é que essa é uma profecia que se autorrealiza. Pessoas que se deixam determinar por fatores externos produzem evidências para apoiar e acreditar neles. Como se sentem vítimas, acham que não possuem o controle das suas vidas.

Por outro lado, o proativo não culpa a constituição genética, a formação nem o ambiente que o cerca. Encara esses fatores como influências, e não como causas determinantes de sua conduta. Uma pessoa proativa escolhe livremente a opção mais adequada aos seus valores, exerce controle sobre os acontecimentos e não se deixa condicionar por eles.

"QUALQUER CAMINHO É BOM PARA QUEM NÃO SABE AONDE CHEGAR"

2 – O segundo hábito, o de estabelecer objetivos ou agir com um fim em mente, também chamado de hábito da liderança porque atua sobre pessoas e não sobre coisas, enseja a construção de um quadro de referências, um mapa orientador que permite pensar em caminhos alternativos, ricos de detalhes, sutilezas e opções, até a definição do que verdadeiramente se quer. O estabelecimento de objetivos pessoais começa pela identificação dos nossos mais profundos desejos, sintonizando-os com nossa verdadeira vocação, de modo a permitir uma clara visão daquela que deve ser nossa missão no mundo. Covey chega a sugerir que deveríamos escrever o elogio fúnebre que gostaríamos que fosse proferido sobre nosso esquife, como meio extremo de identificarmos as aspirações mais profundas de nosso espírito. Como se pode depreender, a tarefa de definir o curso da vida de uma pessoa ou de uma organização não é algo que se possa fazer no joelho, de afogadilho. É matéria exigente de muita busca e reflexão. Quando se atinge esse patamar, elimina-se a sensação de vazio pela apreensão do significado maior de nossas vidas, fonte de permanente inspiração, segurança e orientação. Agir com o final em mente significa iniciar hoje com a imagem do que se pretende alcançar no final da vida. Essa postura servirá de estrutura conceitual, a partir da qual definimos o que é e o que não é prioritário.em função do propósito maior de alcançar nossos objetivos.

Tudo que o homem agrega à natureza é o resultado de duas criações, sendo uma, a primeira, mental e a outra física. A criação física sucede sempre a criação mental.

Não podemos confiar a construção de nosso destino ao acaso nem a forças estranhas aos nossos anseios.

Essa é a essência do hábito dois.

"O MAIOR DE TODOS OS ERROS É PERMITIR QUE
AS COISAS MENORES IMPEÇAM A REALIZAÇÃO
DAS MAIORES". *GOETHE*

3 – O estabelecimento de prioridades é o terceiro hábito e diz respeito ao exercício da vontade soberana, da autodisciplina. Em primeiro lugar veem as coisas mais importantes. É também chamado de hábito administrativo. Começa pelo reconhecimento de que a disponibilidade de tempo é a mesma para todos, do mendigo ao maior dos potentados, conclusão que, apesar de tão óbvia, não é alcançada por muitos. A tarefa mais difícil aí não consiste em administrar o tempo, mas o controle que devemos ter sobre nós mesmos. De um modo geral, as pessoas não se dão conta de que, como o seu, o dia do papa, de um grande erudito, poliglota, cientista, empresário ou chefe de Estado tem as mesmas vinte e quatro horas. O segredo, portanto, reside em aproveitar o tempo, recurso inelástico por excelência, de modo inteligente e produtivo. É a partir do estabelecimento de prioridades que aprendemos a valorizar o tempo. Algumas ações, apesar de urgentes, não são importantes. Outras nem são urgentes nem importantes. Essa percepção e avaliação criteriosa de nossos afazeres nos leva a definir prioridades e a nos concentrar nelas. Por via de consequência, aprendemos a dizer não aos caminhos que a nada levam, consoante a lição de Goethe: "O maior de todos os erros é permitir que as coisas menores impeçam a realização das maiores".

Como instrumento facilitador da racionalização do uso de nosso tempo, Covey sugere um retângulo dividido em quatro partes. A primeira destinamos às coisas que sejam importantes e urgentes. A segunda ao que for importante, mas não urgente. A terceira abriga os afazeres que sejam urgentes, mas não importantes. E, finalmente, o quarto quadrante fica com as atividades que não são nem importantes nem urgentes.

O uso mais racional do tempo consiste em eliminar a urgência de nossas vidas, porque sob o imperativo da urgência, algo ditado de fora sobre nós, deixamos de ser sujeitos ativos do processo existencial, consoante o hábito da proatividade, e passamos a desempenhar um papel passivo. Para realizar essa conquista, devemos desviar o tempo que consumimos nos quadrantes 3 e 4, abrigo das atividades urgentes mas não importantes e nem urgentes nem importantes, e aplicá-lo nas atividades do segundo quadrante, destinado às atividades importantes mas não urgentes. Com isso gradativamente esvaziamos a urgência das atividades importantes do primeiro quadrante e nos sintonizamos, cada vez mais, com os objetivos profundos de nossa existência.

Para que se perceba a lógica e o valor desse preceito, basta dizer que tudo que é duradouro e verdadeiramente transformador de nossas vidas é conquistado pela dedicação a atividades importantes, mas não urgentes.

Quem quiser gozar de boa saúde, deve, desde cedo, praticar atividades físicas regulares, alimentar-se de acordo com as boas recomendações nutricionais, respirar bem, evitar excesso de estresse. Tudo isso é importante sem ser urgente. Deixar para fazer isso depois de um infarto ou AVC é importante e urgente. Mas já não é a mesma coisa, porque a essa altura a saúde levou a breca...

Foi o matemático, economista, sociólogo e filósofo italiano Vilfredo Pareto quem definiu a chamada regra 80 x 20, segundo a qual 80% dos resultados fluem de 20% das atividades. Pareto extraiu suas conclusões da análise que fez do orçamento da cidade de Roma. Observou ele que 20% dos recursos inteligentemente aplicados produziam 80% dos resultados, enquanto 80% dos recursos aplicados sem critérios produziam apenas 20% dos benefícios gerais. Os recursos mais produtivos foram aplicados em coisas do quadrante 2, importantes, mas não urgentes.

Quando deixamos de priorizar o quadrante 2, é mais do que certo que aumentará a frequência de urgências em nossas vidas. Quando negligenciamos as prevenções, há sempre o aumento de problemas, que tendem a crescer até nos engolfarem completamente. É a isso que o jargão gerencial denomina administrar através de crises, experiência conducente ao desgosto e ao fracasso.

Manutenção regular e cuidadosa de uma máquina ou estrutura operacional é diferente de busca de correção depois que a pane ou crise se instalou.

Temos que recorrer ao hábito 1, o da proatividade, para encontrarmos as forças necessárias para usarmos de modo produtivo o nosso tempo, hábito 3, de modo a alcançarmos nossos objetivos, hábito 2.

Quando os hábitos 1, 2 e 3 se tornam parte inerente ao nosso ser, eles operam como uma base sólida para avançarmos na prática de relações ricas, produtivas e duradouras com as outras pessoas. A partir daí, estamos aptos a incorporar os hábitos 4, 5 e 6, exigentes de relacionamentos interdependentes. Como já foi dito, os hábitos se encadeiam numa malha sinérgica, em que sua eficácia se processa também numa relação de interdependência.

"É DANDO QUE SE RECEBE". *SÃO FRANCISCO DE ASSIS*

4 – Hábito ganha-ganha. A mentalidade de abundância, em oposição à mentalidade de escassez, está na base do quarto hábito, dominado pelo espírito de solidariedade ou ganha-ganha, postura enriquecedora das relações humanas em todas as suas dimensões. A cooperação, portanto, substitui o paradigma da competição.

As relações humanas podem assumir quatro características distintas:

> 1– Perde e ganha (eu perco e você ganha);
> 2 – Ganha e perde (eu ganho e você perde);
> 3 – Perde-perde (ambos perdemos);
> 4 – Ganha-ganha (ambos ganhamos).

Como facilmente se depreende, a única dessas relações que assegura a paz, confiança, continuidade e boa vontade é a ganha-ganha, ou vencer-vencer.

O reconhecimento de que há situações em que a competição é inevitável e necessária, como na disputa de mercados, nos jogos e campeonatos, não significa o acolhimento da competição entre membros de uma mesma equipe, como nos ambientes de trabalho e familiar.

Enfatizando o valor do espírito de equipe, Florence Lescomb sintetizou: "A capacidade humana de realizar torna-se ilimitada quando não há a preocupação de saber a quem caberá a paternidade do êxito".

"O MAIOR FAVOR QUE UMA PESSOA PODE PRESTAR A OUTRA É OUVI-LA COM SIMPATIA E EMPATIA"

5 – Para ilustrar o quinto hábito, primeiro compreender para depois ser compreendido, indaga-se se alguém aceitaria que o oculista lhe receitasse óculos sem realizar os exames prévios, baseando-se apenas na descrição da queixa. Evidencia-se, com a comparação, a ineficácia de conselhos antes do diagnóstico ensejado pelo conhecimento da realidade dos fatos.

Aprender a ouvir, com simpatia e empatia, neutralizando a tendência natural de avaliar precipitadamente o que diz nosso interlocutor, a partir do nosso paradigma, é o caminho seguro para a formação desse hábito, reputado o mais importante para as relações humanas. Pode ser chamado também de hábito do psicanalista, profissional com quem os pacientes costumam desenvolver uma relação de grande confiança e afetividade pelo seu interesse por tudo que é dito, apesar de ser pago, precisamente, para desempenhar esse papel. Compreender é, portanto, aprender a lidar com os valores do outro, emanados dos seus modelos mentais.

Gladstone e Disraeli foram dois notáveis ministros da Inglaterra vitoriana. Conta-se que quando alguém se encontrava com Gladstone saía crente de haver estado com a pessoa mais importante do Reino, de tão brilhante o monopólio que o festejado ministro fazia do uso da palavra. Quando o encontro se dava com Disraeli, a impressão que ficava era a de que a mais importante figura do Reino era o interlocutor do estadista inglês, de tal sorte ele sabia valorizar com um atencioso e empático silêncio tudo o que dizia seu conviva.

"DEEM-ME UMA ALAVANCA E UM PONTO DE APOIO E EU LEVANTAREI O MUNDO". *ARQUIMEDES*

6 – O sexto hábito, o da sinergia, nos habilita e predispõe a aceitar e encorajar a convivência harmônica de nossos sentimentos, ideias e experiências com os de nossos interlocutores, de modo a enriquecer o leque de alternativas para as partes envolvidas. Sinergia é o hábito da cooperação criativa. Acontece quando duas ou mais partes, envolvidas numa disputa, utilizam a criatividade

na elaboração de uma solução mais adequada do que as inicialmente propostas por cada contendor. Por essa via, valoriza-se a diversidade como um fator positivo e não como um obstáculo, como nos induzem a crer os sentimentos de intolerância. Por isso aprendemos que, além das alternativas apontadas pelas partes em disputa, quase sempre há outras melhores que podem resultar da combinação sinérgica das diferentes proposições individuais. A vida em sociedade nos fornece inúmeros exemplos emblemáticos dessa verdade. Ninguém, isoladamente, é capaz de produzir tudo de que necessita. Com o produto do trabalho que realizamos adquirimos dezenas, centenas ou mesmo milhares de outras coisas produzidas por terceiros.

O hábito da sinergia está diretamente relacionado com o hábito 4, vencer x vencer, e também com o hábito 5, primeiro entender para depois ser entendido, ouvindo o outro com empatia e simpatia. A verdadeira essência da sinergia é que o todo é maior do que a soma das partes.

"TUDO QUE SOU OU VIREI A SER DEPENDE DO MEU CORPO, DO MEU INTELECTO, DO MEU ESPÍRITO, DA MINHA MENTE E DAS MINHAS RELAÇÕES COM O MEIO SOCIAL ONDE VIVO"

7 – O hábito 7, o da autorrenovação, objetiva manter-nos em estado de bem com a vida e saudáveis em nossa múltipla dimensão física, social, intelectual, espiritual e mental. A partir daí aumentamos nosso sentimento de segurança pessoal e autoestima. Não é à toa que as normas de segurança do tráfego aéreo nos recomendam, em caso de despressurização, colocar em nós as máscaras de oxigênio antes de as pormos em pessoas dependentes que estiverem em nossa companhia.

Sem a preservação da higidez de nossa estrutura psicossomática não teremos condições de ajudar a terceiros nem seremos capazes de implementar adequadamente a prática dos seis hábitos precedentes. Por isso precisamos gozar de boa saúde, o que depende da prática regular de boa alimentação e atividade física, bem como da alimentação de nosso intelecto, mente e espírito, pela prática do estudo, da reflexão e da generosidade com todos os seres vivos, inclusive nossos inimigos.

Conclusão: é ilusão supor que possa haver atividade mais importante do que ensejar às pessoas a possibilidade de otimizar o seu potencial, a partir da promoção do encontro com sua mais genuína vocação.

BIBLIOGRAFIA

ALBION, Mark. *Finding the Work that Matters*, 2004.
ATALAY, Bulent. *A matemática e a Monalisa, a confluência da arte com a ciência*, 2007.
BALDWIN, Neil. *Edison Inventing the Century*, 1995.
BECK, John. *Got Game: How the Game Generation is Reshaping Business Forever*, 2004.
BURNIER, Suzana. "Pedagogia das competências: conteúdos e métodos", in *Boletim do Senac*– SP (http://www.senac.br/informativo/BTS/273/boltec273e.htm)
CAFÉ, Luis Carlos. *Dissertação de mestrado – Práticas pedagógicas do pré-escolar e suas relações com o mundo funcional da realidade*. Empresa Gráfica da Bahia, 1996.
CAPRILES, René. *Makarenko, o nascimento da pedagogia socialista*, 2002.
CASTRO, Cláudio de Moura. "Precisamos de uma crise". *Veja*, ed. 1953, de 26 abr. 2006.
_____, Cláudio de Moura. "Salário de professor". *Veja*, ed. 2047, de 13 fev. 2008.
CASTRO, Pedro. *Sociologia do trabalho, clássica e contemporânea*, 2003.
CHOMSKY, Noam e ARNOVE, Anthony. *The essential Chomsky*, 2004.
CSIKSZENTMIHALYI, Mihaly. *Creativity, Flow and the Psychology of Discovery and Invention*, 1996.
DARWIN, Charles. *Autobiografia*, 1876.
DRUCKER, Peter. *Desafios gerenciais para o século XXI*, 1999.
_____, Peter. *Sociedade pós-capitalista*, 1995.
DURKHEIM, Émile. *Educação e sociologia*, 1902-1911.

FAVARO, Thomaz. "A melhor escola do mundo". *Veja*, edição 2048 de 20 fev. 2008.
FEUERSTEIN, Reuven. *Advances in Cross-Cultural Assessment*, 1998.
FEYEREBAND, Paul Karl. *Against Method*, 1993.
_____, Paul Karl. *Farewell to Reason*, 1997.
_____, Paul Karl. *Science in a Free Society*, 1998.
FIALHO, Francisco. *Ciências da cognição*, 2001.
FONSECA, Vitor da. *Aprender a aprender, a educabilidade cognitiva*, 1996.
FRANKL, Viktor. *Man's Search for Meaning*, 1985.
FREIRE, Paulo. *A educação como prática da liberdade*, 1967.
_____, Paulo. *Ação cultural para a liberdade*, 1970.
_____, Paulo. *Pedagogia da libertação*, 1997.
_____, Paulo. *Pedagogia do oprimido*, 1997.
GALLWEY, Tim. *The Inner Game of Tennis*, 1983.
GARDNER, Howard. *Leading Minds*, 1995.
_____, Howard. *Multiple Intelligences: The theory in practice*, 1993.
_____, Howard. *The Unschooled Mind*, 1991.
GEE, James Paul. *What Vídeo Games Have to Teach Us About Learning and Literacy*, 2004.
HAINSTOCK, Elizabeth G. *The Essential Montessori*, 1997.
ILLICH, Ivan. *Sociedade sem escolas*, 1970.
IOSCHPE, Gustavo. "Educação de quem? Para quem?". *Veja*, ed. 2043, de 16 jan. 2008.
JOHNSON, Steven. *Everything Bad is Good for You: How Today's Popular Culture is Actually Making Us Smarter*, 2005.
KANITZ, Stephen. *Veja* – edição 1898 de 30 de março de 2005.
KAUFMAN, Alan S. *Advances in Cross-Cultural Assessment*, 1998.
KUHN, Thomas Samuel. *The Structure of Scientific Revolutions*, 1996.
LAUDAN, Larry. *Progress and its Problems*, 1977.
LENNEBERG, Eric. *Biological Foundatios of Language*, 1995
LEVINSOHN, Ronald Guimarães. *Educação na Coreia*, 2003-2004.
LÉVY, Pierre. *As tecnologias da inteligência: o futuro do pensamento na era da informática*, 1993.
MANDEVILLE, Bernard de. *The Fable of the Bees, or Private Vices, Public Benefits*, 1705.
MARCOVITCH, Jacques. *Diário de um reitor*, 2001.
MARTINS, Vicente. *Profissão: Mestre*, 2001.
MERTON, Robert K. *Sociological Ambivalence and Other Essays*, 1998.

MILL, John Stuart. *Autobiography*, 1873.
MIRANDA, Ana. *Boca do inferno*, 1989.
MONTESSORI, Maria. *The Montessori Method*, 1988.
MORIN, Edgar. *A religação dos saberes*, 1999.
_____, Edgar. *Os sete saberes necessários à educação do futuro*, 2004.
NERUDA, Pablo. *Confieso que he vivido*, 1975.
OLIVEIRA, Marta Kohl de. *Vygotsky – Aprendizado e Desenvolvimento: Um processo sócio-histórico*, 1997.
PALMER, Arthur J. *Edison, Inspiration to Youth*, 1962.
PIAGET, Jean. *Réussir et Comprendre*, 1974.
PINKER, Steven. *Como a mente funciona*, 1998.
RAMOS, Alberto Guerreiro. *A redução sociológica*, 1958.
RESNICK, Lauren. *Education and Learning to Think*, 1987.
RIESMAN, David. *The Lonely Crowd*, 1950.
ROBSON, John M. *Introduction*, in *Autobiography* de John Stuart Mill, 1989.
SILVA, Fernando. "A prática e a teoria de mãos dadas". *Gazeta Mercantil*, 18 maio 2005.
SOWELL, Thomas. *Affirmative Action Around the World, an Empirical Study*, 2004.
Vários autores, *Conversando con Maturana de educación*, 2003.
VEJA – ed. 1722, de 17 de outubro de 2001.
VOLI, Franco. *A autoestima do professor: Manual de reflexão e ação educativa*, 1998.

ÍNDICE ONOMÁSTICO

A
Adler, Alfred – 17, 196, 197
Agostinho (santo) – 10, 24, 272
Albion, Mark – 206
Alves, Castro – 28, 72, 110
Alves, José de Brito – 21
Alves, Rubem – 96
Amado, Jorge – 72
Anastasi, A. – 77
Aristóteles – 10, 17, 22, 24, 40, 48, 76
Atalay, Bülent – 19
Austin, John – 123
Avellaneda, Nicolas – 202

B
Bach, Johann Sebastian – 71
Bacon, Francis – 40, 117, 210
Baldwin, Neil – 128
Bandeira, Manuel – 175
Barão do Rio Branco (José Maria da Silva Paranhos Jr.) – 71
Barbosa, Rui – 110, 126, 28, 61, 72
Bardeen, John – 83
Barton, Clara – 113
Basedow, Johann Bernhard – 152

Beck, Aaron – 195
Beck, John – 98
Beethoven, Ludwig van – 10, 28, 63, 71, 111
Benedito XIII – 214
Bennet, William – 202
Bentham, George – 123
Bentham, Jeremy – 75, 123
Bentham, Samuel – 123
Bergson, Henri – 40, 53, 105
Berkeley, George – 40
Bernard, George – 63
Berne, Eric – 37, 170
Bethe, Hans – 85
Beuret, Rose – 20
Binet, Alfred – 77, 144
Bloom, Benjamin – 240
Bonet, Juan Pablo – 151
Braille, Louis – 151
Brunelleschi, Fillipo – 130
Bruner, Jerome – 23, 76
Brunet, Luc – 168
Buffet, Warren – 206
Burnier, Suzana – 102, 159, 165
Butler (dr.) – 18

C

Café, Luís Carlos – 94
Calvino, João – 17
Campbell, Donald – 85
Cardoso, Fernando Henrique – 192
Carnap, Imre Rudolf – 245
Carvalhal, George Nogueira – 55
Carvalho, Paulo Mendes – 55
Casais e Silva, Germano – 110
Castro, Cláudio de Moura – 180, 207
Castro, Fidel – 62
Castro, Maria Helena Guimarães de – 181
Castro, Pedro – 68
Caymmi, Dorival – 69
Cervantes, Miguel de – 15, 129
Champollion, Jean-François – 110
Chandrasekhar, Subrahmanyan – 86
Chomsky, Noam – 131, 132, 134, 135
Churchill, Winston – 59
Cienfuegos, Camilo – 62
Cleaver, Eldridge – 262
Cole, Michael – 140
Comenius, Juan Amós – 10, 25, 210-213
Condorcet (marquês de) – 10, 25
Confúcio – 13, 15, 18, 147
Costa-Gavras, Constantin, – 49
Covey, Stephen – 275, 277, 280
Crawford – 128, 129
Cristo – 46, 147, 175
Cronbach, Lee – 139, 140, 240
Csikszentmihalyi, Mihaly – 70, 74, 80, 82
Cunha, Euclides da – 9, 28, 58, 71
Curie, Marie – 57

D

Da Vinci, Leonardo – 10, 28, 63
Dalai-Lama – 120
Dante – 15, 80
Darwin, Caroline – 18
Darwin, Catherine – 18
Darwin, Charles – 18, 19, 28, 62, 76, 81, 114-118, 130, 173, 192, 198, 229
Darwin, William – 198
Davies, Robertson – 14
Decroly, Ovide – 130, 154-157
Demo, Pedro – 161
Descartes, René – 10, 24, 28, 47, 48, 239
Dewey, John – 93, 153, 163, 219, 222, 223
Disraeli, Benjamin – 283
Dom Henrique (infante) – 175
Dostoievski, Fiodor – 46
Drucker, Peter – 60, 158, 194, 201
Duncan (dr.) – 173
Durkheim, Émile – 9, 10, 21, 24, 26, 28, 37, 52, 53, 124, 171, 210, 223-226
Dyson, Freeman – 67

E

Edison, Nancy – 127, 129
Edison, Thomas Alva – 76, 127, 128, 130, 150
Einstein, Albert – 10, 19, 28, 56, 58, 69, 71, 83, 87, 111, 130, 236
Eliot, T. S. – 110

Engels, Friedrich – 45
Epicteto – 93, 195

F
Faludy, György – 57
Ferrière, Adolphe – 53, 105, 154
Feuerstein, Reuven – 23
Feyerabend, Paul Karl – 245, 246
Fialho, Francisco – 41, 58
Fitts, Paul – 240
Flexner, Abraham – 19
Fontenelle – 10, 26
Francisco de Assis (são) – 282
Frankl, Viktor – 196, 197
Franklin, Benjamin – 58
Freinet, Célestin – 163, 226
Freire, Paulo – 10, 28, 94-96, 192
Freire, Roberto – 54
Freud, Sigmund – 9, 10, 17, 28, 37, 113, 148, 196
Freynman, Richard – 67
Freyre, Gilberto – 9
Fritz-Roy – 116, 117
Fröbel, Friedrich – 10, 25, 152, 219
Frost, Nancy – 140

G
Gagné, Robert – 240
Gaiarsa, José – 9
Galileu – 10, 28, 111, 245
Gallwey, Tim – 112
Gandhi, Mahatma – 61, 113
Gardner, Howard – 32, 35, 36, 37, 109, 113, 114, 120, 121, 124, 136, 137, 141, 209, 230, 231
Gardner, John – 55
Garrincha – 126
Gautama, Sidarta – 46
Gesell, Arnold – 198

Ghiberti, Lorenzo – 66
Ghirlandaio, Domenico – 111
Gibbon, Edward – 20
Giovanni, Bertoldo – 112
Gladstone, William Ewart – 283
Glaser, Robert – 240
Góes, Joaci – 9-12
Góes, Lídice – 141
Goethe – 280
Golgi, Camillo – 42, 43
Gomes, Orlando – 72
Goodman, Paul – 228
Gorki, Máximo – 220
Greaves, Pierpoint – 214
Greene, William – 82
Guerra, Gregório de Matos – 42
Guilford, J. P. – 146
Guimarães, Ulysses – 90, 147

H
Haddad, Fernando – 106
Haüy, Valentin – 151
Hawking, Stephen – 111
Hegel – 40, 217
Helvétius – 10, 26
Henslow – 117
Herbart, Johann Friedrich – 10, 25, 53, 217, 218, 224
Hobbes, Thomas – 40
Holanda, Fernando de – 182
Homero – 28
Horácio – 18
Houdini – 112
Humboldt, Alexander von – 30
Hume, David – 40, 48
Hunt, Earl B. – 140
Husserl, Edmund – 94
Huxley, Aldous – 64
Huxley, T. E. – 118

I

Illich, Ivan – 227, 228, 192
Ioschpe, Gustavo – 179, 180
Itard, Jean Marc Gaspard – 151

J

Jacotot – 10, 26
Jakobson, Roman – 132
James, William – 223
Jameson, Robert – 173
João Paulo II – 120
Jofre, Gilabert – 151
Johnson, Samuel – 140
Jung, Carl Gustav – 17, 255

K

Kanitz, Stephen – 38
Kant – 10, 26, 40, 217, 224
Karle, Isabella – 55
Keller, Helen – 15, 113
Keynes, John Maynard – 113
King, Martin Luther – 59, 113
Klein, George – 80
Koffka, Kurt – 243
Komensky, Juan Amos – 25, 211
Kubitschek, Juscelino – 113
Kuhn, Thomas Samuel – 244

L

Lacan, Jacques – 195
Lakatos, Imre – 244, 245
Lampedusa, Giuseppe Tomasi di – 38
Laudan, Larry – 244
Lavater, Johann Kaspar – 116
Leibniz, Gottfried – 40, 213
Lenneberg, Eric Heinz – 131-133
León, Pedro Ponce de – 151
Lescomb, Florence – 282
Lesgold, Alan – 240
Levinsohn, Ronald Guimarães – 202
Lévy, Pierre – 41
Lewin, Kurt – 243
Lincoln, Abraham – 20, 76, 129
Locke, John – 10, 26, 40, 48
Loren, Sofia – 59
Ludovico – 111, 130
Lula – 76, 113
Lunneborg, Clifford E. – 140
Lutero, Martinho – 17

M

Macaulay, Thomas Babington – 123
Macedo (bispo) – 113
Machado de Assis – 65, 66
Machado, Antonio – 59
Mackintosh, J. – 115
Maier-Leibnitz, Heinz – 70
Makarenko, Antón Semiónovich – 93, 220, 221, 222
Malthus, Robert – 117
Mandela, Nelson – 76
Mandeville, Bernard de – 158
Marcelo (padre) – 113
Martins, Vicente – 247, 250
Marx, Karl – 10, 28, 45, 163
Maslow, Abraham – 50
Matos, Francisco Gomes de – 194
Maturana, Humberto – 10, 24
Mead, Margaret – 171
Medawar, Peter – 134
Medici, Lorenzo de – 111
Meligeni, Fernando – 147
Mendelssohn, Felix – 124
Merton, Robert K. – 245

Michelangelo, Buonarroti – 10, 28, 58, 63, 66, 72, 111, 112, 124, 130
Mill, James Stuart – 26, 75, 123
Mill, John Stuart – 10, 26, 35, 38, 75, 122, 124, 224
Milner, Brenda – 79, 81, 85
Mira y López, Emílio – 274
Montaigne, Michel de – 22, 52
Montessori, Maria – 154, 155, 156, 157
Morais, Antônio Ermírio de – 72
Morgan, C. D. – 146
Morin, Edgar – 10, 24, 45, 134, 168
Mozart – 28, 50, 63, 111, 124
Munro, Jane – 173
Murray, Henry A. – 146

N
Neill, A. S. – 154
Neumann, John von – 83
Newell, Allen – 140
Newton, Isaac – 10, 28, 56, 58, 66, 111
Niemeyer, Oscar – 58
Not, Louis – 167
Nureyev, Rudolf – 112

O
Oppenheimer, Robert – 83
Ortega Y Gasset, José – 13

P
Palmer, Arthur – 129
Pareto, Vilfredo – 46, 281
Parker, Francis W. – 154
Parker, Robert – 120
Pasteur, Louis – 54

Pauling, Linus – 55, 58, 81, 82
Pavarotti, Luciano – 50
Paz, Octavio – 46, 136
Peck, Scott – 254, 255
Peirce, Charles Sanders – 134
Pelé – 112
Péricles – 22, 66
Pessoa, Fernando – 175
Pessoa, Samuel – 182
Pestalozzi, Johann Heinrich – 10, 13, 22, 25, 49, 51, 65, 93, 152, 154, 214, 215, 217
Phelps, Michael – 126
Piaget, Jean – 10, 23, 24, 25, 35, 39, 40, 76, 132, 135, 142, 200, 209, 229, 230, 231, 239
Picasso, Pablo – 124
Píndaro – 194
Pinker, Steven – 10, 24
Platão – 10, 17, 22, 24, 40, 47, 53, 61, 132
Popper, Karl Raimund – 245
Prigogine, Ilya – 56, 57
Proust, Marcel – 71, 72

R
Rabelais, François – 10, 22, 25
Rafael – 63
Raman, Chandrasekhra Venkata – 86
Ramón y Cajal, Santiago – 42, 43, 46
Ramos, Alberto Guerreiro – 94
Ratke, Wolfgang – 210, 211
Rátz, László – 82, 83
Reddie, Cecil – 154
Reed, John – 221
Reimer, Everett – 228
Resnick, Lauren – 240

Ribeiro, João Ubaldo – 72
Richelieu (cardeal) – 213
Riesman, David – 85
Robson, John M. – 123
Rocha, Glauber – 130
Rodin, Auguste – 19
Rodin, Marie – 20
Roosevelt, Eleanor – 113
Roosevelt, Franklin Delano – 153
Rorschach, Hermann – 144, 146
Roterdã, Erasmo de – 10, 25
Rousseau, Jacqueline – 229
Rousseau, Jean-Jacques – 10, 22, 25, 152, 154, 214, 222, 229
Rousseau, Laurent – 229
Rousseau, Lucienne – 229
Rozin, Paul – 133
Rubin, Edgar – 196

S

Saint-Saëns, Camille – 124
Salk, Jonas – 32, 55, 56
Salle, San Juan Bautista de la – 93, 213
Santos, Daiane dos – 50, 112
Santosouza, Eduardo Sande – 12
Sarmiento, Domingo Faustino – 202
Sartre, Jean-Paul – 78
Satanás – 17
Semmelweis, Ignaz – 54
Sêneca – 272
Serra, José – 181
Shakespeare, William – 10, 28
Shaw, Clifford – 140
Shaw, George Bernard – 64, 136
Sherman, Lawrence W. – 32, 119, 120
Silva, José Anchieta da – 55

Simon, Herbert – 140
Simon, Théodore – 144
Skinner, Burrhus Frederick – 134, 198, 232, 233
Snyders, Georges – 194
Sócrates – 28, 38, 47, 113, 132, 175
Sowell, Thomas – 105
Spartacus – 112
Spearman, Charles – 77
Spencer, Herbert – 224
Spielberg, Steven – 130
Stalin, Josef – 220, 221
Stearn, George – 202
Sternberg, Robert I. – 109, 137-140
Stigler, George – 69
Stone, W. Clement – 236
Strand, Mark – 57
Sullivan, Anne – 113
Suresh, Chandra – 125
Süskind, Patrick – 119
Szilard, Leo – 83

T

Teller, Edward – 83
Terman, Lewis – 145
Thurstone, Louis Leon – 77, 124
Tibor, Kardos – 80
Tolstói, Leon – 222
Tomás de Aquino (santo) – 10, 24, 40, 194
Toynbee, Arnold – 73
Twain, Mark – 193
Tykwer, Tom – 119

U

Uchinski, Constantin Dimitrievitch – 222

V

Van Gogh, Vincent – 63
Varela, Francisco – 10, 24
Vargas, Getúlio – 113
Verdi, Giuseppe – 58
Viana Filho, Luís – 72
Victor – 151
Vilhena, José Henrique – 186, 187
Virgílio – 18
von Morenholtz-Bulow, Bertha – 219
Vygotsky, Lev Semenovich – 22, 23

W

Watson, John B. – 16, 198
Watson, Tom – 54
Werthein, Jorge – 106
Wigner, Eugene – 82, 83
Wilson – 128
Wirt, William – 153
Woodward, Comer Vann – 86
Woodworth, Robert – 145
Wright, Frank Lloyd – 58

X

Xenofonte – 22

Y

Yale, Rosalyn – 83
Young, Edward – 174

Z

Zeisel, Eva – 126
Zigler, E. – 78
Zweig, Stefan – 185

GRÁFICA IMAGINAÇÃO

"Sempre imaginando como atendê-lo melhor"
Avenida Santa Cruz, 636 * Realengo * RJ
Tels.; (21) 3335-6725 / 3335 - 5167
site: www.graficaimaginacao.com.br
e-mail: graficaimaginacao@graficaimaginacao.com.br